数字政府 服务社会

——2021、2022年度数据政府治理应用主题优秀案例汇编

中国计算机用户协会政务信息化分会 ◎ 组织编写

知识产权出版社
全国百佳图书出版单位
—北京—

图书在版编目（CIP）数据

数字政府　服务社会：2021、2022年度数据政府治理应用主题优秀案例汇编 / 中国计算机用户协会政务信息化分会组织编写 . —北京：知识产权出版社，2022.11

ISBN 978–7–5130–8455–0

Ⅰ.①数… Ⅱ.①中… Ⅲ.①电子政务—案例—汇编—中国 Ⅳ.① D63–39

中国版本图书馆CIP数据核字（2022）第216225号

内容提要

2022年是我国政府数字化转型取得新的丰硕成果的一年。本书分为政府治理、公共服务和智慧法院三篇，通过30多个经典案例，从政府和IT企业两个视角展示了当前数字政府实践的新需求、新特征和新经验。

本书理论联系实际，内容丰富新颖，适合党政机关工作人员、技术人员和IT企业服务人员阅读。

责任编辑：李石华　　　　　　　责任印制：孙婷婷

数字政府　服务社会
SHUZI ZHENGFU　FUWU SHEHUI
——2021、2022年度数据政府治理应用主题优秀案例汇编

中国计算机用户协会政务信息化分会　组织编写

出版发行：知识产权出版社有限责任公司		网　　址：http://www.ipph.cn	
电　　话：010–82004826		http://www.laichushu.com	
社　　址：北京市海淀区气象路50号院		邮　　编：100081	
责编电话：010–82000860转8072		责编邮箱：laichushu@cnipr.com	
发行电话：010–82000860转8101		发行传真：010–82000893	
印　　刷：三河市国英印务有限公司		经　　销：新华书店、各大网上书店及相关专业书店	
开　　本：787mm×1092mm　1/16		印　　张：18.5	
版　　次：2022年11月第1版		印　　次：2022年11月第1次印刷	
字　　数：280千字		定　　价：98.00元	

ISBN 978–7–5130–8455–0

出版权专有　侵权必究

如有印装质量问题，本社负责调换。

编 委 会
（排名不分先后）

主　任　顾炳中

副主任　周德铭　吴幼毅　王连印　孔祥清　赵进延　唐　群

委　员　顾炳中　周德铭　吴幼毅　王连印　孔祥清　赵进延
　　　　　石跃军　唐　群　张保印　施水才　王德进　江一山
　　　　　王岚生　邓　健　胡鹏举　李绍书　彭维民　汪　焱
　　　　　牟　魏　令狐永兴

序

如果以 20 世纪 70 年代初部分政府机构开始使用计算机为起点，信息技术在我国政务中的应用已超过了 50 年。50 多年的历程，积累着经验、发展着技术、锤炼着人才、创新着模式，信息技术和数字与治理体系和治理能力现代化的需求融合，使数字政府散发出更加耀眼的光芒。

发展经验需要持续的总结。《数字政府 服务社会——2021、2022 年度数据政府治理应用主题优秀案例汇编》一书，在既往经验总结的基础上，又通过 30 多个案例的深入解析，展示了当前数字政府实践的新需求、新特征、新经验。

本书的案例多角度反映了数字政府是如何满足政务发展新需求的。一是既有业务系统的深化和拓展，如海关信息交换共享、就业在线服务、社区通、在线审批、智慧城市平台等；二是经济社会新发展衍生的新需求，如水生态环境综合管理、新化学环境管理信息系统、不动产登记、出租车监测道路大气颗粒物、社会心理服务、法院电子卷宗单套制度改革等；三是信息技术发展带来的新模式，如第七次全国人口普查数据处理环境、北京市级政务云、一体化智能化公共服务数据平台等；四是信息安全新环境带来的新需求，如国信政务云安全服务、新时期政务体系数据安全建设等。

本书的案例集中体现了数字政府发展的新特征。一是业务向更加综合的方向发展，二是要处理好新系统与相关既有系统的关系。本书的水生态环境综合管理平台，是这两个特征的典型案例。该平台以提升水生态环境为目标，通过污染减排和生态扩容两个主要工作任务，按相应的业务主线展开。这个平台既要满足国家主管部门综合管理的需求，还要满足水污染防治资金项目管理、重点流域保护修复协调监督、地表水环境质量管理、水污染源管理等需求，具有多重意义的跨部门、跨层级、跨地域、跨业务领域的性质。大部分与上述事务相关的业务已经建设了规模、性能不等的业务系统，平台要统筹兼顾这些系统的技术、数字和使用的特征，实现整体优化。三是抓信息安全要从基础技术抓起，应用技术方案要与安全需求同步。保障数字政府项目的信息安全，要深刻领会习近平总书记关于"把科技命脉牢牢掌握在自己手中，不断提升我国发展独立性、自主性、安全性"的指示精神，要通过应用的发展，通过应用与信息技术创新的联动机制，突破核心技术、补齐短板，确保数字政府建设的供应链安全。

在本书案例的介绍中，可以看到数字政府发展中一些新的规律正在涌现。一是始终把为政府部门履行职责作为数字政府发展的出发点和落脚点，始终以政务业务为中心，建设好、利用好数字资源，建设好、利用好各类网络资源。二是建设高质量的数字资源是当前和今后一个时期，数字政府项目高质量可持续发展的关键环节。三是更加重视专业人才的培养和使用。数字政府的专业性、演进性特征，高质量的人才队伍，特别是一个个部门和领域的领军人才，尤显重要。四是技术与业务关系的变革已经发生并将继续扩大。这个变革就是在发展早期，计算机软硬件、信息网络的性能不能满足实际需求这个主要矛盾已经淡化，除开少量的应用，业务系统对信息技术性能的需求进入天花板；主要矛盾转向数字政府项目的投入产出比、高质量数字资源建设及如何在实现业务系统功能的同时，保证信息系统、信息和供应链安全。

数字政务在发展中不断前行、完善，通过系统的持续的总结，实现高质量可持续发展是其中一个重要的内容。感谢本书的编著者，特别是其中的一些老朋友，数十年如一日，坚持不懈地为我国数字政府贡献自己的力量，我为他们感到自豪。

是以为序。

2022 年 9 月 15 日

目录

第一篇　政府治理 … 1

全国水生态环境综合管理平台（生态环境部信息中心）… 3
新化学物质环境管理信息系统典型实践案例（生态环境部信息中心）… 15
建设"一带一路"海关信息交换共享平台，更好地服务贸易畅通
（海关总署信息中心）… 23
第七次全国人口普查数据处理环境建设（国家统计局数管中心）… 36
北京市级政务云（北京金山云网络技术有限公司）… 49
一体化智慧防疫管控平台（新华三技术有限公司）… 56
国信政务云安全服务，保障数字政府高效运转（北京国信新网通讯技术
有限公司　深信服科技股份有限公司）… 72
一体化智能化公共服务数据平台（杭州数政科技有限公司）… 83
新时期政务体系数据安全建设（深信服科技股份有限公司）… 98

第二篇　公共服务 … 115

"就业在线"平台——让求职招聘更便捷可靠（人力资源和社会保障部
信息中心）… 117
信息系统审计助力全国社会保障卡服务平台安全运行（人力资源和社会
保障部信息中心）… 125
国家药监政务服务平台（国家药品监督管理局信息中心）… 133
国家重点医疗物资调度保障平台项目（长城计算机软件与系统有限
公司）… 138
苹果插上数字翅膀，科技助推乡村振兴——苹果全产业链大数据
项目（浪潮软件科技有限公司）… 149
GBCP智慧城市治理数据模型建构及在综合执法大数据平台的应用
（北京市城市管理综合行政执法局执法保障中心）… 160
"社区通"创新基层社会治理新模式（上海社区通信息科技有限
公司）… 173

河南省"豫事办"平台遇事豫办,服务随行(河南省大数据局)……… 180
浙江省依托在线平台优化审批服务 不断提升企业获得感和满意度
(浙江省发展和改革委员会 浙江省经济信息中心)……………… 185
山东省不动产登记"一网通办"便民服务平台(山东省自然资源厅)…… 191
出租车走航监测汇集道路大气颗粒物动态数据,助力城市路网精细化
管控(青岛市生态环境局)…………………………………………… 200
深圳市社会心理服务工作信息平台项目(拓尔思信息技术股份有限
公司)…………………………………………………………………… 206
北京市大兴区城市治理多网融合平台应用案例(北京国研数通软件
技术有限公司)………………………………………………………… 214
罗湖区全国首创"反向办"数据治理新服务模式,做好为民服务
"贴心管家"(深圳市罗湖区智慧城市建设中心)…………………… 222
大连市中山区"一网统管"助力数字城区治理(大连市中山区智慧化
管理信息服务中心)…………………………………………………… 227

第三篇　智慧法院　　　　　　　　　　　　　　　　　　　231

上海法院电子卷宗单套制改革试点实践(上海市高级人民法院)……… 233
鄂尔多斯市法院涉诉信访案件办理系统建设案例(鄂尔多斯市中级
人民法院)……………………………………………………………… 246
吉林延边一州三县法院数字化劳动力(RPA)的工作实践(吉林省
延边朝鲜族自治州中级人民法院　吉林省珲春市人民法院)……… 252
珲春法院基于5G的法官移动办案平台(吉林省珲春市人民法院)…… 257
吉林和龙法院"政法协同"创新应用(吉林省和龙市人民法院)……… 262
吉林敦化法院:"RPA"在执行工作中的智能化创新(吉林省敦化市
人民法院)……………………………………………………………… 266
保定中院一体化审判权运行监督制约体系试点经验(河北省保定市
中级人民法院)………………………………………………………… 270
南通中院"智慧警务"服务"智慧法院"的实践(苏州科达科技股份
有限公司)……………………………………………………………… 275
梁平法院业绩评估系统——重庆市梁平区法院研发"法院工作人员业绩
评估系统"(重庆市梁平区人民法院)……………………………… 285

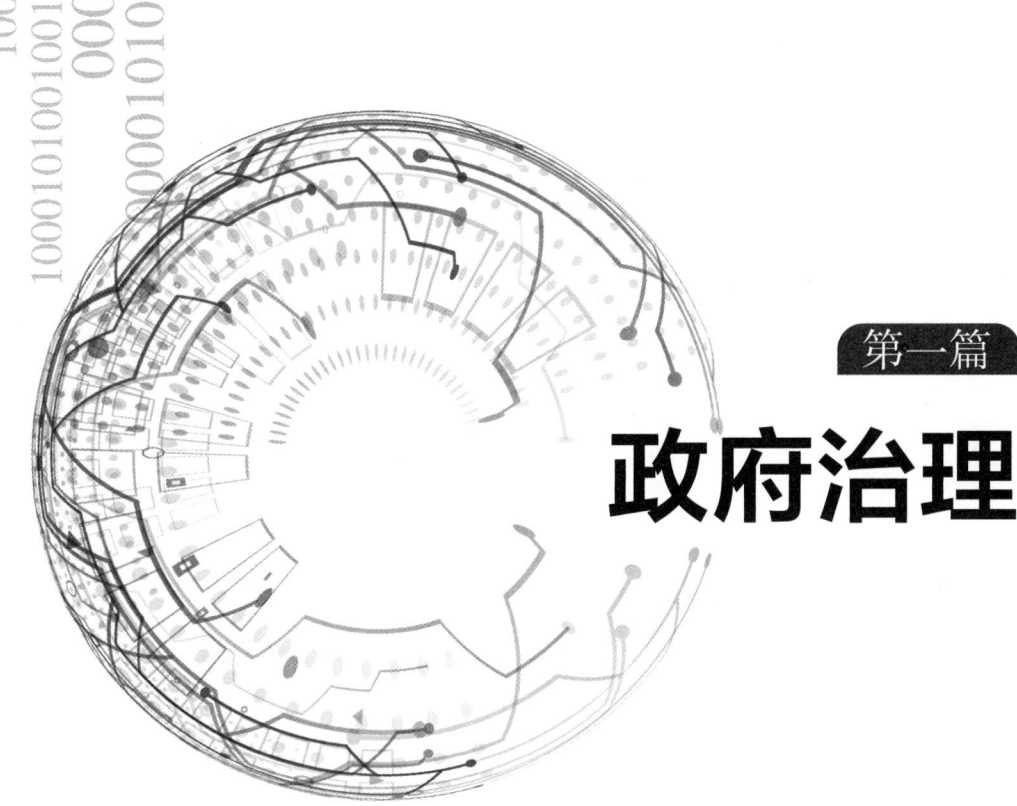

第一篇

政府治理

全国水生态环境综合管理平台

生态环境部信息中心

一、实践案例概况

（一）实施背景

党中央、国务院高度重视网络安全和信息化工作，习近平生态文明思想和习近平总书记关于网络强国的重要思想为生态环境网信工作提供了根本遵循。2018年以来，生态环境部党组坚持统一集中原则，大力推进"四统一、五集中"等一系列改革创新举措，为信息化发展提供了根本保障。开展水生态环境管理信息化工作，是深入学习贯彻习近平生态文明思想，贯彻落实党中央、国务院关于生态环境治理体系和治理能力现代化建设决策部署的重要举措，也是深入打好污染防治攻坚战、推进精准科学依法治污的必然要求，必须提高站位、勇于担当，坚定不移地向前推进。

2020年6月至今，按照生态环境部党组信息化工作部署，根据"一点两线、三水统筹、四个在哪里"水生态环境业务管理逻辑，信息中心在水生态环境司的业务指导下，整合部内外涉水数据资源和信息系统开展了全国水生态环境综合管理平台（以下简称"平台"）的建设。

平台以稳步提升水生态环境为核心，通过夯实水环境、水资源、水生态"三水"统筹管理基础，构建五级空间管理体系框架，聚焦问题、症结、对策、落实四个在哪里，辅助决策者、管理者宏观研判全国水生态环境形势，精准识别水生态环境突出问题，推动水生态环境突出问题的解决，为提高流域生态环境精准科学依法治污水平提供坚实的信息化支撑。

（二）案例简介

平台以推进水环境质量改善为核心，构建全国—流域—重要水体—控制单元—行政区域五级空间管理体系框架，利用部系统数据资源，结合大数据、"互联网+"、云计算、GIS等信息技术，紧紧围绕生态环境部业务需求，加强水生态环境大数据集成分析和综合应用，最大限度发挥大数据分析手段在生态环境信息化中的应用价值。

通过梳理核心业务，完成重点流域、重点区域、饮用水水源、行政辖区等核心业务，聚焦水生态环境突出问题，构建空间关系、形势分析、问题聚焦、业务支撑等核心模块，结合计算机端、大屏端、移动端精准分析水环境问题，实现覆盖水生态环境司、直属单位、流域局及地方的横向业务协同、纵向多端应用业务数据联动，为水生态环境精准、科学、依法治理提供有力支撑，不断推进水生态环境治理体系和治理能力现代化。

二、实践案例具体做法

（一）案例详情

1. 构建五级空间管控体系，搭建支撑底座

按照"流域统筹、区域落实"的管理思路，构建了全国—流域—重要水体—控制单元—行政区域五级空间管控体系，实现水环境、水资源、水生态及污染源等各类水生态环境数据的空间关联、展示、查询和分析。五级空间管控体系框架包括全国层面的基础地理数据、流域层面的十大流域水系图及全国1~5级河流、重要河流及重要湖库、"十四五"流域水生态环境控制单元、行政区域层面的全国省市县行政区5个空间层级。

2. 基于五级空间框架实现多源数据整合汇集

平台建设采用系统思维和协同方法，在数据集成、系统整合、统一基础设施等基础上统筹开展。平台数据库动态汇聚了生态环境部、水利部、中国气象局等部委14个涉水数据资源，形成了覆盖面全、动态更新的水生态环境业务数据库，每日更新量最高达200万条。

在工业园区调度数据、监督性监测、国考断面基本信息、水利部水文数据、断面手工监测与自动站监测数据等数据资源清洗整合的基础上，以污染源溯源为出发点，关联工业园区、工业企业、污水处理厂、排污口、受纳水体、断面，纳入水文站、气象站数据，形成了排污口、污水处理厂、工业园区等主题数据库，并建立了"污染源—排污口—污水处理厂—受纳水体—断面"数据关联链条，辅助用户进行断面水质超标的追踪溯源，锁定重点行业企业和超标污染源。具体业务数据全链条关联示意，如图1所示。

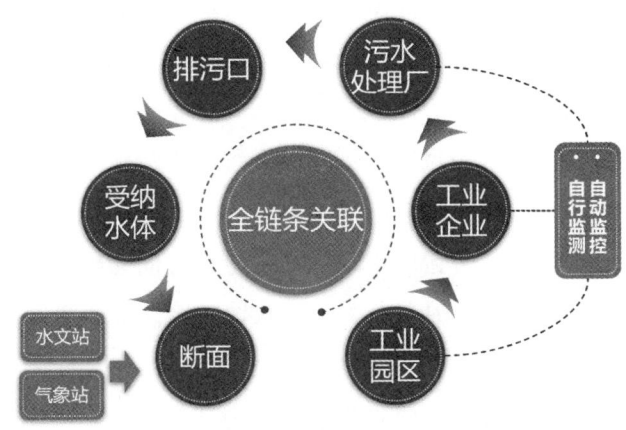

图1 业务数据全链条关联示意

3. 空间框架叠加涉水要素，展示空间关系

（1）基于五级空间框架实现空间交互式数据展示、统计分析。在数据整合的基础上，平台基于五级空间框架完成了数据梳理关联，实现了水环境、水资源、水生态、污染源等38张业务专题图层展示，并能够按照五级空间框架查询分析任一层级任一单元的各类水生态环境信息，实现五大类46个图层的空间及业务数据全维度覆盖。依托业务专题图层与五级空间框架的交互体系，统计水环境、水资源、水生态及污染源图层所选区域的业务数据，以总体情况、流域分布及行政辖区分布等维度进行统计。

（2）水环境、水资源、水生态、污染源等各类涉水数据的模糊查询和空间定位。以水生态环境业务数据库为基础，根据关键词进行模糊搜索，选取搜索结果并提取选取对象的空间信息及点位信息，以空间定位灵活实现涉水数据的交互查询,以可视化形式统筹"三水"。

(3)任意地点、任意范围内涉水数据的查询和空间定位。以地图为基础,选取地图上任意一个点位,查看该点位所属范围及周边某一范围内存在的12类涉水要素情况。周边涉水要素包括国控断面、黑臭水体、水文站、气象站、工业园区、工业企业、污水处理厂、镇级污水处理厂、排污口、执法局排污口及流域局排污口涉水要素。查询范围可根据不同的使用场景和展示需求,调整点位周边信息的查询范围。

4. 钻取式、全景式逐层分析全国水生态环境形势

以服务决策者宏观研判全国水生态环境形势为目标,从全国、重点流域/区域、行政辖区、饮用水水源等方面进行钻取式、全景式、可视化的水生态环境形势分析研判,并支持不同区域尺度、不同时间维度进行水环境状况的数据查询和综合比对分析。

(1)水环境形势分析。平台以水环境形势分析方向为导向,构建全国水质总体情况、重点流域/区域、饮用水水源、行政辖区等模块,实现了多区域尺度的水环境形势分析。

(2)综合分析。以平台涉水要素相关数据为基础,关联水环境、水资源、污染源等数据源,探索式分析水环境业务数据,消除业务数据孤岛,通过对比可以直观发现、分析数据中所隐藏的问题,及时应对水环境中的风险。根据分析场景,平台设置了区域对比、趋势分析、城市排名等综合分析角度,从行政区域、流域角度出发,充分发挥水生态环境大数据在污染防治中的优势,打造洞察微观数据变化、释放数据潜能的综合分析。

(3)预警分析。根据地下水质量标准及水污染防治目标责任书,对污染物浓度范围、断面水质目标、行政辖区水质目标进行预警分析,实现由行政辖区到断面到污染物浓度自上而下的逐级预警。从污染物超标倍数层面出发,自下而上地查找改善水环境问题的关键点。

(4)环保督察。汇总中央环保督察各批次意见反馈数据,提供文件查询、下载功能。

(5)水质档案。全方位实现水质档案资料的检索、调取、查阅,提升水质档案信息化管理能力。整合采测分离数据、自动站监测数据、水文、气象及现场图

集等数据资源，以多涉水要素、多时空尺度关联性挖掘，形成断面水质月历，并针对年度水质目标与污染物浓度阈值，对断面提出达标建议，为水环境治理工作指引解决方向。

5. 构建闭环管理体系，聚焦水生态环境突出问题

平台"问题聚焦"模块根据《水生态环境问题发现和推动解决的工作机制（试行）》（以下简称《机制》）智能识别水生态环境突出问题和滞后地区，建立问题清单并进行全过程管理，通过多源数据融合支撑问题成因分析。

依托问题识别模型，智能识别突出水生态环境问题。基于地下水质量标准、生活饮用水卫生标准、城市地表水环境质量排名技术规定等标准，平台每月按照机制规则及问题识别模型识别水环境方向、水资源方向、水生态方向及重点工作滞后地区存在的水生态环境突出问题，并将问题细分至省级、地市级行政区域及相关流域局，落实问题解决主体责任。

突出问题清单式全过程管理。平台针对水生态环境突出问题实施清单式管理，将识别出的问题按类型、责任主体、解决进度等绘制成"作战图"，强化责任倒逼问题"销号"。建立问题档案，详细记录问题基本情况、问题成因和整改措施，并对问题从识别、分析预警、反馈整改、独立调查、跟踪督办直至销号进行全过程留痕，压实各方责任，推动问题解决。

（1）清单式管理问题，呈现问题在哪里。以预警问题为载体，以业务流转为落脚点，实现清单式全过程管理。将问题状态与问题处理进度相结合，跟踪问题节点，压实问题清单背后的责任主体，推动突出水环境问题的解决。利用信息化手段，形成固定汇报模式，支撑每月全国水环境形势分析。

（2）基于自动识别结果，进行模式化预警。以突出水环境问题识别结果为基础，利用预设预警函代拟稿，逐月自动生成各行政区域内突出水环境问题预警函，形成模式化流程，有效提高工作效率。

（3）反馈问题症结、对策，整改突出水环境问题。将地方反馈数据进行格式化，提取症结标签，形成症结库、对策库，提取关键信息，为解决突出水环境问题提供参考，稳步提升水生态环境质量。

（4）多端协同开展独立调查，辅助厘清问题症结。同一问题预警三次将触发独立调查流程，将问题转交给相关流域局，利用计算机端与移动端协同开展现场

调查工作。在打通水环境、水生态等数据壁垒的同时，最大化实现水文数据共享，调取日常监测数据，为现场调查重点关注问题提供导向性结果支撑。平台为现场调查人员提供语音转录、实时上传照片/视频等功能，随时记录调查周边现场资料，实现独立调查和解决问题的过程留痕，辅助厘清相关问题及症结。针对独立调查流程以外的现场调查，可以利用移动端记录现场情况，实现调查情况的存储和调取。

（5）达标自动建议销号，形成问题闭环管理。针对满足销号条件的问题，平台自动将问题状态转为建议销号，为问题管理者提供决策参考。

（6）问题症结、对策、落实留痕。利用信息化手段对问题清单业务流转流程进行归档，记录问题从发现到销号的全部处理流程，汇总问题基本情况、问题成因、整改措施及独立调查。

6. 面向业务部门开发"业务支撑"功能模块

平台基于整合的数据和系统资源，按照水污染防治资金项目管理、黄河流域生态补偿、黑臭水体治理、工业园区、排污口、饮用水水源地等重点业务需求，快速搭建业务专题，满足业务部门管理需求。

面向综合管理需求，汇集水污染防治资金项目数量、总投资、申请中央资金数据，整合"中央环保专项资金项目管理系统"数据，展示水污染防治资金项目数量、总投资、申请中央资金情况，并实现行政区域内的项目数量、总投资、申请中央资金等数据的查询及统计功能。

面向重点流域保护修复协调与监督需求，与黄河流域生态补偿综合管理平台深度融合，统计黄河流域生态补偿资金分配整体情况，分析水源涵养、水资源贡献、水质改善和用水效率四项指标数据。

面向地表水生态环境质量管理需求，整合黑臭水体数据、黑臭水体督查、黑臭水体举报核实、重要水体、水功能区水质等数据，展示黑臭水体、生态空间及重要水体水质达标率等业务内容，实现了全国黑臭水体的统计分析及数据查询功能，支撑地表水生态环境质量管理处城市黑臭水体治理协调与监督等工作的开展。

面向水污染源管理需求，基于工业园区、工业企业、排污口等污染源数据，实现了长江经济带工业园区污水处理设施超标情况查询与下载，以及全国排污口的信息查询,追溯问题断面污染源,分析问题断面形成原因。

面向重点工程水质保障需求,以湖泊、饮用水水源地、南水北调水质情况及自动站超标预警等业务数据,支撑重点工程水质保障处关于饮用水水源地生态环境保护和南水北调等国家重大工程项目区的水质保障工作,实现了重要湖泊水质及水华、饮用水水源地水质达标情况、南水北调东线、中线水质情况的统计分析,并通过短信通知的方式对南水北调东线自动站水质超标进行报警。

7. 基于数据模型及算法,探索性分析水质数据

平台利用断面水质、气象等基础数据,对劣Ⅴ类断面、汛后峰值等方面进行了探索性分析,深度挖掘数据资源潜在价值,释放数据能量。

(1)劣Ⅴ类分析。在历史水质数据沉淀的基础上,利用水质算法建立持续存在劣Ⅴ类、劣Ⅴ类改善、消劣风险较高断面等识别模型,追溯劣Ⅴ类历史变化趋势。按照断面来源、省份、流域进行统计,利用空间关系展示断面分布情况,深挖数据潜能,深入支撑消劣工作。

(2)汛后峰值分析。采用皮尔逊相关系数算法,分析自动站监测数据总磷、高锰酸盐指数、氨氮、水质指数日均值与降水日数据间存在的关联关系,探寻降水对断面污染物峰值存在的影响。因气象站与断面之间存在一定距离,不同程度的距离对水质影响存在一定时差,进而对污染物浓度与降水数据进行偏差分析。

8. 大屏端应用支撑水环境形势研判与决策分析

大屏端应用结合空间管控体系从全国、重点流域区域、行政辖区饮用水水源及突出水环境问题角度展示全国水形势分析现状,以数据可视化手段,实现数据向图形符号的转化,并以图表的方式实现让数据说话的目的,辅助领导决策,全面支撑水环境形势会商,支撑领导综合决策、形势研判。

9. 全国水生态环境综合管理平台移动端应用

全国水生态环境综合管理平台为便于生态环境部、流域局及地方用户随时随地开展日常工作,配套开发了移动端应用,涵盖计算机端水生态环境形势分析核心内容,支撑用户随时随地查询区域内历史水质状况。

围绕"问题发现与推动解决"业务需求,建设移动端现场调查功能,为独立调查提供数据支持并记录调查历史。此外,流域局还可以利用移动端来记录独立调查以外的现场调查的情况,实现调查情况的存储和调取。

基于五级空间管控体系，移动端实现了逐级下沉至断面的水环境形势追踪，并针对断面详情建立一面一档案、一面一图集、一面一调查、一面一二维码的断面档案，实现随时随地查询周边断面水质历史情况。

（二）实施效果

1. 内、外部数据资源整合汇集，提升水生态环境业务数据应用格局

平台陆续整合汇聚了生态环境部、水利部、中国气象局3个部委、16个业务系统的数据，通过不断汇聚水生态环境业务数据、历史数据、外部委数据、社会公众数据等各类型数据资源，开展数据融合挖掘和大数据分析应用，释放数据价值，形成水生态环境大数据汇集、管理和应用格局。目前，已经基本形成了覆盖面全、动态更新的水生态环境业务数据库。截至2021年年底，平台总数据量约为5亿条，日更新量30万~100万条。

2. 形成时间、空间与涉水要素关联，动态展示水生态环境变化趋势

针对五级空间管控体系，建立五级空间与地表水断面、与黑臭水体、与饮用水水源、与水文站、与气象站、与水源涵养区、与自然保护区、与工业园区、与工业企业、与污水处理厂、与排污口11类单一要素空间关联关系。针对断面点位，建立"断面—水文站—气象站—工业园区—工业企业—污水处理厂—排污口"等多涉水要素空间关联关系。

利用月度水质监测数据，通过时间轴的切换与播放功能，动态展示五级空间管控体系内各个层级水质逐月变化情况。

3. 构建溯源分析方法体系，开展污染溯源、成因分析工作

通过对气象水文、污染源、自动监控等数据的关联分析，有效识别水生态环境问题及污染成因，并通过新方法的应用创新管理办法，为水生态环境"精准治污"提供决策支持。在前期工作的基础上，梳理形成一套基于大数据的溯源分析方法体系，建立"污染源—排污口—控制单元—断面"数据关联链条，建设了溯源分析系统，能够根据问题断面水质状况、汇水范围、气象水文条件，开展污染溯源，同时结合污染源类型、行业特点、动态监测数据、排污口类别等信息确定造成断面超标的污染成因及重点污染源范围。

4. 以自动化、结构化手段，推动《机制》落地，催生高效协同管理机制

平台根据水生态环境突出问题识别机制识别突出问题，自动生成预警函代拟稿，经核对确认后转为预警函，正式下发给相关部门。目前，共识别出全国各省（自治区、直辖市）的数百个水生态环境突出问题，识别内容纳入 2021 年 3 月以来的全国水生态环境目标任务完成情况预警函。

将突出水环境问题与地方反馈情况有机结合，将传统形式的反馈结果结构化，关联问题形成原因，支撑"问题发现和推动解决"的闭环管理。自平台"问题聚焦"模块搭建完成以来，已收录 2021 年 3 月以来的地方反馈情况，初步形成症结标签库，为协助研究问题解决对策夯实基础。

应用平台问题聚焦、独立调查等相关功能，落实问题解决主体责任，促进《机制》的落地，催生水生态环境司、部直属单位、流域局及地方等责任主体高效协同管理水生态环境突出问题的闭环管理机制，持续性推进水生态环境质量改善。

5. 水生态环境业务管理信息化意识显著提高，促进生态环境信息化发展

平台的建设及应用，显著提高了生态环境部水生态环境司、部直属单位、流域局等部门的信息化意识，对信息系统的观念明显增强，针对水生态环境方面的日常工作及业务管理方式发生转变，响应生态环境部党组信息化工作的号召，促进生态环境信息化发展。

三、实践案例创新点及建议

（一）案例实施的创新点

1. 业务逻辑：紧扣"一点两线、三水统筹、四个在哪里"，结合三大管理体系展开全景式分析

平台紧扣"以稳步提升水生态环境为核心点；污染减排和生态扩容为两线；统筹水环境、水资源、水生态；说清问题、症结、对策、落实四个在哪里"，通过五级空间管控体系、责任体系、源管理体系构建平台业务框架，以多源数据支撑精准管理，夯实责任主体履行源管理职责，落实生态环境保护工作责任，通过平台应用，支撑水生态环境管理业务逻辑的有效运转。

平台从时间、空间、"三水统筹"几个方面展开全景式分析。时间上，全面展示水生态环境质量的历史变化趋势，实现历史数据易查询；空间上，利用"五级空间管控体系"搭建立体框架，支撑不同空间维度的水生态环境形势分析；"三水统筹"以水环境、水资源、水生态为基调，紧扣"三水统筹"总体思路，纳入水位、流量、降水、水源涵养区、自然保护区等要素，形成合力，统筹谋划水生态环境全局，全面支撑水生态环境的形势分析与质量提升。

2. 数据治理：利用五级空间管控体系及涉水要素整合关联，实现多元数据空间层级式展示分析

按照"流域统筹、区域落实"管理思路实现了数据、业务的空间关联，构建"全国—流域—水功能区—控制单元—行政区域"五级空间管控体系。在整合汇聚了生态环境部、水利部、中国气象局等部委数据的基础上，以五级立体空间框架全面支撑空间数据和业务数据关联，实现数据空间化的逐级钻取。

涉水要素关联以断面为主体，基于五级空间管控体系框架开展了数据梳理，向水资源、水生态、污染源等扩散关联，形成涉水要素一张网，打通水体与涉水要素之间的关联关系，提升水生态环境业务数据库数据质量，实现数据资产统一管理。

3. 精准识别：平台以主动性、预见性识别突出问题，支撑水生态环境形势分析

利用月度水质监测数据及水质目标，对不达标断面、水质恶化断面、断面定性判断、行政辖区目标完成情况等方面主动进行预警。结合机制中突出问题识别规则及平台识别模型主动进行识别，形成问题清单库，支撑每月水环境形势的分析预警，推动突出问题的解决。

水生态环境形势分析不仅停留在水环境质量，还针对污染物、断面、行政辖区等方面，构建"污染物—水质—断面—行政辖区"达标预警分析体系，将数字化数据转为预见性量化预警，以年度考核目标为基准，对断面污染物浓度累计量提出量化的意见建议，包括水质达标意见、断面年度达标意见、行政辖区水质目标达标所需达标断面数量意见，为水生态环境质量的维稳工作提供有力支持。预测断面能否达标、行政辖区能否达标，并提出相应的达标意见。

4. 管理体系：构建"问题发现和推动解决"的信息化支撑体系，托起智慧高效的清单式突出问题管理

面向不同业务需求场景，平台打造了"总揽全局""问题清单""推进进展"三种场景，实现水生态环境突出问题清单式动态管理。"总揽全局"式场景展示延月突出问题态势，通过各类突出问题与统计、GIS上图及问题清单联动的方式，统领水生态环境突出问题全局。"问题清单"式场景以详细的问题相关信息展示问题详情，可对问题进行查询、统计、空间展示、生成预警函、调度通报、独立调查、销号等全流程闭环操作。"推进进展"式场景利用同一问题的不同阶段状态跟踪每月处理节点，跟踪问题处理进度。根据突出问题的闭环管理，平台对已预警突出问题的地方反馈及独立调查情况进行了统计分析，掌握省份内突出问题处理程度。

围绕"问题发现和推动解决"全生命周期，形成"一断面一档"动态管理档案，开启信息化"清单式"突出问题管理模式，形成系统完整、权责清晰、源头明确的水生态环境突出问题管理新格局。

5. 模型分析：依托算法模型探索数据价值，加速释放水生态环境业务数据潜能

将水生态环境业务数据与算法模型相结合，聚合数据、算法与模型力量，建立污染物浓度与降水相关性分析模型，叠加时间、空间等因素对水质产生的影响，探寻因降水导致污染物浓度升高影响水质变化的程度，实现分析全国范围内自然因素降水对水质的影响，以历史变化趋势拓展未来影响走势，提高水生态环境统筹规划能力，带动数据价值倍增。

（二）推广价值

1. 拓展涉水要素业务数据应用，优化形势研判与决策管理

以水质监测数据为基础，形成主题清晰的水生态环境数据集。以决策内容为主线、水生态环境质量指标为牵引，通过多维度的数据统计模式，审视水生态环境质量变化规律，使水生态环境质量管理、水生态环境突出问题管理、形势研判与决策更可靠、更科学、更智慧。

2. 以业务系统整合为抓手，助推打破"信息孤岛"困局

为避免"各自为政、条块分割、烟囱林立、信息孤岛"现象，从全局上和根本上解决部门间数据壁垒问题，平台整合了16个业务系统的数据资源，将分散运行、独立应用的孤立信息系统整合为聚焦业务、功能集中、应用聚合的全局性业务平台，打破现有业务应用单元壁垒，改善"应用山头""数据孤岛"的局面，形成数据融合、业务协同、上下联动的应用体系，助力打破"信息孤岛"困局。

3. 创新水生态环境管理理念，促进水生态系统良性循环

改变传统水环境管理中只关注水质量，将水环境、水资源与水生态视为一个有机联系的共同体，在保障水生态系统自然生态服务功能不受损害的前提下，统筹水环境、水资源、水生态，稳步提升水生态环境，促进水生态系统良性循环。

4. 提升业务部门信息化意识，助推相关管理方式发生转变

充分利用信息化途径，理顺业务关系，搭建高效、专业化、精细化的水生态环境管理体系和闭环管理模式，发挥信息化的优势，实现水生态环境司、部直属单位、流域局、地方等部门的业务联动，提升水生态环境管理效能。

新化学物质环境管理信息系统典型实践案例

生态环境部信息中心

一、实践案例概况

（一）实施背景

新化学物质环境管理登记是一项国际通行的化学品环境管理制度，要求在新化学物质生产或者进口前，识别其环境危害，评估其生产、加工使用、废弃处置全生命周期的潜在环境风险，实施登记许可，建立源头管理的"防火墙"，防止具有不合理环境风险的新化学物质进入经济社会，防范这类化学物质损害生态环境和危害公众健康。

2003年原国家环境保护总局印发《新化学物质环境管理办法》（以下简称《原办法》），2010年进行了首次修订。《原办法》的实施，为新化学物质环境管理工作提供了制度保障，切实加强了新化学物质生产、进口环节的环境管理，为预防和减少新化学物质在中国境内的无序使用和环境污染、推动相关行业绿色创新和高质量发展发挥了积极作用。但经过多年实践，《原办法》一些规定已经不能适应当前的环境管理工作要求。

为贯彻落实党中央、国务院关于打好污染防治攻坚战的决策部署，突出精准治污、科学治污、依法治污，推动生态环境质量持续好转，进一步深入贯彻落实"放管服"改革要求，2020年4月29日，黄润秋部长签署生态环境部令第12号，发布新修订的《新化学物质环境管理登记办法》（以下简称《新办法》），要求加强新化学物质环境管理登记信息化建设，2021年1月1日起全面实施。《新办法》在登记类型、数据要求、登记后报告等方面进行了全面修订。现有信息管理系统在可实现功能和与政务服务系统兼容性上均已无法满足《新办法》实施需求，必须升级改造保障《新办法》顺利实施。

（二）案例简介

新化学物质环境管理信息系统按照"急用先行，突出重点；立足当下，着眼未来；以用促建，逐步完善；加强协同，形成合力；严守要求，充分整合"的工作原则，先后完成了企业登记、技术审核、专家评审、行政审批、专家管理、地方监管6个子系统建设，并于2021年1月1日正式上线，实行新旧系统双轨并行机制，充分保障了《新办法》全面实施和新旧办法的实施过渡。截至2021年9月底，该系统已服务900多家企业，完成登记事项5600多个，其中常规登记15个、简易登记110多个、备案4300多个、活动报告400多个及登记证管理事项800多个，有效保障了《新办法》的全面实施，全面实现了新化学物质环境管理登记审批、地方监管"一网通办""全程网办"。

二、实践案例具体做法

（一）案例详情

1. 制定建设总目标

该系统拟涵盖新化学物质和现有化学物质的环境管理信息，形成化学品管理统一应用平台和化学品环境风险大数据资源库，提升化学品环境管理的现代化、信息化水平，提升化学品环境风险防范和管控的综合决策能力，具体目标如下。

（1）对现有新化学物质登记系统进行全面升级改造，保障《新办法》实施后的各项登记业务系统按时上线，实现新化学物质行政审批的全流程"一网通办"。

（2）整合已建成的化学品管理数据库和管理功能，打通新化学物质与现有化学物质管理资源和信息阻隔，实现相关业务数据共享、信息联通。

（3）建成地方监管信息系统，实现新化学物质监管信息、行政审批信息的"上传下达"，支撑高效、精准的事中事后信息化监管。

（4）依托现有新化学物质管理数据库和化学品风险评估等数据库，统筹建设一套数据规范、组织合理、分类科学、可自定义检索、智能分析、接口开放、扩展性强的化学物质信息管理系统基础数据库，为各项细分管理功能提供数据支撑。

（5）建立辅助决策信息库，实现利用多应用评估模型、数据查询与统计工具、法规政策标准库等，对化学品开展环境风险评价、预测和预警，为化学品环境管理综合决策提供辅助支撑功能。

2. 分阶段实施计划

（1）前期准备阶段。业务需求调研。2020年9月，信息中心在生态环境部固体司的指导下组织开展系统建设需求调研，从系统用户类型、业务功能需求额、管理功能需求等方面进行了全面梳理，编制完成《新化学物质环境管理信息系统建设项目需求报告》，为系统总体架构设计和功能、用户等逻辑关系设计奠定了基础。

实施方案编制。在业务需求调研及建设时限要求的基础上，对系统建设目标、建设任务、建设产出进行了全面梳理，并制订实施进度计划，编制完成《新化学物质环境管理信息系统项目实施方案》。

总体架构设计。2020年10月，结合企业登记、技术审核、专家评审、行政审批等行政审批全流程环节，分别对新化学物质数据资源体系机构、技术架构、业务架构、业务需求及应用部署架构等方面进行了详细设计。总体架构如图1所示。

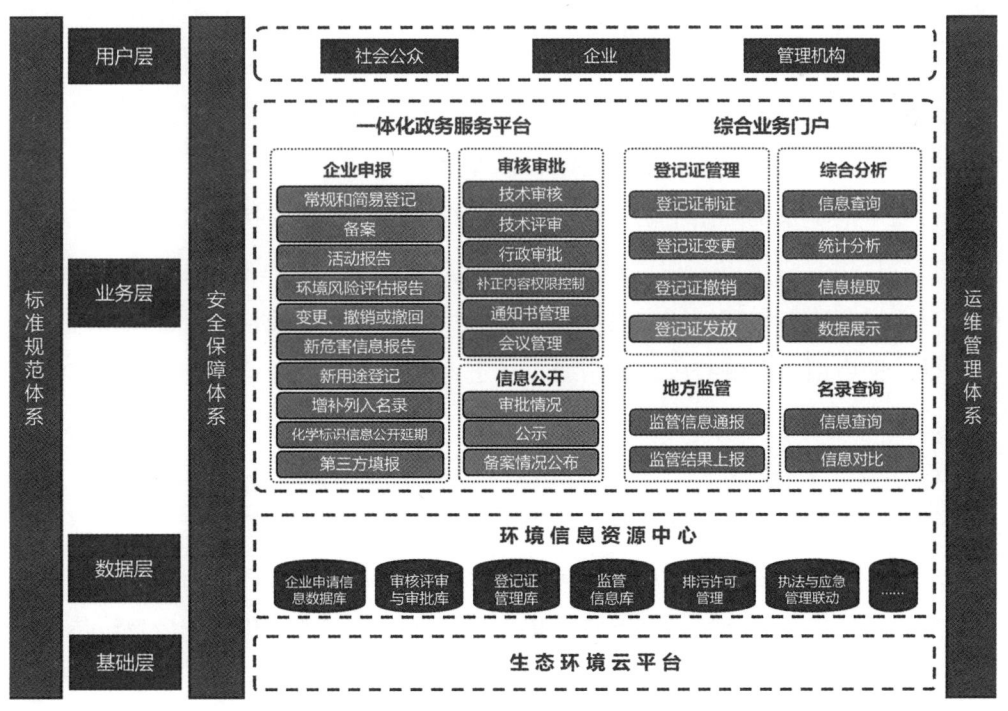

图1 总体架构

（2）技术开发阶段。2020 年 10 月起，依据新化学物质登记业务流程及管理需求，依次完成企业登记、技术审核、专家评审、行政审批、地方监管、专家管理 6 个子系统，以及基础数据库、辅助决策数据库 2 个数据库。

企业登记子系统：实现《新办法》要求企业进行的新化学物质登记、备案及其他项目的在线申请。包括企业登记材料线上提交，技术审核、专家评审与行政审批过程记录及意见反馈，申报事项的审批进度查询与管理，电子登记证的接收及活动信息填报，新危害信息报送、名录查询等功能。

技术审核子系统：用于实现技术支持部门开展新化学物质登记材料的在线审核功能。包括接收企业提交资料并开展技术审核、发送受理和补正各类通知书功能，以及流程监控、创建线上会议组织专家评审委员会开展技术评审等功能，线下技术评审会完成以后还可以输出上报文件，制作每批次登记证样本，并接收审核各类活动报告及登记证的归类查询等。

专家评审子系统：用于专家评审委员会开展新化学物质登记材料的技术评审功能。根据等待上会的项目创建会议（选择相应的专家组、组长）后，组织专家召开线下技术评审会并形成专家组评审意见和综合评审意见；受理人员录入评审意见并根据评审结论对项目进行建议登记、不建议登记、补正材料等操作。建议登记和不建议登记的项目生成上报文件和全套 PDF 资料上报生态环境部审批，实现评审历史会议及评审意见的查询和管理功能。

行政审批子系统：用于生态环境部对上报文件与技术支持单位评议意见的在线审批，作出是否予以登记的审批决定。予以登记后可按照批次进行一键公示，并签发予以登记的通知，通过电子证照系统生成电子登记证，向申请人系统传输登记证。向申请人传输登记证并对登记证进行管理，实现登记证的归类查询、真实性验证、统计分析等。

地方监管子系统：按《新办法》要求，便于地方生态环境管理部门开展新化学物质监督抽查，依托新化学物质网上登记系统框架与数据资源，开发新化学物质地方监管信息系统，实现《中国现有化学物质名录》查询、新化学物质登记信息通报、地方生态环境部门检查结果上报等功能，实现新化学物质登记信息与监管信息"上传下达"和记录留痕。随着工作进一步深入和推进，需公开的信息及后期监管信息统一展现界面，将通过该系统向社会公众、企业、科研单位、政府部门等公开化学物质审批情况、危害信息、风险防控措施和环境管理要求等信息，形成管理部门及公共大众的知情与查询通道。

专家管理子系统：主要用于生态环境部系统内外专家信息的分类管理，实现统一身份认证和实名制认证，建立完善可靠的互联网信用基础，同时便于专家评审工作不受地域限制。

基础数据库：包括企业用户数据库、审核评审与审批数据库、信息公开数据库、登记后活动信息库、风险评估数据库、登记证管理数据库、危害与暴露数据库、测试机构数据库、监管信息数据库、名录数据库等子项数据库。

辅助决策数据库：用于实现系统大数据资源分析、多应用展示等功能，包括利用多应用评估模型库挖掘分析化学物质大数据；利用数据查询与统计工具跟踪管理化学物质地域分布、企业信息、生产、使用与转移等信息，支撑环境风险评价、地方监管及区域化学品风险防控等工作开展；利用法规政策标准系统追踪国内外化学品管理相关法规制度、技术标准、管控名录等动态更新；推动实现与生态环境资源中心、环境行政处罚案件信息系统、企业信用信息系统等数据库的对接或调用。

（3）落实生态环境信息化集中统一要求。一是完成在生态环境私有云平台的部署工作，保障系统运行稳定。二是实现与生态环境部综合业务门户集成，统一门户、统一用户、统一身份认证。三是完成与生态环境部政务服务平台的集成，完成统一身份认证、页面集成，可实现"一网通办"。四是完成与电子证照管理系统对接，实现证照电子化管理。五是完成系统与环境信息资源中心对接，实现化学物质相关数据集中共享及调用。六是完成与《中国现有化学物质名录》系统的对接及数据迁移工作，实现数据共享交换及名录数据的调用。七是完成与新化学物质申报系统（旧系统）历史数据迁移。

（二）实施效果

新化学物质环境管理信息系统的全新改造升级，有效保障了《新办法》的全面实施，优化了企业申请数据要求和申请类型调整，注重与国际接轨，减轻企业负担，进一步贯彻落实了"放管服"改革工作部署，促进我国绿色化学创新研究。同时推动实现了新化学物质环境管理登记审批业务"一网通办"和登记信息全周期闭环管理,实现了让"数据多跑路,企业少跑腿"的工作要求,强化了事中事后企业事业单位的监督管理责任、义务及环境风险控制措施的针对性。

截至 2021 年 9 月底,已服务 900 多家企业,完成登记事项 5600 多个,满足企业登记的新需求、新发展及生态环境行政管理部门业务管理需求;支持《中国现有化学物质名录》查询数据近 5 万条、生态环境部 7 号令和 12 号令下的登记信息发布 46000 条,提高了各级生态环境管理部门的沟通效率,为事中事后监管精准施策和核查反馈提供数据依据和技术支持;解答业务咨询和技术问题 1000 多个,优化系统功能模块 70 多个,精准提升了企业服务满意度,激发了企业主动申报的积极性。

三、实践案例创新点及建议

（一）案例实施的创新点

1. 形成全周期信息化管理闭环,强化事中事后监管

一是扩展原有新化学物质环境管理系统行政审批功能,形成"企业登记、技术审核、专家评审、行政审批、地方监管"等在内的全流程功能体系,形成新化学物质全周期管理的完整闭环,初步构建全新的联审联管机制和综合管理体系,提升各个环节的透明度和连续性。二是打通国家审批信息与地方监管信息"上传下达"的互联通道,根据不同应用场景需求提供多种查询和检索方式实现地方监管部门对《中国现有化学物质名录》物质信息、审批信息的及时查询和监管信息的及时获取,有效增强新化学物质环境管理的针对性和实效性。

2. 实现全面"电子化"新登记,完成事项类型全覆盖

一是实现登记类型全覆盖。系统完成 18 个登记事项、99 张电子表单、2150 个字段的开发,支持常规、简易、备案等全部登记类型的在线申报、活动记录填报,新用途、新危害、名录增补和查询等业务活动的在线管理,以及电子登记证制作、查询、撤回等管理活动,全面覆盖《新办法》规定的各类管理事项。二是实现特殊形式全覆盖。系统实现了联合登记、系列登记等多种特殊类型的登记流程、审批程序,优化了登记申请模式,减轻了企业重复申报、多次申报的负担,同时有利于整合利用同类新化学物质申报数据,提高了行政管理部门的管理

效率。

3. 开启全程"云上办"新体验，优化企业服务质量

一是实现智能导引，方便企业办理。系统完成730多个电子表单数据校验设计，通过多源数据关联、逻辑校验等信息化手段实现了"无纸化"申报，核验了提交材料的规范性、真实性和符合性。二是实现"一网通办"，减少办事成本。系统完成与生态环境部政务服务平台、电子证照管理系统集成对接，实现短信提醒、进度查询、云端亮证等在线功能，实现企业由"线下跑"到"云上办"的全新办事体验。三是强化服务意识，提升服务质量。按照"优服务、细管理、强保障"的运维服务标准，相关部门组建系统运维专班，开通办公微信群、QQ群实时交流问题解析和对策，解答企业疑问。

4. 构建全线"即审即批"新模式，提高精细化管理水平

一是实现智能审批，提高审批效率。系统完成300多个流程近200个节点设计，支持受理审查、线上会议、专家管理、限时办结、电子印章等在线管理功能，实现进度实时查询、审批无缝链接、公示一键公开、证照一键送达等功能，规范简化了审批流程、提高了审批效率。二是实现全程信息留痕，推进精细化管理。系统完成了注册登记、审核审批、公示发证及登记后管理等全程信息数据化，做到信息可查询、安全可追溯。三是加强环境风险防控，促进业务高效协同。系统已对接环境信息资源中心、现有化学物质名录系统，并预留接口对接其他相关业务系统，为开展新化学物质环境风险分析提供数据支持。

5. 建立全量用户分类管理，科学设计角色权限控制

一是创建多用户分类管理。该系统共涉及境内外企业、代理机构、第三方填报单位、系统内部专家、系统外部专家、技术审核部门、行政审批部门、生态环境部领导、地方生态环境监管部门（省市县三级）等多类用户，并根据使用功能分为企业用户、专家用户和管理用户，建立统一用户信息库和用户管理体系。二是实现复杂授权管理。根据登记、审核、评审、审批、地方监管等不同环节，建立不同用户类型角色定义和对应关系，共设置十几种权限分配，并梳理明确用户权限体系整合到统一用户管理体系。三是建立统一身份认证管理体系。各类用户均施行实名制认证服务，支持手机、邮箱注册验证，实现用户身份和权限的动态同步，加强信息安全预警审计，提高系统可用性、安全性和用户使用的方便性。

（二）推广价值

1. 构建协同监管格局，加强和规范事中事后监管

该系统依托互联网、物联网、大数据等新技术，完成地方监管信息子系统设计和开发，实现新化学物质行政审批信息与地方监管信息"互联互通""上传下达"，推进政府和企业信息公开，充分发挥社会监督作用，形成合力强化新化学物质环境登记管理；有效落实了党中央、国务院关于加强和规范事中事后监管的要求，推进了各级政府监管与服务相互结合、相互促进，为提升事中事后监管精细化和规范化水平、推动监管创新体系的建立起到了良好示范效应。

2. 提档升级"放管服"改革，"一次都不跑"落地见效

为深入贯彻落实"放管服"改革工作部署，该系统建设积极推动"互联网+政务服务""互联网+监管""电子证照+电子印章"应用等，精简申请材料、优化审批流程、缩短审批期限、发布电子证照，从纸质提交转变为数据上传，实现新化学物质环境管理登记、审批业务"一网通办""全程网办"。同时，为最大程度方便企业，在办事门槛上做减法，在服务意识上做加法，及时建立了微信、QQ工作群实时解答企业各种业务和技术问题，"限时办理""一次都不跑"目标要求落地生效，真正打通了联系企业服务"最后一公里"，切实增强了人民群众的幸福感。

3. 加快推进政务信息互认共享，树立业务试点示范工程

该系统有序推进了与国家数据共享交换平台、生态环境信息资源中心、新化学物质申报信息管理系统、中国现有化学物质名录数据库、地方监管信息系统等相关系统的集成对接和数据共享应用，并与生态环境部综合业务门户实现统一用户认证体系，"单点登录、全网通办"的"一站式"办事服务模式，大力推进了无纸化办公，破解了政务服务数据不互通等突出问题，形成相互关联支撑的大数据体系，为化学品环境风险防控科学决策发挥数据支撑和指导作用，为生态环境其他业务领域的信息共享和业务协同树立了标杆。

建设"一带一路"海关信息交换共享平台，更好地服务贸易畅通*

海关总署信息中心

一、背景介绍

进入21世纪，随着价值链的扩展，世界近一半的产品及配套服务都在海外完成，全球供应链基本实现自动化。❶根据世界海关组织（World Customs Organization，WCO）2011—2021年的年度主题，国际经贸合作正面临"三个替代"：电子化替代纸面单证、数字化替代手工作业、协同化替代独立监管。背后动因在于人员、商品、服务、资金、技术跨境流动时，政府要"管住"、不能"管死"、还要"管好"。

习近平总书记在联合国、上海合作组织、亚太经济合作组织（APEC）、二十国集团领导人峰会（G20）、金砖国家、中国—中东欧、中国—东盟等多边、双边场合屡次提及互联互通，强调"共建'一带一路'，关键是互联互通"，2020年以来更数次强调"数字互联互通"。2021年2月9日，在中国+中东欧国家领导人峰会上，更明确提出了开展"智慧海关、智能边境、智享联通"（"三智"）合作试点的重大倡议。

为贯彻落实习近平总书记重要讲话和指示精神，抢抓推进"三智"机遇窗口期，海关总署发起设立"一带一路"海关信息交换和共享平台（Customs Data Exchange Platform，CUSDEP），从公开文献看，这是全球海关中首次应用"公有

---

* 本文获海关总署科研项目"'智慧海关 智能边境 智享联通'技术标准框架研究"（2020HK281）资助。

❶ WCO, WTO. Customs Use of Advanced Technologies to Facilitate and Secure Cross-Border Trade [R]. Brussel, 2021：2.

云+私有云"的混合部署方式，开展国家（地区）之间海关数据交换，同时也是我国政府部门电子政务领域首个采用境内外混合云方式开展国际政务数据交换的项目。通过技术攻关，攻克多项境内外实施数字政府项目的工程技术难题，CUSDEP将传统跨境电子政务项目2~5年的实施周期缩短为1~2个月。2019年4月，平台及其支持的互联互通应用被列入国家"一带一路"成果清单，由外交部网站对外发布。2021年，平台被写入国家层面相关"十四五"规划。

二、国际经贸合作的迫切需求

"中国开放的大门将进一步敞开，同世界各国共享发展机遇"。[1] 党的十八大以来，围绕国家经贸合作，海关已陆续参与签署了数百项国际合作协议，覆盖80余个国家和组织，既有税费类，也有监管类，包括打击商业价格瞒骗、原产地、运抵前风险分析、监管结果互认、经认证的经营者（Authorized Economic Operator，AEO）企业互认、食品生物及质量安全、执法数据共享等重要领域，而且数量持续增加。为更好地维护跨境产业链和供应链的稳定畅通，顺应数字经济、数字贸易的快速发展趋势，促进与各国的经贸融合，协议中几乎均涉及政务数据交换事项，各方希望通过数据要素驱动贸易便利和服务。但在实施中，需要重点关注合作时机、技术挑战、非技术挑战三方面需求。

（一）把握合作机遇窗口

考虑到复杂多变的外部国际形势，为积极把握合作机遇窗口期，国际联网项目需要做到"三快"。

（1）设计快。通过共商、比选、论证、确认作业模式，明确技术路线、技术架构和初步方案，确保各方尽早进入项目立项申报程序，保障人员、技术、资金等资源尽早到位。

（2）实施快。各方共建，按照既定协议分头建设、集成既有系统，确保不同国家的数字政府系统能够按照合作备忘录约定的业务流程和共同确认的技术标

---

[1] 习近平：《构建新发展格局，实现互利共赢》，2020年11月19日在APEC工商领导人对话会上的主旨演讲。

准，完成各自节点实施，并实现国家间数据联通。

（3）试点快。成果共享，按照选定的业务模式，不同国家的口岸部门及进出口企业、物流企业、金融机构合作开展先行先试，实现项目早期收获，并根据试点情况完善推广。

但与境内实施数字政府项目不同，涉及国家（地区）间的合作项目通常实施复杂度较高。采取传统建设方式时，从签订合作意向到配套数据系统上线通常需要2~5年，这与大量紧迫的联网需求形成鲜明对比，其间内外部形势也可能发生一定变化，并且可能面临图1所示的几方面挑战。

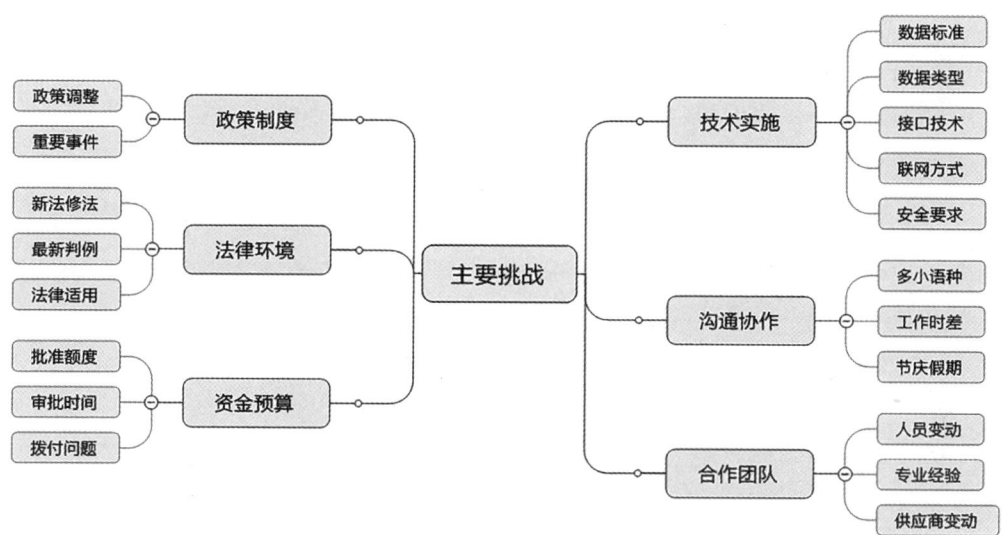

图1 实施数字政府跨境经贸合作项目可能面临的主要挑战

（二）主要技术挑战

图1中主要的技术挑战包括以下几方面。

（1）数据标准庞杂。不仅联合国、WCO定义了众多的数据标准和数量庞大的标准数据元，各行业、各国家也有自身的数据标准，甚至特定国家同一行业内部的标准也存在差异。由于国际贸易单证体系庞杂，因此在单证电子化过程中标准协调难度大。例如，欧盟国家有联盟层面的陆海空铁邮等标准，各成员国根据加入的合作协议和产业，还可能在铁路一种运输方式上同时遵循铁路合作组织、国际铁路联盟等不同组织、不同版本的数据标准。

（2）数据类型繁多。除了结构化形式保存的监管、商贸、物流、金融单据及各类支持数据以外，随着口岸现代化技术的发展，集装箱扫描图像（二维、三维）、半结构化单据扫描图像、装备封识密钥、地理信息轨迹等信息也被广泛用于交换共享，单条数据容量从几十个字节到数百兆字节不等。

（3）接口技术复杂。根据应用场景和应用设备、平台不同，不仅要支持部分发达国家最新的接口标准和数据传输协议，还要兼容部分遗留历史系统，支持包括 EDI、XML、SOAP、JSON 等各类数据格式。同时，随着口岸作业数字化水平的提升，还需要支持桌面、移动、嵌入式等不同终端。

（4）联网方式多样。根据历史沿革、投资规模、联通方式等要求，联网方式也需要同时支持公有云、专有云、互联网专网、双通道专网、专线等多种形式。并能够根据全球光缆走向，选择效率较好的拓扑方式，并建立备份联网通道，确保国际联网项目的持续可用。

（5）安全要求严格。随着主要国家（地区）陆续出台网络安全、数据安全方面的法律法规，如何更好遵循各方法律要求，选取适用的法律条款及专门规定，需要在谈判过程中反复磋商，并结合原型项目验证。

（三）非技术挑战

除了技术因素外，图1中众多非技术因素也常常会成为影响实施质量和进度的重要因素。包括：外语（尤其是各类小语种）、工作时差和各自节庆、假期引起的沟通协作成本；因为负责人员、主要技术人员及供应商变化，导致项目进度拖延或招投标、技术方案反复等情况；因为合作关系和法律法规制度变化引发的实施风险；以及受到资金预算影响，导致的延误甚至停摆等情况。

因此，为了尽快发挥多双边经贸数据交换效益，体现"三快"，关键在于能否完成重要业务功能点的第一次迭代、启动第一批试点。而工程上如图2所示，能否实现"三快"，还要面对质量、进度、成本的三角形限制。因此，应需要遵循"科学技术是第一生产力"，用信息化服务信息化（IT4IT），为跨境交换共享构建新的实施平台，服务"一带一路"各类合作协议的推广，做到国家利益在哪里，数据互联互通就要部署在哪里。

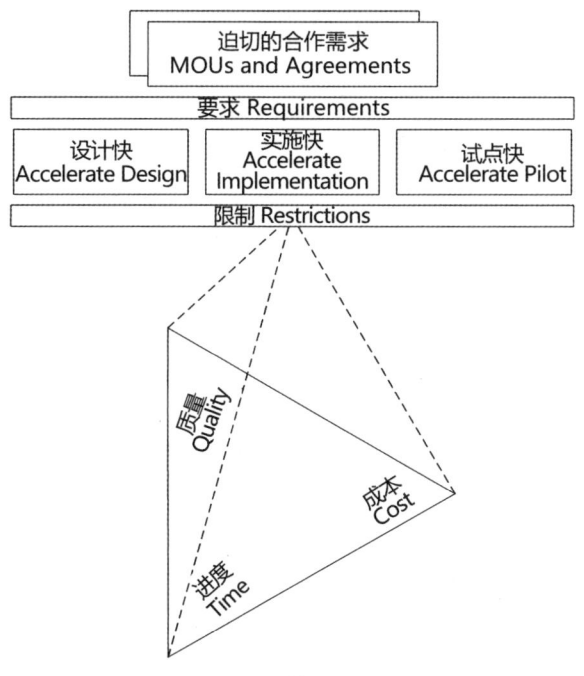

图 2 实施挑战和工程限制

三、供给侧互联互通能力提升

服务"一带一路"倡议要求，针对需求侧的迫切内容，响应 WCO 全球海关网络倡议（GNC），2018 年中国海关海关采取"云平台＋微服务"的方式建设了 CUSDEP 平台，整体框架如图 3 所示。

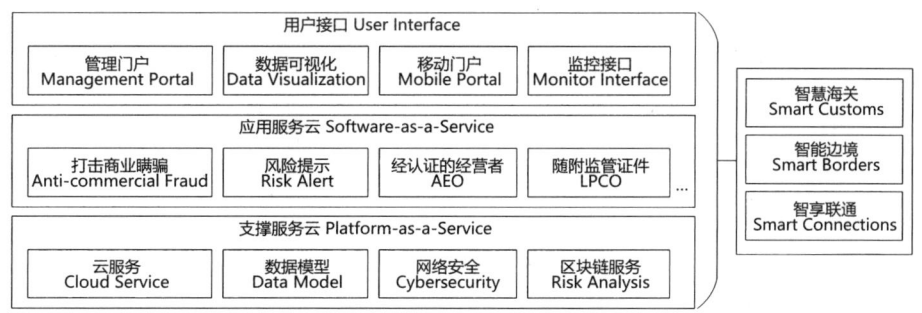

图 3 CUSDEP 平台整体框架

按照整合共享的建设思路，CUSDEP 平台当年上线并直接用于跨境联网项目。快速交付的背后，是技术工作的整体升级创新，包括以下三个方面。

（1）技术手段创新。概括为"五化"，即组件化、平台化、菜单化、运营化、国际化。

（2）信任机制创新。针对跨境贸易中商业信任现状，增加内置的区块链容器，并且支持多种上链方式。

（3）交付流程创新。丰富平台、简化应用、一键部署，降低技术合规成本。

（一）组件化

1993 年海关启动联网申报以来近 30 年，尤其是 2001 年 APEC 快件系统联网项目实施以来，经过一系列安全智能贸易联网项目，海关已经积累了一批国际联网项目实施经验，具有国际合作中部分常用的数据模型、应用接口、网络协议、安全处理及多种数据类型的技术积累。一方面，可以从既有项目提取共性功能，形成组件和微服务；另一方面，新开发的项目则全部按照组件化、微服务的方式进行建设。例如，中欧班列"关铁通"项目中，既能够引用现有的舱单审核、计税等组件，新建设的过境运输工具预先申报等功能，也可以供后续新建项目使用，最大程度实现技术资源的集约共享。

（二）平台化

2012 年开始，海关陆续应用不同类型的云平台，包括基础设施云、大数据云、测试云、开发云等。相对于传统系统和部署模式，云平台将大量技术复杂性内容进行封装，加快联网项目实施，符合"三快"的要求。

（1）按需服务。按照实际用量，租用相关服务，减少初始投资，便于主要功能快速验证。

（2）弹性扩展。能够根据业务变化，动态扩展处理能力，适合复杂多变的国际经贸领域，满足小至 AEO 企业编号、大至跨境电商等不同规模的联网需求。

（3）简化部署。快速在云上部署，各方上云使用或本地联通，减少因技术实施能力差距导致的实施延迟。

（4）共建共享。合作各方可以将相对成熟的组件和服务从本地搬到云上，汇聚并积累各方技术成果，减少后续功能升级的投入。

（5）标准合规。利于实施的标准化，并且通过云平台自带的监控功能，便于各方透明公开地了解所参与的合作项目运行情况。

概括而言，平台化最大的特点是将联网模式从"点对点"变为基于"共同平台"或"平台对平台"连接，各方可根据自身惯例和技术喜好，灵活选择云服务商，部署使用 CUSDEP，大幅降低技术复杂度和实施成本。

（三）菜单化

为方便使用，CUSDEP 主要功能全部在组件化的基础上，能够通过图形界面进行配置，各类组件和服务动态加载。允许业务、技术人员使用熟悉的语种完成验证工作，甚至可以在谈判桌上直接配置表 1 选项，并做基本的验证。

表 1 可图形化的配置项

序号	配置内容	配置选项*
1	语种	汉语、英语、西语、俄语、法语
2	业务	通关、物流监控、行李和寄递物品、特殊监管区域、知识产权保护、跨境电商、AEO
3	接口技术	Web Service、消息队列、SOAP/JSON、FTP、邮件
4	联网方式	公有云、VPN、双线 VPN、专线、前置节点
5	数据内容	申报、物流、税费支付、产业数据、技术数据
6	数据模型或数据标准	联合国（UN/CEFACT）、世界海关组织、国际海事组织（IMO）、国际航空运输协会（IATA）、国际公路运输公约（TIR）等数据模型或数据标准
7	安全选项	过滤规则、IP/域规则、加密/解密、数字签名、散列、4A

*随着合作项目积累，配置选项还会不断扩充。

（四）运营化

国际联网项目相对投资规模较大，以联网为例，中国"一带一路"沿线国家通常需要经由"大Z字"的拓扑到达，而连接陆上国家时，还需要依靠支线光纤网络，不仅网络延迟较长，对于较大的数据（如集装箱扫描图像、申报单据扫描件）等，如果不采取必要的补偿、校验措施，传输失败、错传、电子数据损毁等情况还时有发生。在部分案例中，由于我国与某些陆上国家之间项目上线时尚无直联的光缆，因此需要通过租用中国至亚太再折返至目的地、中国至东欧再折返至目的地的"双Z字"线路，不仅投入较大，而且难以获得满意的联通效果。事实上，通过电信服务商和科技企业之间的合作，可以实现近似直联（小折线）的效果，不仅投资小，而且联通效率可以得到保障。

此外，单纯依靠财政投入，项目的扩展性和可持续性不足，可以采取合作运营的方式：在平台建设初期和大版本更新时，通过财政投入支持平台建设；而日常运行维护，可通过政府购买服务的方式，与技术实力和境外段设施覆盖较广的企业合作，政府提供业务场景，企业提供技术资源和境内外项目实施及配套运维力量，按照合作"运营"，而单纯非外包的方式，确保项目的可持续性。考虑到全球主要电信企业有其重点业务区域，因此在跨洲、跨电信运营商合作时，应突出市场作用。

（五）国际化

语言方面，支持汉语、英语、西语、俄语等多语种操作界面，降低语言壁垒。配套的宣传材料、技术指南、方案模板、教学视频等均提供多语种版本，减少歧义。代码和术语方面，基于联合国、WCO及相关国际组织的标准代码集（Code list）和术语表，便于与各国口岸部门系统集成。平台采用WCO的数据模型，根据2021年的报告，尽管应用程度有区别，但该数据模型已覆盖WCO所有成员❶，因此CUSDEP不仅可以与各国海关系统、平台实现数据联通，节省技术谈判和方案沟通成本，并且能够与WCO建立合作关系的其他国际组织，实现跨数据模型的集成。

（六）区块链容器

跨境贸易资金链、供应链长，涉及环节众多，缺乏信任导致时间成本、交易成本较高。其中，海陆运输在跨境贸易中占比较高，近年来陆海空铁邮相互融合的多式联运发展很快，由于周期长、转手多、数据存在堵点，影响货物追溯。而区块链技术是在部分信任、甚至无信任环境下建立数字化信任的平等化技术❷，特

---

❶ DMPT. État d'avancement de l'adoption du Modèle de données de l'OMD à l'échelon mondial［R］. Bruxelles, 2021：2-3.

❷ 王翔. 基于区块链技术服务贸易畅通探讨［J］. 中国口岸科学技术, 2020（3）：4-12.

别适于跨境数据交换共享场景，也利于溯源。CUSDEP 平台内置区块链容器，该部分功能框架如图 4 所示，它能够根据合作方数据互信程度、安全隐私等要求，支持表 2 中可见、部分可见或可用不可见等方式上链，随着互信的加深和合作的深入，可以修改配置，扩充可见数据元。

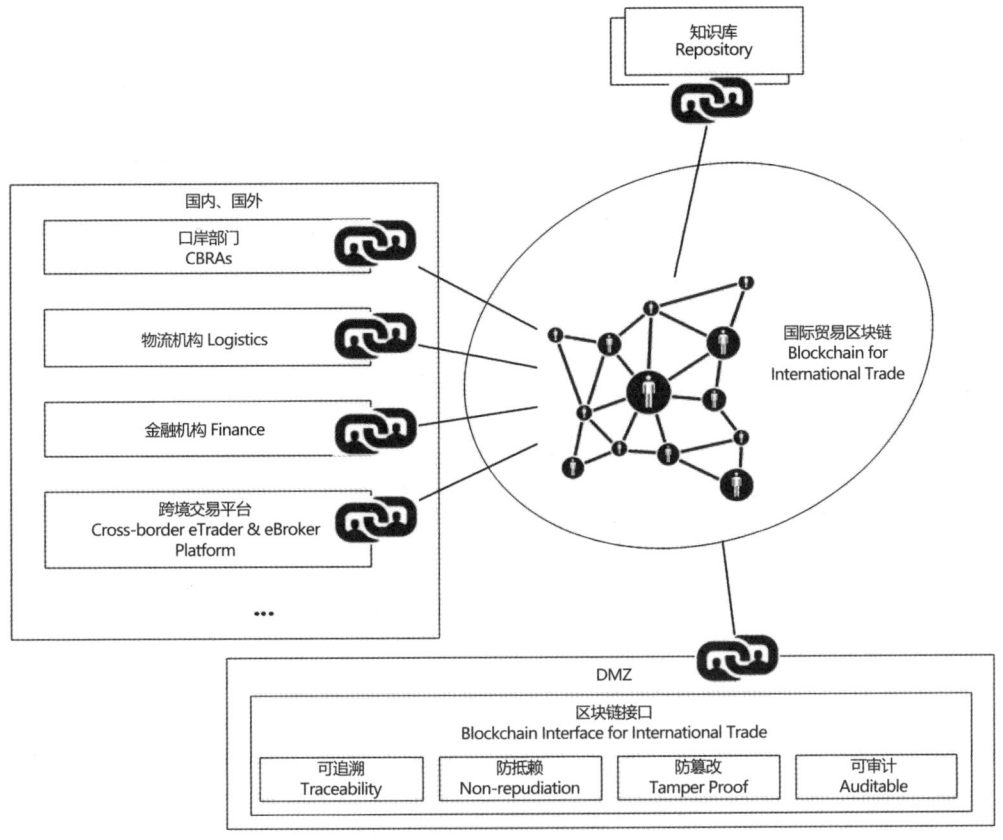

图 4　CUSDEP 的区块链功能框架

表 2　CUSDEP 支持的数据上链方式

上链内容	功能	环境需求	联通能力
原始单证	验真、存证、追溯、查询、统计	低	—
部分数据元	验真、存证、追溯、查询、统计	低	—
散列数据	验真、追溯	低	中
去标识化数据	验真、存证、追溯*、查询*、统计	低	中
匿名化数据	验真、存证、统计	低	中

续表

上链内容	功能	环境需求	联通能力
多方隐私加密、同态加密结果	验真、存证、追溯、查询、统计	高	中高
跨链	验真、存证、追溯、查询	高	高

＊需重标识化后实现。

（七）重构交付流程

如图 5 所示，基于表 1 的积木式架构和"五化"改造，CUSDEP 项目建设流程大幅简化，通过所见即所得（What You See Is What You Get，WYSIWYG）的菜单式配置，减少磋商轮次，将以往通常需要 2～5 年的实施周期缩减为 1~2 个月，业务、技术人员一道，通过线下或在线会议的方式，利用专门选取或模拟生成的测试数据，协同开展数据交换共享试点。

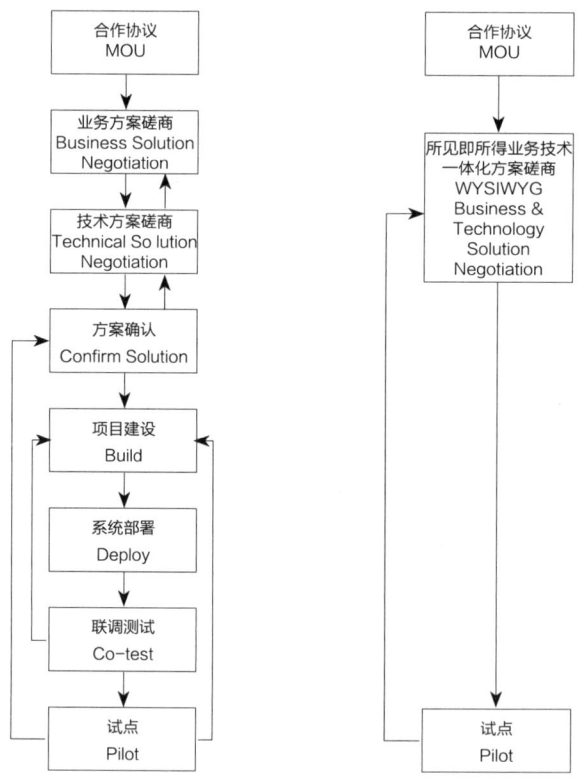

图 5　基本建设流程对比

注：左侧为传统模式，右侧为 CUSDEP 新模式

四、"关铁通"跨境跨部门合作

作为我国履行世界贸易组织贸易便利化协定（Trade Facilitation Agreement，TFA）的具体措施，"关铁通"项目（Customs-Train Operators Partnership，C-TOP）面向国际铁路通关需要，通过各国海关及铁路部门一体化跨境数据合作，促进贸易安全和便利，总体框架如图6所示。"关铁通"项目目前上线功能的基本情况包括以下几方面。

（1）业务。国际铁路集装箱货运。

（2）数据。以WCO数据模型为中介，各国家（地区）海关和铁路部门将既有数据模型对其做双向映射，覆盖电子铁路舱单、集装箱扫描图像、安全封识及通关结果，并且实现跨运输方式联动。

（3）接口。采用CUSDEP混合云方式，简化国际段部署和使用，各参与方使用互联网接通用接口协议访问。

（4）弹性计算。由于铁路跨境运输受季节、假期、合作协议等影响较大，可以根据铁路路网动态需求，通过云平台弹性能力，适应运量不稳定、周期变化的情况。进一步，还可根据多式联运各方需求变化，做计算资源的整体优化、调度。❶

（5）区块链。后续，除了可以对单证真实性进行验证以外，还可以对运载商品及货物进行跨境追溯，尤其是支持多式联运条件下的一站式溯源、跨链协同溯源。

"关铁通"项目按照菜单向导，完成表1中所有标准化配置，然后一键式完成部署上云。

"关铁通"项目上线后，支持多地通过"重庆—多斯特克—阿拉木图""乌鲁木齐—多斯特克—阿拉木图"两线中欧班列，与沿线相关国家（地区）关、铁部门完成跨境、跨部门数据协同，快速推动国际合作事项落地。

---

❶ WANG W, SHI T, ZHANG Y, et al. An Affinity Propagation-Based Clustering Method for the Temporal Dynamics Management of High-Speed Railway Passenger Demand [J]. Journal of Advanced Transportation, 2021（3）: 1-11.

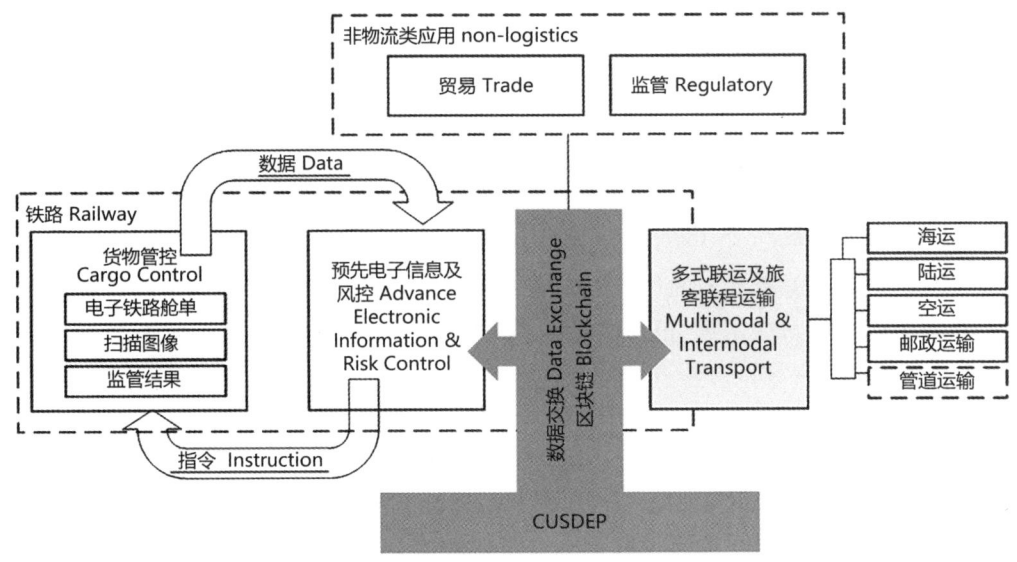

图 6 "关铁通"总体框架

五、可复制可推广的经验总结

CUSDEP 2018 年上线至今,完成了一批面向"一带一路"沿线国家和地区的经贸数据联网项目,包括服务国际物流大通道,通过"关铁通"等项目,支撑中欧班列沿线国家间的边境监管合作;实现了对报关单、铁路舱单、公路舱单及监管查验数据的联网交换;开展检验检疫证书、原产地证书、AEO 企业认证等数据交换相关工作。后续,计划开展海空舱单、管道运输等数据交换工作。主要经验包括以下几方面。

(1)采取顶层思维,面向整个跨境生态进行设计,加强执法协作。
(2)遵循开放标准,主动迎接新技术,并通过架构实施有效管控。
(3)针对共性需要,采取简单易用的菜单配置方式,降低技术门槛。
(4)打通关键路径,建设洲际骨干通道,以海陆并重方式预先部署。
(5)关注早期收获,迎合趋势,抓住双边、小区域机遇并重点推进。
(6)加大宣贯力度,利用各种多双边场合,结合成功案例积极推广。

回顾实施过程,CUSDEP 实施中还有如下技术经验,可供需要开展数字政府国际合作的部门和地方参考。

（1）数字化认识论。按照海关 ABCDE 信息化认识论和方法论❶，CUSDEP 平台不仅是一个技术工具，更是优化数字政府生产关系的重要手段。一方面，通过云计算，提供各方数字化协作所需的算力和数据交换共享支持，将项目建设聚焦业务，而不是复杂的技术部分；另一方面，借助内置的区块链容器，加强多方信任合作，优化生产关系。

（2）应用监测指标。为确保合作项目高效、可持续运行，需要配套的管理闭环，关键是建立并应用监测指标，包括参与方数量、各业务域参与方数量（贸易、物流、金融、监管）及比例（%）、数据响应时长、联通时长、信息交换总量等，确保 CUSDEP 管用实用好用。

（3）运行环境零信任。为了适应复杂的境内外技术环境，应遵循应用和数据对运行环境零信任的原则，平台自身及加载的应用，均需要经过配置校验和功能、性能、安全、破坏性等方面的测试，从依靠项目组自身安全能力，变为全技术栈安全。

（4）尊重各国习惯。尽管平台采用国际标准及术语，但不同国家口岸部门因为历史沿革、执法风格的差异，在术语、数据元及属性方面仍存在差异性，数据交换在语义层面仍需要精准微调，应建立并逐步完善配套知识库。

（5）牢记过紧日子。突出架构管控的核心作用，能够结合国际公约和国际标准制修订、授权协议、运营方式动态调整，避免被特定供应商和技术路线绑定，按照整合共享、按需购买、动态部署的原则，压缩初次实施成本，持续优化后续运行成本。

（作者：王翔）

---

❶ 海关 ABCDE 信息化认识论和方法论，其中：A（人工智能，Artificial Intelligence），主要解决生产力问题；B（区块链，Blockchain），主要调整生产关系问题；C（云计算，Cloud），提供算例和互联互通能力；D（大数据，Big Data），主要提供数字化生产资料；E（生态，Ecosystem），获得可持续的创新支持。

第七次全国人口普查数据处理环境建设

国家统计局数管中心

一、业务背景及特点

（一）业务背景

根据《中华人民共和国统计法》和《全国人口普查条例》的规定，国务院决定于2020年开展第七次全国人口普查（以下简称"七人普"）。2019年11月8日，国务院发布《关于开展第七次全国人口普查的通知》，明确要求本次普查应提升信息化水平，采取电子化方式开展普查登记，探索使用智能手机采集数据，广泛应用部门行政记录，推进大数据在普查中的应用，提高普查数据采集处理效能。全流程加强对公民个人信息的保护，各级普查机构及其工作人员必须严格履行保密义务，严禁向任何机构、单位、个人泄露或出售公民个人信息。

（二）建设目标

"七人普"是决胜全面建成小康社会、推进全面建设社会主义现代化国家新征程中的一项重要基础工作。在"七人普"中充分运用互联网、云计算、大数据、地理信息和人工智能等信息技术和资源，实现普查数据处理全流程电子化、网络化和信息化，适应普查业务流程变革，强化组织普查管理体系，拓展数据采集报送方式，探索基础设施服务模式，服务基层普查机构，开发人口数据应用价值，建立"高效、友好、安全、创新"的普查数据处理系统，确保普查数据处理工作的顺利完成。

（三）工作任务

本次普查数据采集采用电子化的方式，普查员使用智能终端登记普查对象信息、联网实时上报，或由普查对象通过互联网自主填报等方式进行。

主要任务是完成普查短表、普查长表、港澳台居民和外籍人员普查表、死亡人口调查表的数据采集、报送、审核、比对、编码、验收、汇总等数据处理工作。"七人普"里程碑节点如下。

2020年5月至8月，为全国范围的普查综合试点提供技术支持。

2020年9月10日前，完成普查区域划分与建筑物标绘。

2020年9月，完成数据采集处理生产环境部署联调。

2020年10月11日至31日，摸底调查（结合部门行政记录，摸清普查小区内的人口和居住情况，编制普查小区户主姓名底册）。

2020年11月1日至15日，正式登记（采集普查短表数据，包括自主填报）。

2020年11月16日至12月3日，普查长表数据采集。

2020年11月20日至12月10日，结合部门行政记录进行比对复查。

2020年12月14日至30日，事后质量抽查。

（四）业务特点

本次普查具有以下特点。

1. 普查对象数量多、流动性大，数据采集周期短

据估算，本次普查约采集5.5亿条户记录、17亿条人记录（包括重复统计的流动人口），要求各级普查机构组织普查员在15天内完成普查短表的数据采集工作。普查对象流动性大，找到难度大。

2. 普查人员数量多

组建了国家、省、地市、县和乡五级普查机构，700万普查人员参与普查。要求应用系统具备组织机构管理能力、人员管理能力、人员培训及工作台的集成能力，可以实现普查机构、普查任务、普查人员、普查设备和普查进度的一体化管理。

3. 移动采集终端数据采集技术难度高

一是普查人员众多，素质参差不齐，人员稳定性问题也增加了数据采集阶段的实施难度，要求移动采集终端具备易操作、无安装和无感知升级等特点，降低数据采集工作难度。

二是业务覆盖广，个别地区会存在移动信号弱或者信号盲区，存在移动端程

序离线 15 天以上的可能。

三是要求移动采集终端可利旧"三农普"或"四经普"时采购的 PAD，也可使用个人智能手机，配置差异大、移动端程序适配难度高。

4. 数据安全要求高

本次普查采集公民身份号码，信息敏感，涉及个人信息的安全保护，安全保密要求高。

业务处理环节复杂，操作人员众多，安全管理要求高。

人口普查影响力大，易遭到恶意攻击，安全防护要求高。

二、基于人口普查业务特点的系统架构设计

（一）设计原则

1. 开放性与适应性

系统既能够很好地适应不同数据环境，也能够通过服务接口和开放式 API 及开放式体系结构提供良好的复用性和可集成性。

2. 可伸缩性

系统应具备进行水平线性扩容的能力。

3. 前瞻性和先进性

系统应充分考虑统计系统未来发展需求，对可能的业务需求变化有很好的适应能力。

4. 易用性

系统应有效降低使用、管理和运维的门槛，提供友好的面向业务人员的用户界面。

（二）设计依据

1. 法规政策依据

《中华人民共和国统计法》《中华人民共和国统计法实施条例》《全国人口普查条例》《国务院关于开展第七次全国人口普查的通知》。

2. 技术标准与规范

（略）。

（三）总体架构

"七人普"数据处理业务流程主要包括：普查区域划分及绘图、普查任务分配、普查摸底、普查登记、比对复查、审核验收、事后质量抽查、行职业编码、数据汇总、数据评估与发布，以及普查资料开发与共享等环节。

普查数据处理按照业务流程的不同阶段，研发或利旧改造应用软件，主要包括普查区划分与标绘、数据采集报送、资料开发与应用等系统。开发普查管理系统，实现对普查人员、普查任务、移动采集设备和普查进度的监测与管理。各系统之间互联互通、协同工作。

"七人普"通过租用专有云服务的方式构建普查专有云平台。平台部署普查区划分与标绘、数据采集报送、普查管理三个系统。其中，普查区划分与标绘系统利旧使用"四经普"建设成果，在原有系统上进行升级改造；重点开发数据采集报送系统和普查管理系统。

专有云服务包括基础资源及安全服务和应用支撑服务。

基础资源及安全服务包括云主机服务、专用数据库服务器服务、负载均衡服务、对象存储服务、消息队列服务、BGP高防服务、Web应用防火墙服务、主机安全服务、堡垒机服务、数据库安全审计服务、漏洞扫描与渗透测试服务等。

应用支撑服务包括容器管理、微服务框架、企业级服务网关、分布式数据库、MPP数据库、网络带宽服务、内容分发网络（CDN）服务、OCR识别服务、短信服务等。

建设安全保障体系，提供整体安全服务，保证业务、应用及数据的安全性。

建设标准规范体系，保证研发及运维部署遵守统一科学的标准规范。

数据处理整体框架如图1所示。

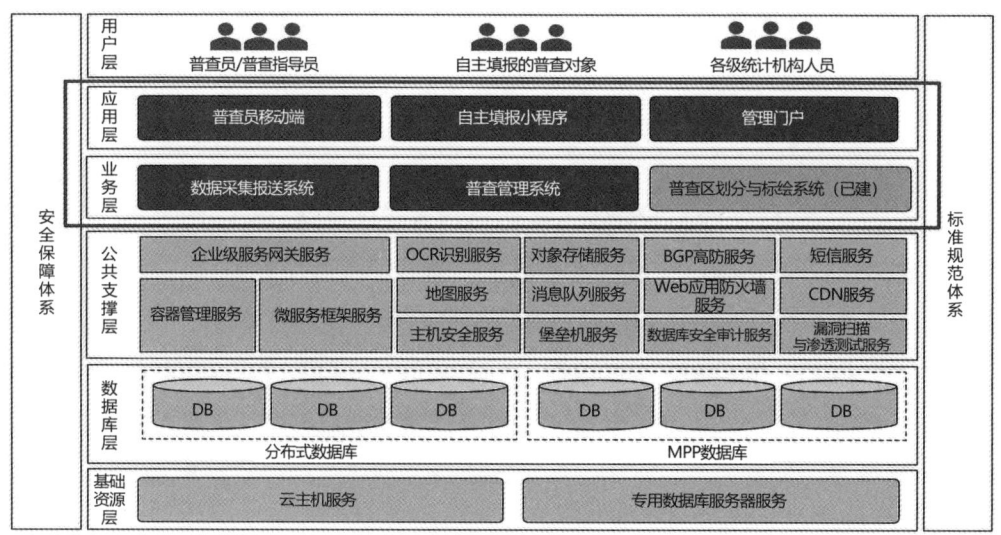

图 1 数据处理整体框架

（四）逻辑架构

"七人普"全面采用电子化数据采集方式，实时联网上报；普查对象可以通过个人智能手机自主填报普查表。系统用户分为普查员/普查指导员、自主填报的普查对象和各级普查机构人员。普查员/普查指导员使用普查员移动端，普查对象使用自主填报小程序，各级普查机构人员既可以使用普查员移动端也可以使用PC端管理门户完成数据处理相关工作。为做好普查员的管理工作，普查员移动端要求具有部分简化的管理功能。

各端的访问请求通过专有云的网络、安全、CDN等服务，进入企业级服务网关，由它负责后端微服务的统一管理等。其中，CDN服务会访问对象存储服务回源，普查员移动端会使用到专有云的OCR识别服务等。服务网关管理数据采集报送系统和普查管理系统两个系统的微服务，其中普查管理系统包含统一身份认证。

两个系统的数据都存储在分布式数据库中，分布式数据库接收到的业务数据通过数据同步工具，同步到MPP数据库中，由数据采集报送系统的数据处理子模块基于MPP数据库完成数据比对、汇总等OLAP场景的处理工作。

数据采集报送系统在数据处理的过程中会调用专有云的其他服务，如对象存储、消息队列等服务。逻辑架构如图 2 所示。

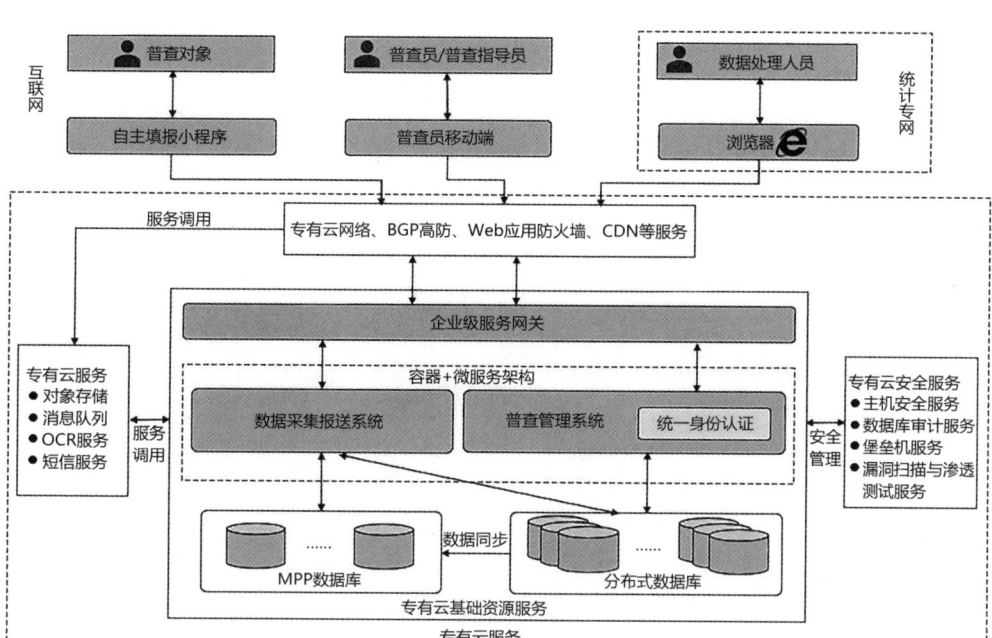

图 2 逻辑架构

三、"七人普"数据采集处理环境的建设与实践

（一）专有云服务建设内容

据估算，"七人普"将划分近 700 万个普查小区，绘制和标注约 2 亿个建筑物轮廓和信息；全国住户总数约 5.5 亿户，人口总数约 14 亿人；流动人口数约 3 亿人，并按人口总数的 10% 估算自主填报人数约 1.4 亿人；普查人员数量约 700 万人。

关系型数据量包括建筑物信息、摸底表、普查短表和普查长表等数据约为 4TB；普查区划分与标绘的矢量和影像的栅格瓦片数据约为 36TB；日志数据量包括各类日志，如操作日志、错误日志、数据比对日志等，约为 20TB；其他非结构化数据包括建筑物图片、离线地图包、音视频文件、签名图片等 100TB。共计约 160TB。

"七人普"数据采集周期短,并发要求高,处理数据量大、业务复杂,因此,本次普查将采用移动互联网、云计算、人工智能等技术,利用互联网云技术、云服务、云应用,创新解决业务难点,提高普查整体效能。通过租用方式搭建专有云环境,包括基础资源及安全服务和应用支撑服务。专有云服务分层关系如图3所示。

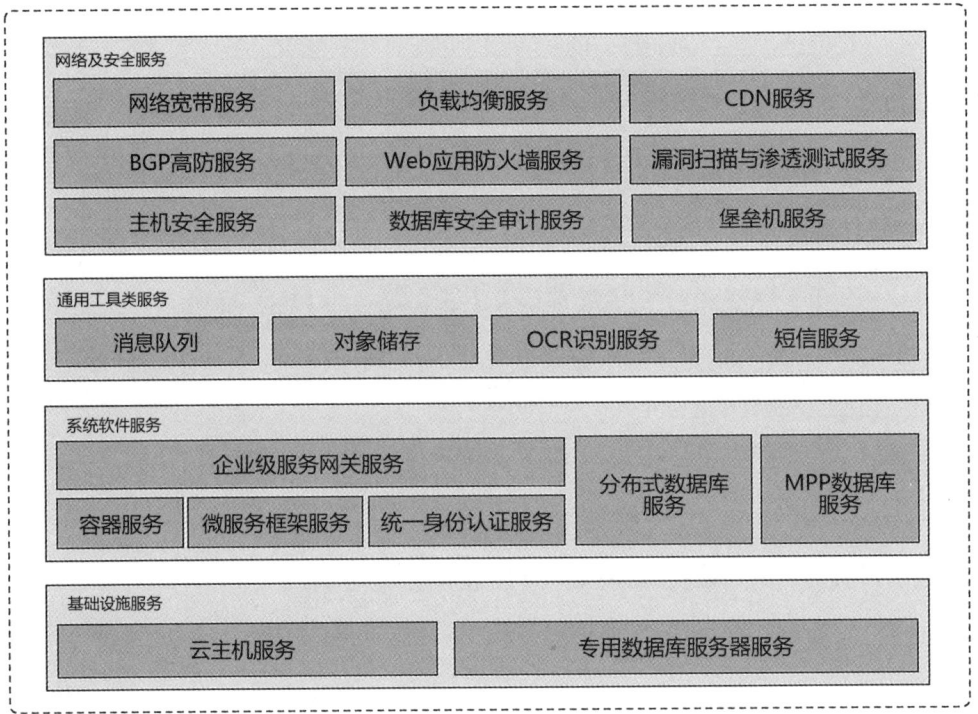

图 3　专有云服务分层关系

基础资源及安全服务分为三类。

一是基础设施服务:包括云主机服务和专用数据库服务器服务。

二是通用工具类服务:包括消息队列服务、对象存储服务、OCR 识别服务和短信服务等。

三是网络及安全服务:包括网络带宽服务、负载均衡服务、CDN 服务、BGP 高防服务、Web 应用防火墙服务、主机安全服务、数据库安全审计服务、堡垒机服务、漏洞扫描与渗透测试服务等。

应用支撑服务安装部署在基础设施服务上,其中企业级服务网关服务、容器管理服务和微服务框架服务部署在云主机上,而分布式数据库服务和 MPP 数据库服务部署在专用数据库服务器上。应用支撑服务为应用软件提供"容器+微服务"的整体运行支撑环境,而基础资源及安全服务中的通用工具类服务为应用软件提供专项能力的支撑,网络及安全服务为应用软件提供相关网络服务和安全保障。

（二）应用软件开发服务内容

"七人普"重点开发两个业务系统,即普查管理系统和数据采集报送系统。

1. 普查管理系统

普查管理系统可以管理多种类型的多个普查项目,如人普、经普、农普及其他类型的调查项目,提供普查员的统一身份认证、登录管理和普查中常用的普查任务分配、普查员管理、普查区管理、基础信息管理、即时通信、组织架构管理等功能。上述功能应分别在后台管理系统及移动端程序中实现。系统在国家一级部署,支撑五级以上的管理机构设置,每级机构都具有相应的管理权限,支撑完成本级的系统应用管理。

普查管理系统整体逻辑架构如图 4 所示。

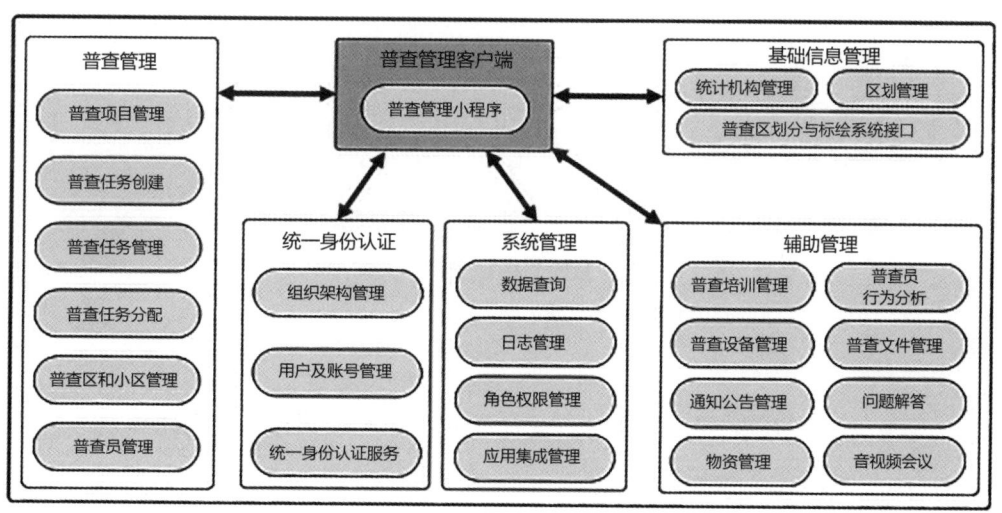

图 4 普查管理系统整体逻辑架构

2. 数据采集报送系统

"七人普"数据采集报送系统支撑普查过程中的数据采集、报送、审核、查询、比对、汇总、验收、抽样管理和数据管理等核心业务。

系统支持多种类型采集终端，满足各级普查机构和普查员在不同阶段以不同方式采集数据的需求。根据业务要求，"七人普"数据采集分为摸底调查和普查登记两个阶段。在摸底调查阶段，数据采集具备普查员使用移动采集终端进行填报与报送和基层普查机构使用采集终端录入数据两种方式。在普查登记阶段，除上述摸底调查阶段的采集方式外，增加了支持普查对象使用智能手机自主填报的方式。普查员移动端采集程序和移动端自主填报程序通过小程序实现，其中普查员移动端小程序运行于普查管理系统客户端中。

数据采集报送整体架构如图5所示。

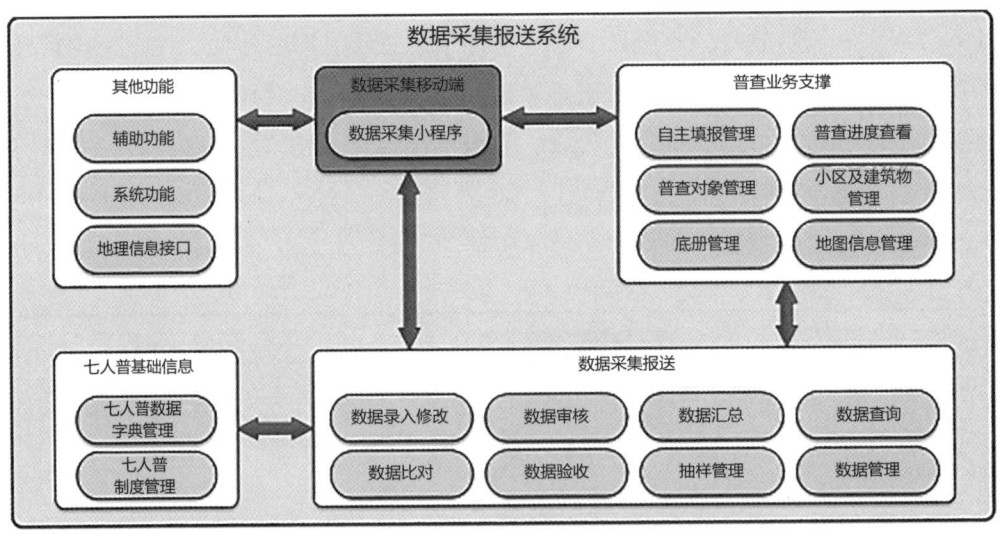

图 5 数据采集报送整体架构

（三）安全保障方案

《国务院关于开展第七次全国人口普查的通知》中要求"全流程加强对公民个人信息的保护"。"七人普"数据采集涉及十几亿公民个人信息，数据敏感，安全保密性要求高；数据处理环节复杂，操作人员众多，安全管理要求高；人口普查本身影响力大，易遭到恶意攻击，安全防护要求高。因此，安全建设是"七人普"数据处理环境建设的重中之重。

"七人普"安全建设主要从安全管理机制、安全防护体系、安全审计机制三个方面构建整个安全架构体系，同时还要从安全事前、事中、事后的不同阶段构建全流程的安全架构体系。安全建设架构如图6所示。

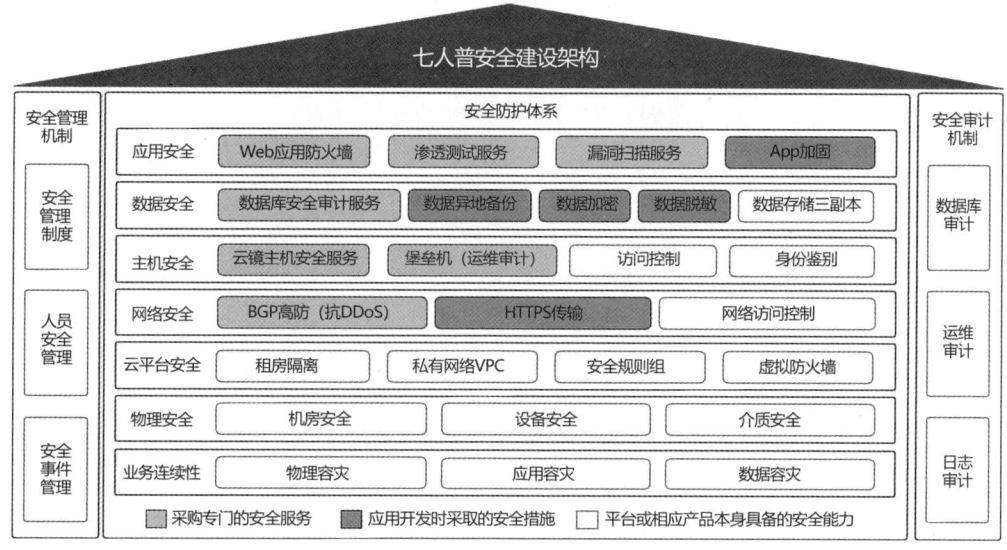

图6 "七人普"安全建设架构

一是安全管理机制。建立完善的安全管理机制和组织体系，建立健全信息安全应急处理机制，提高对网络安全事件的应对和防范能力。安全管理机制要从安全管理制度、人员安全管理、安全事件管理三个方面建立。为保护普查数据安全，要从明确责任、法律约束、遵守制度及运维监管等方面采取安全管理措施。

二是安全防护体系。安全防护体系可以分成七个层次，为"七人普"数据处理提供安全可靠的网络环境，从物理、网络、平台、主机、数据、应用及业务连续性等层面，加强系统的基础安全防护。

三是安全审计机制。建立完善的安全审计机制，主要包括数据库审计、运维审计、日志审计等。通过数据库审计服务，对数据库操作行为进行安全审计；通过堡垒机服务，对运维人员的各种操作行为进行安全审计；业务系统通过记录日志的方式，提供可查询、可追溯的日志审计。通过这三种审计维度，对数据库操作与管理人员、主机运维人员和系统管理人员等进行安全审计和事后监管。

（四）应用与实践

在"七人普"数据采集处理环境建设中需要考虑的问题是：

一是"七人普"业务覆盖全国 31 个省份（未含港澳台）约 670 万个普查小区，数据采集的周期短，业务访问频繁，数据传输过程中的网络情况应该如何考虑？数据中心应该如何选择？

二是普查数据采集关系到全国每一个人，每一个人都有可能通过扫码的方式登录应用自主填报和上传数据，如何保证业务的连续性及可靠性？

三是本次普查是最大并发的面向政府的项目，要求 700 万普查人员及预估 1 亿多普查对象使用的小程序在 15 天内完成业务采集，系统需要具备互联网高并发及面向政府的项目业务复杂性和稳定性要求高的特点，如何结合业务特点满足要求？

四是具有全国的人口信息的海量结构化的数据，采集、汇总、分析、审核、修改等普查业务对数据的依赖性强，数据分析业务复杂，对数据库的考验很高，如何保障数据的完整性和一致性？

为解决上述问题，"七人普"数据采集处理整体设计为"两地三中心"的系统架构，即同城业务双活和异地数据级灾备，系统部署分为接入层、认证层、业务层、数据层、IAAS 层及安全层和其他的 SAAS 类的产品接口调用。其中：

接入层部署企业级智能网关，用于承接公网 CLB 的流量，对访问的流量进行鉴权和站点转发。

认证层部署 tifAPI 和统一身份认证，负责对接微信、企业微信的认证和组织机构人员同步。

业务层部署容器、微服务、消息中间件等应用的后端服务和中间件缓存。

数据层部署分布式数据库、MPP 数据库和数据同步工具等。

安全层部署主机安全、网络安全、数据审核等安全工具。

系统分别按照功能模块和业务类型进行了微服务的横向与纵向拆分，对于耦合的功能模块不做拆分，不同业务的微服务模块可以复用。

按照业务拆分部署，数据采集、自主填报小程序和平台端业务都有独立的域名、入口、链路和资源，便于业务的隔离限流和业务流量统计。同城双可用区业务层流量配比双活，流量通过WAF、外网和内网的负载均衡进行分发，并设定相关规则减少非必要跨可用区的网络访问；数据层业务两个可用区各为主备，数据离线加密备份到分布式存储上，然后再同步到异地数据中心进行数据级别灾备，以保证在发生严重不可恢复事故时普查数据的安全。

数据库采用"一主三从"跨可用区进行部署，即同一份数据存储四份，当单个节点出现故障时能够保障数据的完整性和一致性。

分布式数据库提供高性能的自动水平拆分，将采集的数据均匀地拆分到多个物理分片中。在分布式数据库和应用系统间使用消息中间件作为缓冲，降低数据库写入压力，有效解决了普查数据采集时高并发、高性能OLTP类的业务场景。考虑到性能，系统实现了读写分离，将采集的数据写入数据库主节点。由于数据库主从延迟，因此将业务关联紧密需及时响应的环节进行串行化处理，直接从主库读取数据，对不需要及时响应的业务环节进行异步化处理，从从库读取数据。

数据从分布式数据库通过数据同步工具同步到MPP数据库，以便于支撑OLAP类的审核、查询、比对和汇总等业务场景。

"七人普"数据处理环境按照国家网络安全等级保护三级建设，采用了完善的安全保护措施，数据从采集、暂存、传输、存储、使用，到数据销毁，全流程采用严格的数据加密和脱敏技术；系统上线前全面开展了多轮源代码审计、漏洞扫描、渗透测试等。

四、结语

"七人普"充分利用互联网云技术、云服务和云应用完成数据处理工作，解决了人口普查数据处理中的业务和技术难题，主要包括以下几方面。

（1）采用"容器+微服务"架构和分布式数据库，满足数据采集报送期间高并发、高可靠性的要求。数据报送期间系统并发承载量平均在9万QPS，峰值达12万QPS。

（2）普查员移动端采用"App+小程序"采集报送数据，应用具备易操作、无安装、免适配及无感知升级等特点；实现了15天以上的离线保活环境和不低于50MB的本地缓存的业务需求；保证了终端的兼容性和便捷性。

（3）利用微信的广泛触达能力，通过微信小程序实现了普查对象的自主填报，小程序使用界面简单友好，易于操作，支持近1亿普查对象使用。

（4）普查员移动端集成普查管理功能和即时通信能力，实现了对700万普查人员线上有效的统一调度管理，以及普查员与普查对象的高效沟通。

（5）利用互联网安全技术，全方位安全防护，有效保证了本次普查数据处理环境的网络安全、系统安全、应用安全和数据安全。

"七人普"数据采集处理系统建设，高效地保障了数据采集工作的开展，圆满地支撑了七人普整体工作的顺利推进，为国内乃至国际大型普查积累了信息化经验，取得了5个首次的成就，即首次全面采用了电子化数据采集方式，由普查员使用电子设备采集，实时直接上报数据；首次实现普查对象通过互联网进行自主填报；首次利用行政记录和大数据对普查数据进行比对核查；首次在全国集中部署数据处理，利用互联网云技术、云服务和云应用完成数据处理工作；首次对全国700多万普查人员实行线上集中统一管理。

（作者：房波　王琦　孟宪宁　孙婧　张春震）

北京市级政务云

北京金山云网络技术有限公司

一、基本情况

智慧城市作为数字中国、智慧社会的核心载体,已上升到国家战略高度。北京智慧城市建设的战略思路之一就是通过构建政务云实现电子政务的集约化发展,为下一步大数据发展奠定基础、创造条件。2014年,北京市已确定了除公安、国安部门外,全市各部门按照"上云为常态、不上云为例外"的原则,逐步推动上云。并通过政务云的发展,促进和带动全市云计算产业的发展。北京市级政务云作为中国最大的政务云,由北京市经济和信息化局统筹规划和统一管理,用于承载全市政务服务信息化相关系统、网上服务及已明确的上云各单位应用,并满足各部门未来新增的上云需求。北京金山云网络技术有限公司(以下简称"金山云")自2015年成为首批中标企业以来,连续多年为北京市级政务云提供云主机、云存储、数据备份、大数据、应用交付、数据安全等服务。

北京市级政务云以北京城市副中心和北京市政务服务中心机房为生产云节点,为市属行政事业单位提供计算、存储、网络等云服务。依托北京市政务网络管理中心提供政务外网资源及云节点之间的专线资源,依托北京市信息安全容灾备份中心提供容灾备份服务,并纳入全市电子政务统一安全监测体系。

北京市级政务云基于主流云平台 OpenStack 架构,进行了深层次优化,充分保证云平台稳定运行,达到99.99%运维稳定性。结合政府客户上云、用云的需求,北京市级政务云提供云主机、云存储、数据备份、大数据、应用交付、数据安全等一系列服务,满足了政府客户系统入云的要求。凭借金山云顶级的云平台研发技术、丰富的云产品、优质的政务云服务,实现了政务云快速搭建、等保三级测评达标、用户系统安全入云的目标。在推进政务云落地实施的过程中，金山云在智慧政务领域不断创新，根据政府机构业务需求，逐步形成了跨平台服务、敏感数据处理、自动化运维、区块链平台四大创新能力。

二、总体技术架构

（一）总体建设原则

1. 统一规范

由于云计算是一个复杂的体系，应在统一的框架体系下，参考国际国内各方面的标准与规范，严格遵从各项技术规定，做好系统的标准化设计与施工。

2. 实用先进

为避免投资浪费，政务云平台体系的设计不仅要求能够满足目前业务使用的需求，还必须具备一定的先进性和发展潜力，使系统具有容量的扩充与升级换代的可能，以便该项目在尽可能短的时间内与业务发展和信息技术进步相适应。

3. 开放适用

由于云计算平台为各业务应用系统提供支撑，必须充分考虑系统的开放性，提供开放标准接口，供开发者、用户使用。

4. 安全可靠

本项目涉及用户范围广、数量大、实时性强，设计时应加强系统安全防护能力，确保系统运行可靠，业务不中断，数据不丢失。

（二）总体架构

北京市级政务云的建设充分考虑了业务可用性和数据可靠性，整体符合"两地三中心"数据中心建设架构。六里桥数据中心和通州数据中心为生产数据中心，可按照业务需求实现异地的业务系统双活，极大地提高了业务系统的可用性和容灾能力。密云数据中心为灾备数据中心，主要用于重要业务系统数据的异地备份及部分业务系统的异地冷备，确保生产数据中心发生故障或数据损坏后可通过备份数据快速恢复。政务云总体架构如图1所示。

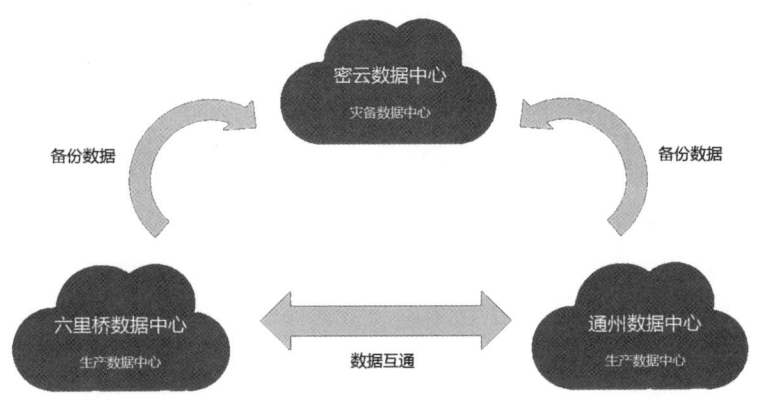

图 1　政务云总体架构

金山云管理平台采用开放的产品架构,通过先进的调度架构、分布式存储架构、集群部署与监控架构保障不低于 99.99% 的可用性和不低于 99.9999% 的可靠性,为众多企业用户和政府用户提供云计算服务,产品成熟度得到了极大地验证,并支持以下功能。

(1) 通过 SDN 控制器实现对网络设备的自动化编排,云平台支持 VxLAN、VLAN 组网模式。

(2) 云平台管理节点须支持集群部署,可平滑升级扩展。

(3) 提供统一事件或故障告警展示中心,直接反映事件或故障发生的时间、触发条件、内容、级别,可对告警事件进行状态确认。

金山云云主机通过自动迁移、故障自动恢复等技术保障业务可用性不低于 99.99%,数据可靠性不低于 99.9999%,并提供以下功能。

(1) 金山云虚拟主机虚拟化技术架构具备较强的通用型,根据需求适配硬件驱动即可支持虚拟主机上能够运行的主流操作系统,包括 Windows 和 Linux 等操作系统。

(2) 整个云计算系统可以根据用户的需求添加物理服务器,动态扩展计算,存储和网络资源不会影响现有虚拟主机使用。用户可以根据业务压力需求,动态地调整虚拟主机数量,动态地删除和创建虚拟主机。

(3) King Stack 拥有自主可控的虚拟化平台,通过计算机软件将服务器物理资源模拟成逻辑资源,具有强大的产品功能,产品高可用性和可靠性,支持主流操作系统，包括统信 UOS 和中标麒麟操作系统。

金山云虚拟化平台采用集群部署的高可用架构，可用性不低于 99.99%，数据可靠性不低于 99.9999%，并支持以下功能。

（1）金山云虚拟机之间可以做到隔离保护，其中每一个虚拟机发生故障都不会影响同一个物理机上的其他虚拟机运行，每个虚拟机上的用户权限只限于本虚拟机之内，以保障系统平台的安全性。

（2）金山云虚拟机可以实现物理机的全部功能，如具有自己的资源（内存、CPU、网卡、存储），可以指定单独的 IP 地址、MAC 地址等。金山云虚拟化平台支持将多个物理服务器组成集群，可基于 CPU、内存、磁盘等资源利用率进行动态资源调整。

（3）金山云虚拟化平台支持平台巡检功能，支持生成巡检报告并导出。

（4）虚拟化软件可以在线进行版本升级，不同版本之间可以相互兼容。金山云可通过更新 lisence 文件自动识别最新版本，并进行在线升级，不影响用户业务。

金山云存储服务能够根据客户需求提供普通存储、高性能存储和静态存储，普通存储 IOPS 不低于 3000，高性能存储 IOPS 不低于 20000，业务可用性指标不低于 99.99%，数据可靠性指标不低于 99.9999%，并支持以下功能。

（1）高性能存储与普通存储可按应用需求选择不同磁盘类型，实现数据按需存储。

（2）支持多种存储类型，包括块存储、对象存储、集中式存储。

（3）高性能存储与普通存储应具备较强的扩展能力，存储系统可扩展容量支持 PB 级扩展。

（4）高性能存储单盘技术指标 IOPS 3000 ~ 20000，普通存储单盘技术指标 IOPS 1000 ~ 3000。

（5）高性能存储与普通存储采用先进的三副本存储技术，在硬盘故障后可实现快速重构，避免重构过程中其他硬盘损坏导致的数据丢失风险。

金山云网络架构采用灵活 SDN 架构，先进的虚拟交换网络，先进的数据中心路由架构，先进的数据中心高可用架构，为数以万计的用户提供云服务，产品成熟度得到深度验证，保证业务可用性不低于 99.99%，数据可靠性不低于

99.9999%，并支持以下功能列表。

（1）数据中心网络支持双活网络架构，满足应用双活的网络要求。

（2）数据中心大二层架构组网，支持虚拟机二层迁移。

（3）迁移上云的电子政务系统，不因为部署虚拟化技术而改变原有的安全区域划分和互访规则，单委办局内的业务通过逻辑隔离划分不同的安全域。

（4）网络控制器需集群部署，升级时业务不中断。

云安全方面，北京市级政务云严格按照国家信息安全等级保护三级要求进行建设。同时，为了实现政务信息化安全系统建设目标，建立电子政务信息化安全保障技术框架，需要考虑在安全过程中贯穿始终的安全策略、安全评估和安全管理，提升防护体系的可行性；而在技术层面上需要考虑实体的物理安全、网络的基础结构、网络层的安全、操作系统平台的安全、应用平台的安全，以及在此基础之上的应用数据的安全，确保安全防护体系的可靠性。

三、系统主要构成与功能

北京市级政务云基于 OpenStack 自主研发，提供标准云产品、专属云等多种产品服务，满足用户深度定制需求。提供从底层云数据中心建设、云平台建设、大数据平台建设到大数据展现和政务服务等一系列服务，满足政府对于云平台的全方位的产品功能要求；建设过程中遵循等保三级测评要求，凭借金山云顶级的云平台研发技术、丰富的云产品、优质的政务云服务，通过安全防护体系和运营管理服务体系，实现政务云建设的各种规范要求；满足政府客户政务云建设需求。

技术方面，金山云拥有完善的技术解决方案。在 IaaS 层，金山云提供公有云、私有云、专有云和混合云多种形态的基础设施资源，其全栈私有云解决方案与公有云架构同源，让政府机构能够基于自有数据中心快速获得与金山云公有云相同的 IT 能力；在 PaaS 层，金山云帮助客户建设数据服务平台，其政务大数据解决方案可以实现对政务数据的统一管理，提高政府的数据治理能力；在 SaaS 层，金山云与 WPS 达成深度合作，并联合各类 SaaS 生态伙伴高效响应客户需求。全部核心产品均为自主研发，包括云平台软件、存储系统软件、数据分析平台软件等，在研发产品过程中，金山云研发团队积累了大量的专利与认证，在业内技术领域具有很强的影响力。

四、实施效果

北京政务云是中国最大的政务云之一，作为首批中标服务商，金山云目前已承载和服务于北京市级 50 多家委办局用户，300 多个业务系统，提供 4000 多台虚拟机，覆盖教育、医疗、文旅、交通、住建等各领域。面对国家关于统一上云的政策要求及复杂的北京市委办局应用系统需求，金山云通过上云实现政府资源配置优化，使城市运营、维护、管理成本不断降低，效率提升，流程简化；与市民息息相关的北京市二手房交易系统、首都之窗等北京市重点项目平台也均部署在金山云，日常支撑 2 万多项市区两级事项办理，为百姓生活带来普惠与便捷。通过跨平台服务、敏感数据处理、自动化运维和区块链平台等创新能力，促进跨部门、跨区域资源共享，数据汇聚共享超 5 亿条。目前北京市级政务云成绩显著，对各省市的政务云建设产生了极大的示范作用。建设运营六年来，金山云依靠 7×24 小时的不间断维护及稳定的团队保障，通过"云＋人工智能"双轮驱动等多项能力，助力北京政务云为政府数字经济、民生政务服务保驾护航。北京政务云不仅促进了跨部门、跨区域资源共享，加速了集约化电子政务转型，还实现了政府流程简化、政府效率提升、成本降低等目标，并且保障了"一带一路"峰会、春晚、全国"两会"、世园会等重大活动的平稳运行。

五、创新点

（1）金山云为北京市多个委办局的民生应用提供服务。北京市住建委依托金山云政务云平台，建设有"共有产权住房网上申购"系统。金山云在保证信息和数据安全的基础上，实现了统一管理数据、高效传递信息、规模服务民众。

（2）云上 App 创新发展，提升办事效率。金山云为北京交管部门的"北京交警"App 提供政务云服务，市民可通过 App 实现事故 e 处理、交通违法查询、交通违法缴费等交管业务办理及信息服务，进一步提升了城市交通管理服务水平。

此外，金山云还为北京市食药监局的"阳光餐饮"App 提供云支撑，涵盖学校、托幼养老食堂及社会餐饮企业，市民可以在该 App 上直接查看北京市所有中央厨房、集体用餐配送单位的"明厨亮灶"。

（3）从 IaaS 到 SaaS 的完整体系释放政务新动能。在基础设施层 IaaS 层，金山云帮助客户实现自动化运维，实现对机房的物理设备进行更好管理。在平台层 PaaS 层，客户能够随时随地使用各种智能终端访问和使用数据资源。在软件应用层 SaaS 层，金山云为客户提供桌面云解决方案，便于客户统一管理，避免因操作系统更换或数据迁移及受到网络攻击等因素导致数据丢失等问题。此外，为了方便客户内部沟通，金山云还为客户提供了企业即时通信软件和视频会议解决方案。

金山云作为核心服务提供商，一直在积极地帮助客户数据迁移入云，并且提供云安全、运维、容灾备份服务，淘汰旧系统，形成以北京城市副中心、市政务服务中心、市信息安全容灾备份中心、数字北京大厦为核心节点，以若干重点领域数据中心和区级数据中心为支撑的电子政务发展格局。未来，金山云还将与同属"雷系"的小米，共同参与北京市的新型智慧城市建设。金山云的云平台，加上小米的移动终端、智能硬件和 IoT 平台，能够协助政府客户升级网络基础设施，对城市进行智慧管理，推进公共服务便捷化和民生服务智慧化，从而不断增强首都发展的创新力和竞争力，构建起融合创新生态，助力北京成为互联网创新中心、信息化工业化融合创新中心、大数据综合试验区和智慧城市建设示范区。

一体化智慧防疫管控平台

新华三技术有限公司

一、案例背景

根据国务院应对新型冠状病毒肺炎疫情联防联控机制综合组印发的《新型冠状病毒肺炎防控方案（第八版）》《四川省应对新型冠状病毒肺炎疫情应急指挥部关于印发四川省2021年新冠肺炎疫情防控工作指南（第一版）的通知》《成都市新型冠状病毒肺炎疫情防控指挥部关于做好近期全市疫情防控工作的通知》等文件要求，疫情防控需严格坚持"预防为主、防治结合、依法科学、分级分类"的原则，坚持常态化精准防控和局部应急处置有机结合，按照"及时发现、快速处置、精准管控、有效救治"的工作要求，坚决防范境外疫情输入和境内疫情反弹，全力做好常态化疫情防控工作。落实"早发现、早报告、早隔离、早治疗"措施，加强精准防控。采取科技防疫手段，充分利用云计算、物联网、大数据、人工智能等信息化技术，提高时效、实现防疫全过程管控、风险预警、应急处理、动态监测、事件溯源、辅助决策等刻不容缓。新华三技术有限公司结合在成都高新区实施的城市大脑一期建设，依托城市大脑共性能力和数据支撑，构建了疫情防控基于重点人员管理、疫情服务保障、集中隔离管控、重点区域管控、疫情大数据分析等的一体化智慧防疫管控平台，实现了成都高新区针对疫情智能排查、风险预警、隔离管控、重点人员追溯等的统筹监管。

二、建设目标

为了进一步落实《新型冠状病毒肺炎防控方案（第八版）》《关于加强新型

冠状病毒感染的肺炎疫情社区防控工作的通知》《成都市新型冠状病毒肺炎疫情防控指挥部关于做好近期全市疫情防控工作的通知》《成都高新区关于深入检视反思总结郫都区"12·7"突发新冠肺炎疫情工作和强化常态化疫情防控工作专题会》等文件和工作安排，通过成都高新区城市大脑共性能力赋能和支撑全区联防联控和疫情监测、预警、处置等工作，构建了一体化智慧防疫管控平台。运用高新区政务数据资源体系的数据支撑能力、人工智能云平台的AI算力支撑能力、GIS运算及三维可视化支撑能力、远程感知支撑能力等，实现"一屏调度、一键指挥、一体预警""三位一体"的统筹管控和决策分析，针对风险人员追溯、封闭区/封控区域管控、重点人员管控、服务保障体系四大板块搭建高效的应用体系。通过时空大数据、无人机、人工智能、视觉算法、物联网等深入融合构建智慧应用，以科技赋能疫情防控，切实加强基层防控、实施全域防疫、进行高效决策。

三、整体架构

新冠肺炎疫情形势的多变，让防疫工作变得非常复杂，这也需要防控流程必须结合场景特点，由点到面进行全方位严格把控，既要全面覆盖又要快速处置形成定论。作为智慧城市建设的引领者，紫光新华三集团以数字赋能抗击疫情作为精准防控的突破口，构建了一体化智慧防疫管控平台。总体架构如图1所示。

一体化智慧防疫管控平台的总体框架是以"3+5+4"构建了"三位一体"的统筹管理体系：3层包括基础支撑层、能力赋能层、应用业务层，为平台的三层架构；5中枢为能力赋能层，包括数据中枢、视频中枢、物联中枢、时空中枢、AI能力中枢，结合城市大脑的共性能力赋能疫情防控；4板块为风险人员追溯板块、重点区域管控板块、服务保障体系板块和重点人员管控板块，为疫情业务提供多应用支撑；最后以一屏调度、一键指挥、一体预警构建"三位一体"统筹管理。

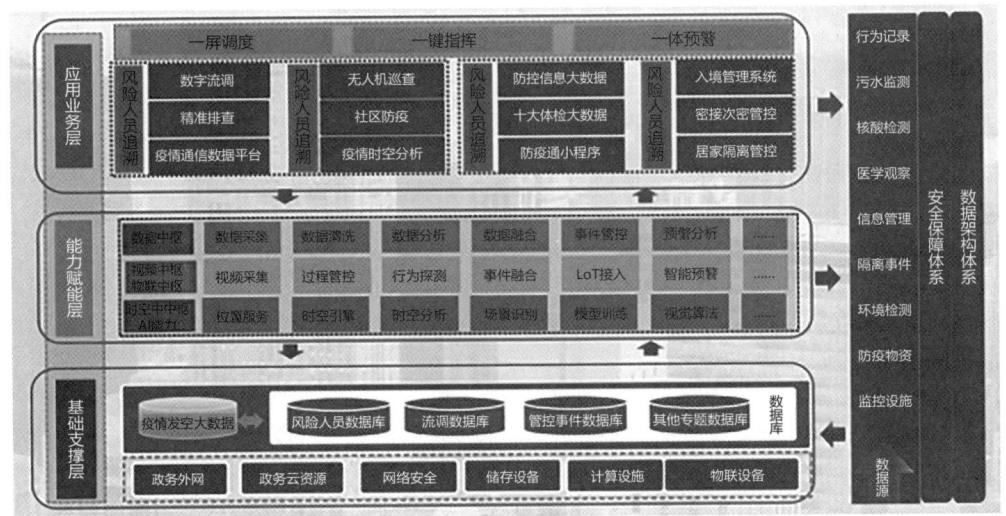

图 1　总体架构

基础支撑层包括了物联设备感知、网络安全、存储备份、计算设施、云资源系统等，通过构建专题数据库形成包含流调数据、风险人员数据、模型数据、事件数据等的疫情防控大数据。由能力赋能层的五大中枢承上启下，对应用业务层的四大板块进行支撑。高效地融合了时空数据、物联数据、AI算法、数据交互、视觉分析、模型构建、无人机等能力，为业务系统的数字化、智能化、立体化、体系化进行深度赋能，高效实现了人员的精细化管理、事件的数字化追踪、风险的智能化管控，既能应对日常监管、风险预警、资源管理等，也能高效地实现突发疫情的布控规划、风险管控、资源调度和精准排查等。

四、基础设施建设

基础设施坚持"四位一体"，采用同一套架构、同一套代码，让版本的更新、能力的升级、云间的资源协同零障碍。具备多地多级协同、公有私有协同、中心边缘协同的多元无界协同能力及能力服务化、应用快速迭代、数据便捷共享的业务敏捷创新能力。基础设施提供基础软硬件资源类服务，实现全局范围内各种云基础资源与各类大数据基础计算服务的共建共享，形成标准、弹性、可靠的一套基础资源体系。包括计算资源池、存储资源池、网络资源池、安全资源池和云平台、操作系统等基础支撑软件。

基础设施横向切分包括核心交换区、计算资源池、存储资源池、安全资源池、管理区等区域；并接入电子政务外网、视频图像网络和互联网应用网络。

核心交换区：以核心路由器为主体，承接数据中心内汇聚的数据与外联接入区数据的交换和流转，旁挂安全资源池与核心交换区路由设备进行联动，完成对数据流访问控制、恶意识别、分流等安全防护。

电子政务网接入：通过 VPN 的方式实现政务外网的数据接入。可打通与政务云网络连接，从而实现政务数据共享交换。

视频图像网接入：实现低密级数据的共享，并向相关部门专网提供辖区内采集结构数据，提高数据复用能力。将逐步汇入区域内各路视频数据，是分析数据的重要来源。

安全资源池：具有防火墙、负载平衡、DDos、堡垒机、态势感知、日志审计等安全能力，作为公共的安全资源池，与核心交换区网络设备对接联后，对引流过来的数据进行访问控制、监测、攻击识别。

管理区：集中将 Cloud OS、融合集成平台、数据运营平台、CAS、SNA、NTP 等 IaaS、PaaS、DaaS 的管理节点部署，采用融合部署模式，可通过统一管理界面登录至各个系统，统筹规划高效运营。

存储区：突破存储网络和 IO 瓶颈对传统存储系统的限制，采用分布式存储对各区产生的数据进行保存，还划分快慢存储区，提高整个系统存储能效。

业务区：根据应用的成熟度划分了生产区和测试区。生产区部署的主要是稳定性高，已发布的业务应用；测试区主要用于各方对需要上线的应用进行上线测试。对平台业务进行了重要性分级，级别较高的业务系统可在备份区进行备份操作。

五、疫情防控大数据

（一）总体概述

疫情大数据遵循"一个数据库"建设，即包含高新区涉疫各方的疫情大数据库建设。依托统一疫情信息建立疫情通用业务数据池，集中各部门系统，整合全域数据来源；依托应用平台能力，整合形成相关的数据目录，通过分析处理、数据翻译、数据清洗、数据融合，形成新冠肺炎疫情防控信息档案。构建疫情防控一人一档、一机构一档，实施为相关单位提供数据支撑，以数据共享提升疫情防控效率。

（二）数据采集

依托新华三技术有限公司在高新区建设的城市大脑，横向对接各级部门、行业主责部门或社会平台，纵向对接区级业务系统，形成横纵贯通、多级连通、业务协同的疫情监测体系。采用物联感知、系统对接、数据填报等将分散的疫情防控数据汇聚于高新区数据全生命周期平台，形成高新区疫情防控数据资源池。为决策者提供各领域信息推送和综合展示，扩大各业务领域数据及跨领域综合数据的实时掌控能力，为数据模型的建立、疫情的预测预警提供强效支撑。相关数据包括核酸检测系统信息、流调溯源大数据、密接次密接核查信息、疫苗接种信息、防疫物资信息、境外域外人员管控信息、疫情防控综合管理信息、核酸检测系统信息、冷链物流信息、药房信息、发热门诊信息等多维数据。涉及部门包括党群工作部、国际合作投服局、生物产业局、新经济局、经济运行局、科技人才局、公园城市局、教文卫健局、市场监管局、网络理政办、公安分局等。

（三）数据融合建模

数据融合根据配置的比对、融合模型规则，对数据进行比对融合分析，包括核查数据字段级的比对，疫情三网信令数据时空分析，视觉算法融合分析等。通过配置数据融合的资源信息，包括数据库连接信息、数据库资源映射等，支持跨网段、跨平台等不同数据库类型。基于多源数据的采集融合，对人、事、物、空间进行统一的数据融合建模，对文本数据、数控数据、影像数据、图像数据等要素进行统一处理，形成疫情数据的数据模型闭环。

（四）专题数据库建设

通过疫情业务数据、物联网监测数据、视频数据、社会数据、互联网数据等全域多维多源数据的对接和汇聚，建设疫情数据统一库，实现结构化数据、非结构化数据（包括音频、视频、图像等）的统一存储、融合和托管。通过大数据清洗加工，建立数据标准和规则，形成规范化、质量化的主题数据，实现数据分级分类管理。建立了风险人员数据库、密接人员数据库、入境人员数据库、流调数据库、精准排查数据库、防控事件数据库和其他专题数据库等。最终实现一人一档，一事一档，数出一源。

六、能力赋能建设

（一）数据融合分析平台

成都高新区汇聚多方数据，建立疫情专题数据库，构建多源融合大数据模型，对新冠肺炎疫情进行一体预警。通过聚焦入户排查，应用基站轨迹、出行记录、病例状态等数据进行大数据分析，通过排查模型汇聚成密切接触人员排查数据、疫区返高新区人员排查数据、疑似瞒报伪报人员排查数据；聚焦区域管控，基于疑似及确诊人员前14天活动轨迹，设置涉疫人员出没频率、停留时长为衡量指标，推演出隐患公共区域ToP30、隐患小区ToP10等；聚焦精准医疗，整合隔离监管数据、高新家医平台数据、自主申报健康信息、医院发热问诊数据、医疗购药数据，多维交叉比对形成高危漏管人员预警清单；聚焦复工复产场景，通过企业复工填报平台数据、复工审批数据、交通出行数据，分析形成重点疫区返高新区观察未满14天即申请复工人员名单数据、拟复工人数超过获批人数30%企业排查名单数据；聚焦复学复课场景，通过师生填报数据、交通出行数据、健康码数据、居家留观防疫数据，分析形成复学隐患人员排查名单数据。

（二）视觉分析云平台

视觉分析云平台基于视频云微服务架构，集成了视频管理功能和系统运维诊断服务的平台。平台将分散、独立的现场监控点进行联网，实现跨区域、跨行业的统一监控和管理，为视频管理决策提供一种全新、直观的管理工具。以隔离酒店、医院等防疫核心区域的视频接入作为科技防疫视频中枢建立的基础，以智慧园区、智慧社区等重点区域的视频接入作为科技防疫视频中枢建立的补充和完善。运用视觉分析云平台对封闭区、封控区、风险区、集中核酸检测等进行一键调度。平台还针对科技防疫构建了整套 AI 算法模型，包括未戴口罩检测、未穿防护服检测、进入区域检测、离开区域检测、离岗检测、人群聚集检测、区域徘徊检测、单绊线入侵、双绊线入侵等。用户还可通过 AI 算法仓功能，既可以与时俱进地更新分析视频的算法，也可以让视图库针对不同算法得到的数据进行处理、检索，提高整个系统对不同级域的兼容性。同时算法仓库对前端 SDC 的支持，可以让前端算法更加灵活多变，承担更多种类的识别布控任务。

（三）AI 能力中枢

高新区 AI 能力中枢基于新华三技术有限公司的 H3C CloudOS 5.0 云平台，为科技防疫提供 AI 建模全生命周期服务。平台服务层为 AI 建模提供基础的服务支撑 AIOS 人工智能平台提出软硬件一体化方案，从基础硬件的部署和软件安装到交互式开发环境的一键启动，从模型的深度训练和调优到多机多卡 GPU 作业灵活调度，提供了十分简洁的使用方式，实现了资源的整合、弹性扩容缩容和合理调度。

AI 能力中枢为科技防疫提供一体化的软硬件部署和管理服务，减少开发者系统安装维护工作量；优化分布式训练部署模型，实现多机多卡 GPU 资源与训练作业灵活调度；提供丰富的可自定义软件和镜像库，充分满足高新区科技防疫对 AI 计算环境的需求。

（四）时空分析平台

时空能力中枢依托 AI 能力中枢，融合高新区智慧大脑时空能力中枢、视频分析平台和无人机服务平台已有基础地理数据、视频数据、专题数据、智能感知数据和自然资源数据成果。时空能力中枢的数据库总体上分为地理实体库、时空基础库、三维数据库、智能感知库和地名地址库五个部分，共同形成了高新区智慧大脑时空能力中枢的时空数据仓库体系。通过高新区时空能力中枢的赋能科技防疫，可对疫情封控区域和重点区域进行时空画线、人群态势感知及监控调用等，助力疫情防控的决策指挥；此外，通过对疫情数据、物资情况、隔离酒店、医疗机构及其他社会资源的时空可视化，实现疫情防控的一屏调度。

（五）物联中枢

物联中枢整合了多传感器的门禁测温设备信息、门磁感应数据、空气监测数据、污水监测数据等。门禁设备测温设备实现社区人员的可追溯，门磁感应数据实时预警风险隔离人员的进出行为，污水监测数据实时监测隔离酒店的污水处理情况。

七、应用业务建设

（一）可视化一屏调度

通过 IOC 进行疫情联动管控和应急响应。结合时空分析云平台及数据模块可视化工具，针对疫情暴发区域划分封闭区、封控区和风险区，监控大规模核酸检测状况，灵活调度资源，形成高新区疫情防控应急处置一张图。对疫情态势和区内资源清晰可见，一屏建立疫情防控区域图、资源需求分析模型及疫情态势推演。为公众快速发布疫情区域内的疫苗接种点、临时核酸监测点、隔离酒店，以及人口数据。

（二）触发疫情一键指挥

触发疫情的应急状态下，现场远程可观，人员远程可调，疫情防控"一网可管"。在 IOC 大厅调取天网视频查看疫情现场情况，一键调用无人机巡察服务巡察现场、返回现场视频，填补视频覆盖死角和盲点。通过融合通信系统进行现场交互，远程指挥，快速部署。防疫的资源及预案实时可查，通过一体化平台查看防控资源分布，调取防控预案，支撑防疫指挥。

（三）风险动态一体预警

通过日常运行监测，动态告警提示，进行防疫态势"一体预警"模型搭建。对高新区疫情防控十项重点任务（隔离酒店、医疗机构、冷链食品、交通口岸、特殊重点机构、机关企事业单位、社区院落、文化娱乐场所、防疫物资储备、舆情监测）进行运行监测，对人员流动（重点人员流入、中高风险区域流入、入境流入、外地人员流入、人群聚集）监测与告警；对防控力量分布（重点布控、物资分布、专家分布、医疗机构点位、核酸检测点位、隔离酒店点位）进行监测；对防控态势进行分析监测（全国疫情动态、传播扩散范围、确诊变化趋势、密接/次密接变化趋势）。

（四）重点区域管控

1. 无人机巡航

通过建立成都高新区无人机系统，定点定时对疫情封控区域进行巡航，解决当前社区防疫的监控死角，通过人工智能、大数据分析等技术手段实时对异常行为预警，保障疫情防控管理工作。无人机巡航在紧急情况下，可实时反馈一线情况，如核酸检测现场、疫情临时封控、疫苗接种现场，不仅助力决策指挥，还赋能防疫小程序，保障社会公众出行安排、疫情应对等公共服务。

2. 社区防疫系统

基于视频中枢、物联中枢的赋能，成都高新区的社区防疫可以汇集疫情防控相关数据，为300多个社区精准防控建立三层防控圈：以各单元楼出入口为一级防控圈，通过人脸相机和人脸门禁部署，精准识别重点人员，并可进行精准追踪和快速定位；以小区主干道和小区出入口为第二级防控圈，重点关注人脸轨迹、车辆轨迹、摩托车轨迹等线索，做到有迹可循，有据可查；以外围商业区和周围车站为第三级防控圈，重点关注全局防疫态势、行为分析等。基于公众服务视角，建立了居家隔离服务体系，从转运、隔离、核酸检测、体温检测、生活服务、人文关怀等各方面，实现了居家隔离人员的妥善安置。

3. 居家隔离平台

在管控方面，居家隔离平台通过成都高新区物联中枢赋能，实时监测居家隔离人员房门上安装的 NB-IoT 无线智能门磁数据，实现对隔离人员的24小时监管，系统能对门磁数据进行智能分析，从而对社区工作人员进行实时风险预警，并对隔离人员短信告警。在服务方面，系统可以自动形成核酸采集计划和测温计划，并在事后形成电子台账。在隔离关怀方面，组建特色"四人工作小组"，解决居家隔离人员的生活品需求和垃圾处理，并为老人、孕妇等重点关注人群配备健康监测手环，在强化监控的同时体现人文关爱。

4. 疫情时空分析

疫情时空分析依托成都高新区的时空中枢，可对疫情封控区域和重点区域进行时空划线、人群态势感知及监控调用等，助力疫情防控的决策指挥；此外，通过对疫情数据、物资情况、隔离酒店、医疗机构及其他社会资源的时空可视化，实现疫情防控的一屏调度。在社会公众端，疫情时空分析通过对"防疫通"平台的赋能，实时展现疫情封控区域、人员密集区域、确诊人员轨迹等疫情相关时空信息，为社会公众的相关活动与计划提供参考，进一步提升了成都高新区的公众服务水平。

（五）重点人员流调排查管控

建立一套对重点人员从数字流调、精准排查、信息比对、智能转运的数字平台。通过NLP、三网信令时空数据、视频解析排查到的密接、次密接、中高风险返回等重点人员进行信息核实和集中管控。高效确定密接、次密接、中高风险人员详细信息和防疫情况，通过卫健、疾控、街道、酒店的多方管控，第一时间实现信息匹配，作出对密接、次密接、中高风险地区返蓉人员的筛查和转运，实施相应的居家隔离、集中隔离和分派到其他区域。

1. 数字流调系统

数字流调系统结合成都高新区对疫情防控调查、反馈、管理的具体要求，通过整合卫健部门、疾控中心、公安部门等多部门资源，实现疫情调查的多点位同时响应、多部门联动协调工作，联合运营商通信时空数据，增强疫情防控的远程指挥、现场调查和应急处置的效率。通过对流调数据的数字化处理和智能化分析，实现流行病学分析辅助和疫情态势研判支持，提升疾控机构流调数据分析的效率和能力，提升区域传染病疫情防控能力。系统包括现场流调终端、数字化流行病学智能分析、疫情研判，并且实现了与精准排查系统、疫情防控隔离系统的对接。

2. 精准排查系统

通过整合多源数据，利用三网信令数据、消费数据、大数据筛查，构建精准排查系统，对与确诊病例的时空停留人员、中高风险驻留人员、疫情发生所在地驻留人员、入境人员、协查人员、民航铁路风险人员进行精准排查。系统将对各类风险人员进行自动去重、关联匹配和自动分发，数据下沉到街道工作人员，第一时间核查反馈人员状态和核酸检测信息等。

3. 重点人员关联系统

建立疫情防控重点人员的关系数据档案，通过卫健、疾控排查出的密接、次密接人员建立基于病例、密接人员、次密接人员、中高风险地区返蓉的档案信息库及关系档案系统。建立密接、次密接、中高风险返蓉人员的信息维护共享平台，针对排查的密接次密接人员信息不全不准的问题进行大数据动态实时更新，及时更新相关信息，保证最终数据的完整性和时效性。

4. 流程管控系统

通过对多源数据的处理和分析，对病例、密接人员、次密接人员、中高风险地区返蓉人员进行统一管控。通过密接、次密人员系统对各人员进行信息补充和筛查，精准识别人员信息，匹配相应的人员状态，实施相应的管控措施。卫健、疾控、街道、医护人员、隔离场所人员将通过系统精准把控重点人员从排查到隔离的全流程，并通过系统建立全流程的管控体系。系统将进行自动分发、节点管控、转运追踪、状态追溯、信息更新、时效分析、核酸计划生成等。通过流程管控系统对密接、次密接、中高风险地区返蓉人员实施相应的集中隔离、居家隔离、分配外区等防疫措施。流程管控系统如图2所示。

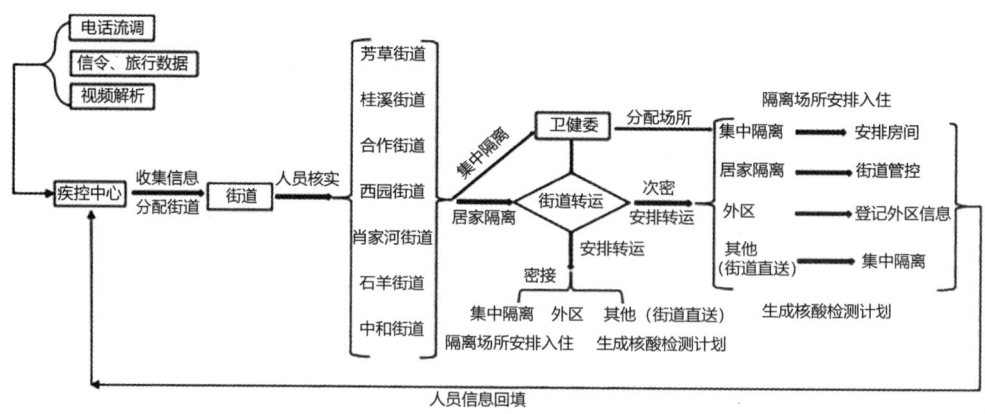

图2 流程管控系统

（六）隔离场所智能监管平台

隔离场所智能监管平台的核心是根据场景、角色权限、行为路径、时间戳、任务事件等构建隔离场所全过程监管信息化体系。采用智能主动感知、AI 行为探测、扫码登记、事件打卡、音视频融合等方式建立隔离场所全过程电子信息流，提高隔离管控的效率，消除纸质化、降低风险、建立标准集中管理。打通不同隔离人员信息入口，建立主动填报补登机制，生成统一管理档案，一人一档全程跟踪，信息可供入境管理、疾控中心、社区、环保、卫健等部门共同使用追查。对入住过程建立场景闭环，提高效率，打通隔离场所和隔离人员相关电子数据。对隔离场所的不同角色进行日常事件分解跟踪，建立相关电子档案，针对日常事件进行反馈和预警。对日常事件记录监管，对重点事件进行智能监控，对高风险行为进行智能预警提示，如医废转运、突发事件、各类消杀事件、污水监测等。隔离场所智能监管平台如图 3 所示。

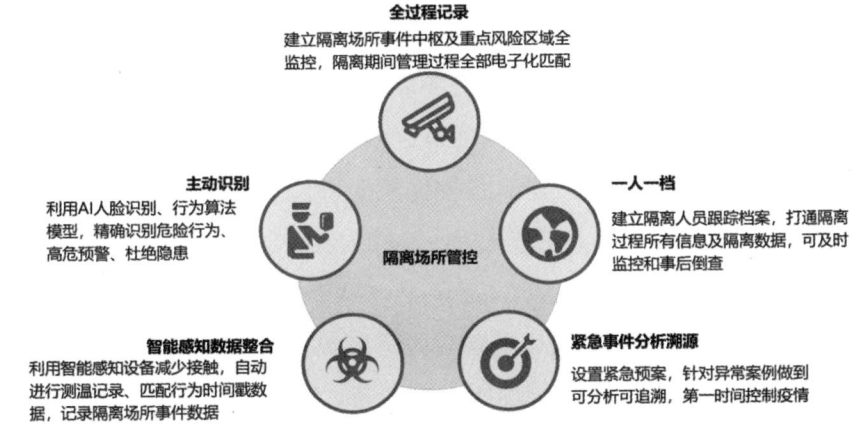

图 3　隔离场所智能监管平台

1. 隔离人员一人一档

建立基于隔离人员的档案系统：通过隔离人员主动填报、补录和更新信息，激发隔离人员主动安全意识，完善旅居信息和健康信息，建立完整的入境人员档案，减少工作人员的人工录入和重复录入，隔离结束后可持续跟踪并溯源。

隔离人员隔离期全过程监管：建立针对隔离人员从确认隔离到解除隔离全过程监管记录，对隔离人员隔离期所有事件进行绑定，输入完整隔离记录，可查阅详细信息，如医学观察、核酸检测、抗体检测、消杀记录等。

部门数据融合：针对入境管理局、公安、疾控中心、隔离场所、核酸检测机构的必要信息进行互通互联，将打通的数据关联到隔离人员档案，并做到自动推送匹配重要数据、提示预警信息，如密接次密信息、旅居史、交通信息、目的地信息等。

2. 全过程动态管理

事件中枢：建立隔离场所事件中枢，分角色搭建日常事件监管体系，做到隔离场所事件全流程电子化，规范事件流程，建立事件风险预警机制。后台管理者实时知晓酒店隔离过程，每日事件信息全程追踪。包括日常消杀、医学观察、污水监测等。

视频联网全覆盖：通过对隔离场所的服务区、工作区、缓冲区、污染区、相关通道及出入口、隔离人员通道、工作人员通道、医废转运通道等重点区域进行视频联网全覆盖，实行风险严格把控，记录重点区域日常情况并备份，视频记录保存。

事件记录匹配：针对不同角色的任务事件建立过程档案。为隔离场所的各个事件角色分配系统权限，建立过程时间节点，对各角色每天的行为进行记录。通过电子记录及视频智能设定，建立各事件基于事件信息、责任人、图片、时间戳、视频为一体的监管体系，完整记录各事件角色在隔离场所的工作情况。

3. 主动感知识别

运用 AI 识别算法，对视频中危险行为进行预警提示，如未戴口罩、未穿隔离服、可疑人员进出等。在隔离场所入口安装人脸识别设备，主动识别区域人员，自动进行温度检测并记录。

针对隔离人员搭建物联感知体系，采用人脸识别测温扫码一体设备对隔离人员日常医学观察（如体温、健康状况等）进行自动采集记录，数据归入一人一档信息供相关部门查看。

搭建基于 NLP 的智能语音系统，进行智能询查、智能外呼通知、智能识别记录语音内容，减少人工电话，完成信息的智能采集和流转。

4. 智能感知融合

运用人脸识别测温设备、智能语音、AI 识别算法、打卡设备构建事件要素化信息采集机制,对隔离场所各个场景事件、各个事件角色、隔离人员行为数据等进行数据融合。

音视频融合分析:运用 AI 识别算法,对重点区域视频中危险行为进行预警提示,如未戴口罩、未穿隔离服、可疑人员进出等。对智能语音识别的风险内容进行风险提示,如有发热、用药、接触高风险人或事件等。建立设置风险场景,对场景中的异常进行智能分析预警。

事件融合分析:通过事件过程电子记录与视频结合,将每日事件进行要素化,记录相关角色的行为数据,设置事件触发机制,确保隔离场所每项工作正常完成。通过时间戳自动匹配事件过程,对相关的事件和角色进行监管追溯。

5. 紧急预案分析溯源

在隔离期间,通过对紧急预案的设置,可以对不同的紧急情况作出第一时间的反馈和应对;结合整个系统的全过程管控,可以追溯分析事件的发生起因和风险点。在被隔离人 14 日管理周期中,随时有可能因为特殊情况(如核酸检测为阳性)变化造成其周期内的工作事项出现变化,为了应对此种情况,系统会内置多项不同情况下对隔离人员或对环境的紧急预案。管理人员可随时对隔离场所或某个人的预案模式进行切换,以此来灵活适配不同情况下的处理模式。

(七)公共服务保障

1. 防控信息大数据

基于成都高新区数据中枢和时空分析平台,结合运营商通信数据和第三方通信数据,应用人工智能、大数据分析等技术,实现对疫情风险地区人流监控、人流阀值多级应急预警播报及实时检测三网信令数据的人流活动,进而赋能其他疫情防控应用场景,最终可通过智慧大脑可视化平台展示,助力疫情指挥的一键调度。

2. 十大体检大数据

高新区运用一体化智慧防疫管控平台,针对十项重点防疫任务进行追踪管控,涉及隔离场所管控、医疗机构和个体诊所防控、冷链食品风险管控、交通口岸防控管理、特殊重点机构防控措施、企事业单位防控、社区防控、文化旅游消费娱乐场所防控、物资储备管理、预警监测和信息发布。汇聚了 1500 个数据项,为日常疫情的体检提供全方位的数据支撑。

3. "防疫通"平台

"防疫通"基于大数据技术的融合创新，充分整合本地化防疫数据资源。通过时空分析平台的赋能，实现了周边疫情、风险区域、人流区域的时空可视化，全力打造具有本地化特色的防疫工具助手，用数字化科技手段助力抗疫，让人民群众联合起来群防群治，让抗疫更加科学、开放、透明。"防疫通"面向社会公众开放了四个主要功能：周边疫情、核酸检测、疫情接种、出行助手，努力为社会公众提供信息查询、风险预警、检测及接种预约、出行建议等疫情防控公共服务。

八、服务成效

（一）创新的疫情防控体系

一体化智慧防疫管控平台以"3+5+4"构建"三位一体"统筹管理体系，充分融合体现了智慧城市应对疫情防控的创新体系，打通了疫情防控的排查、流调、管控、隔离、应急、服务等各个环节。平台为国际合作投服局、生物产业局、新经济局、经济运行局、公园城市局、教文卫健局、市场监管局、网络理政办等部门提供了疫情防控的整体方案，极大助力了疫情防控的整体流程体系建设。实现了疫情全域数据的采集、分析、融合、治理，构建了卫健、疾控应对疫情的完整体系，为高新区疫情防控的统筹监管、动态预警、精细管理、应急响应、指挥调度提供了一体化保障。

（二）高效的数字化应用服务

一体化智慧防疫管控平台发挥互联网、大数据、人工智能等信息技术优势，打造各类疫情防控数字化应用服务，应用于社区全流程防控工作、隔离管控、核酸检测、公众服务等，有效支撑疫情监测、信息报送、应急指挥等防控任务，支撑全区数据联通，构筑起人防、物防、技防、智防相结合的疫情防线，形成立体式防控数据链路和闭环，提升全区疫情防控工作成效。通过不同维度收集信息，可视化技术集中展现，利用原有信息化基础设施，尽可能快速、经济地实现部署。着重对重点人员管理、流调过程管理、疫情防控核心数据进行应用打造。为充分利用公众数字化服务手段，提升基层防控能力，提高指挥决策水平，合力打赢疫情防控阻击战提供高效有利的管理利器。

（三）智慧的业务管控平台

一体化智慧防疫管控平台融合智慧城市共性能力，做到了数字化、开放化、智慧化，以高效、敏捷、可靠、智能的整体架构为整个疫情防控保驾护航，对境外输入人员的隔离、风险人员的排查、密接次密接人员的排查转运、风险区集中核酸检测等重点防疫场景进行统一智能管控。运用IoT、NLP、RPA、人工智能、AI视觉模型等技术实现了平台的自动迭代、智能预警、灵活扩展、互通共享，构筑了高新区疫情防控的整体屏障，为公共服务数字化、智慧化奠定了坚实的基础。

国信政务云安全服务，保障数字政府高效运转

北京国信新网通讯技术有限公司
深信服科技股份有限公司

一、导语

"十三五"时期是全面建成小康社会的决胜阶段，政务信息化工作面向时代发展主题、面向改革治理需要、面向社会公众期望，贯彻以人民为中心的发展思想，聚焦"放管服"改革创新、纵横联动协同治理、"互联网+政务服务"、促进创新创业等思路，增强发展能力，提升服务水平，优化发展环境，推动政务信息化建设迈入"集约整合、全面互联、协同共治、共享开放、安全可信"的新阶段。

随着云计算技术的发展和普及，数字政府的应用系统也逐步迁移上云，国家信息中心下属北京国信新网通讯技术有限公司依托国家电子政务外网建设并运营了国信新网政务云平台（以下简称"国信政务云"）。

对于政务云本身，安全是运营者及使用者最为关心的问题，同时针对云上应用系统的安全要求也越来越高。《中华人民共和国网络安全法》《关键信息基础设施安全保护条例》中明确规定电子政务属于关键信息基础设施行业和领域之一，需要在网络安全等级保护制度的基础上，实行重点保护。政务云的建设要与电子政务外网、互联网等对接，在网络结构设计上需遵循电子政务外网相关系列安全标准。

对此，国信政务云从云平台的自身安全体系建设、云租户的安全保障、云安全运营服务等方面进行了体系化的设计和建设，并形成专业化的云安全服务能力，为各类政务系统提供安全可靠的云环境。

二、国信政务云平台安全体系建设

国信政务云依据国家等级保护的有关标准和规范，可帮助云租户建立完整的安全保障体系，保障其系统业务的正常开展，保护敏感数据信息的安全，保证云上系统的安全防护能力达到《信息安全技术信息系统安全等级保护基本要求》中第二级/三级的相关技术和管理要求。国信政务云的云平台自身定级为等级保护三级，并在 2017 年 6 月通过了云计算安全等级保护三级的测评。

（一）国信政务云云平台架构

国信政务云云平台采用"六横三纵"的架构进行设计。国信政务云整体架构如图 1 所示。

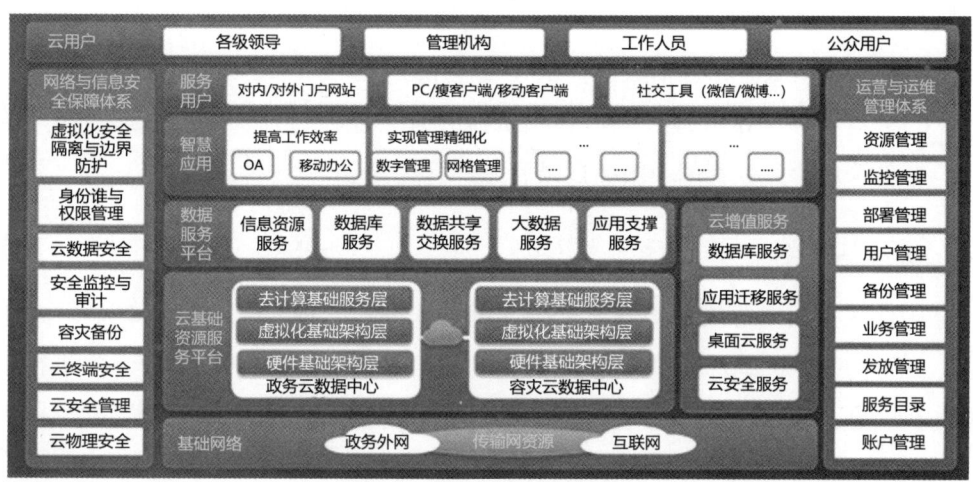

图 1　国信政务云整体架构

"六横"从底向上的层次分为以下几层。

（1）基础网络层：为云平台的"动脉"，提供云计算中心运行所需要的基础网络资源。

（2）云基础资源平台：是云平台的"大脑"，包括生产云数据中心和容灾云数据中心，均采用软件定义的技术路线，细分为硬件基础架构层、虚拟化基础架构层和云计算基础服务层。其中：硬件基础架构以通用的 X86 服务器和通用网络交换机为主；虚拟化基础架构层包括池化的各种基础资源和管理调度；云计算基础服务层包括云平台可提供的各种计算、存储、网络和安全等基础资源。

（3）数据服务平台：包括基础架构层之上的数据类服务，具体包括信息资源服务、数据库服务、数据共享交换服务、大数据服务及应用支撑服务等。

（4）智慧应用：运行于云基础架构之上的业务应用，如提高工作效率、实现管理精细化等。

（5）服务门户：提供门户网站、瘦客户端、移动终端等供用户接入使用。

（6）云用户：为云的服务对象，包括公众、各级领导、管理机构和工作人员等。

"三纵"包括云平台相应的体系建设和技术服务。

（1）网络与信息安全保障体系：包括云物理安全、云安全管理、云终端安全、容灾备份、安全监控和审计、云数据安全、身份认证和权限管理、虚拟化安全隔离和边界防护。

（2）云增值服务：包括数据库服务、应用迁移服务、云安全服务等。

（3）运营和运维管理体系：包括资源管理、监控管理、部署管理、用户管理、备份管理、业务管理、服务目录和账户管理等。

（二）国信政务云的云安全架构

国信政务云以等级保护安全框架为依据和参考，基于等级保护2.0"一个中心，三重防护"的纵深防护思想，即从通信网络到区域边界再到计算环境进行重重防护，通过安全管理中心进行集中监控、调度和管理，构建云计算安全措施，形成网络安全综合技术防护体系。

通过对保护对象进行区域划分和定级，对不同的保护对象从物理环境防护、通信网络防护、区域边界防护、计算环境防护等各方面进行不同级别的安全防护设计。将安全通信网络、安全区域边界和安全计算环境三重防范中的各个控制项，映射到云平台的分层架构中，形成更具体的控制点。统一的安全管理中心保障了安全管理措施和防护的有效协同及一体化管理，保障了安全技术措施有效运行和落地。

用户通过安全的通信网络跨越安全的区域边界以网络直接访问、API接口访问或Web服务访问等方式访问安全的云计算环境。安全计算环境包括基础架构层安全、云服务层安全及业务应用和数据安全，其中基础架构层分为云计算硬件设备和虚拟化计算资源，云服务层包含云产品及资源抽象控制等。云计算环境的系统管理、审计管理和安全管理由安全管理中心统一管控。国信政务云安全架构如图2所示。

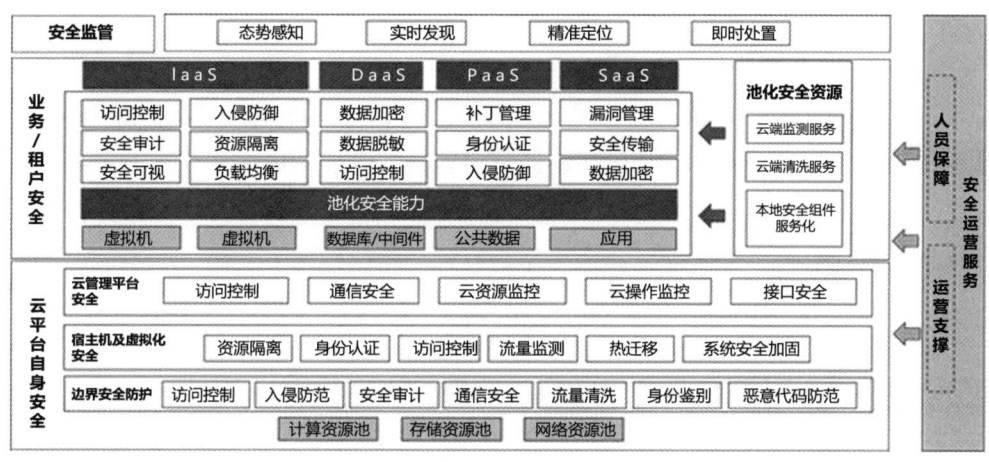

图2 国信政务云安全架构

首先从云平台边界安全防护、宿主机及虚拟化安全，以及云管理平台安全入手，保障云平台自身安全；然后在此基础上建立池化安全资源，保障IAAS\PAAS\SAAS等主要业务的安全性，逐步形成为云租户提供安全能力的能力。

云租户（尤其是IAAS租户）可以按需购买相应的安全组件，保障自身的业务安全，同时满足等级保护合规要求。除了提供安全组件外，国信政务云还具备全局的安全监管能力，实现对租户和云平台自身安全事件的实时发现、精确定位和即时处置。

为了弥补云租户安全运维能力不足的情况，国信政务云组建了安全服务团队，提供安全运营服务，通过云安全服务市场统一管理，提供互联网业务托管、远程渗透、风险扫描及等保测评等安全运营服务。

三、云租户的安全保障

云租户的安全需求主要包括：系统平滑迁移及可靠的备份、保障上云核心业务的安全、清晰界定权责边界和制定权责清单、等级保护等安全合规需求、安全运营需求等，其中合规需求包括了对物理环境、通信网络、区域边界、计算环境、管理等方面的整体要求。

云租户侧安全方案主要通过国信政务云云安全服务平台来实现，国信政务云云安全服务平台基于云计算理念构建，提供对国信政务云安全组件、第三方安全组件的管理和资源调配能力，通过接口自动化部署组件，降低组网难度，减少上架工作量，借助虚拟化技术的优势，提升用户弹性扩充和按需购买安全的能力，从而提高组织的安全服务运维效率；能够将各项安全能力以应用服务的形式向云计算使用者进行输出，实现安全能力的按需分配、快速部署，基于通用硬件基础设施和软件定义技术实现统一建设、统一管理、统一服务。云租户安全解决方案如图3所示。

图3 云租户安全解决方案

（一）国信政务云云安全服务平台整体架构

国信政务云云安全服务平台在整体架构上分为四层，如图4所示。

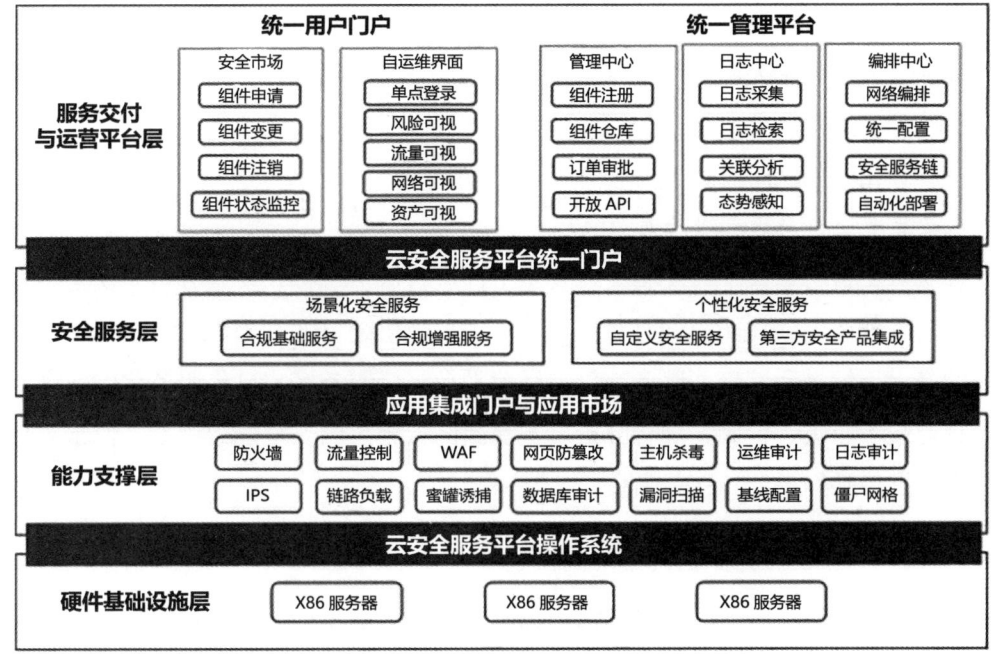

图 4　云安全服务平台整体架构

1. 硬件基础设施层

硬件基础设施层为整个云安全服务平台提供运行所需的 IT 基础资源，通常由标准的 X86 服务器构成。

2. 能力支撑层

能力支撑层包括国信政务云的云安全服务平台基础操作系统，以及基于云安全服务平台操作系统由国信政务云提供的多种安全能力，如 IPSec VPN、L4–L7 应用控制、入侵防御等，这些能力共同为上层的安全服务提供支撑。能力支撑层负责将基础安全能力面向上层提供更多的服务化接口，同时包含针对第三方产品整合的入口与环境，第三方安全产品组件按照标准的打包环境和接口即可完成整合到国信政务云云安全服务平台的操作。

3. 安全服务层

安全服务层主要是面向云用户交付的安全服务模板，包括预置模板和平台管理员自定义模板。安全服务层将能力支撑层提供的安全产品能力服务化，云安全服务平台面向云服务客户提供南北向安全（防御能力、检测能力、响应能力等）、东西向安全（微隔离、主机安全、补丁管理能力）的能力，具体包括能力安全接入组件、下一代防火墙组件、数据库审计组件、堡垒机组件、漏洞扫描及基线核查组件等。安全服务层根据上层命令，为用户生成独立的安全组件实例，为用户提供服务化的安全能力。

4.服务交付与运营平台层

服务交付与运营平台层实现对安全组件进行服务编排、安全分析、安全感知及运营管理等各项功能，同时对用户和管理员提供统一的管理界面，实现安全资源的交付、编排和管理。服务交付与运营平台将云服务客户已经服务化的安全能力日志统一收集、存储，综合分析后实现面向云租户的安全能力中心，便于对接更多的态势感知平台、SOC 平台。

（二）云安全服务平台内部隔离机制

国信政务云云安全服务平台内部网络基于不同的 VLAN 进行隔离和通信，其中包括安全组件业务流转发、内部集群管理、存储数据同步、外部管理四部分。同时，安全组件的业务流转发还可以根据不同的云租户进行隔离，实现互相独立运行。

云安全服务平台中的隔离有两个层次。

（1）业务网络与管理网络隔离：业务网络与管理网络划分不同区域，进行逻辑隔离。业务网络与管理网络默认不能访问。

（2）租户隔离：核心路由器通过划分不同 VLAN，对各租户进行逻辑隔离。通过在租户的边界路由器（软）上设置"默认安全组"机制，通过路由器自身安全策略，实现租户与租户之间的完全隔离，以及租户安全组件独享。若平台组件遭受恶意攻击，能确保将威胁控制在单一租户内。

（三）云安全组件

国信政务云平台为云租户满足安全合规及安全防护需求，提供了丰富的云安全组件，包括下一代防火墙、入侵防御、Web 应用防火墙、负载均衡、堡垒机、漏洞扫描，以及基线核查、数据库审计、SSL VPN、上网行为管理、日志审计、终端安全、防篡改和蜜罐等。

四、云安全运营服务方案

国信政务云安全运营方案借鉴国内外成熟安全架构为模型，贯彻"人机共智、安全运营、闭环管理，并基于人、技术、数据全天候监控与分析为核心"的安全运营理念，结合国信政务云平台及租户业务系统实际安全需求设计，形成威胁预测、威胁防护、威胁检测、威胁响应的闭环安全运营模式，实现全天候安全运行保障业务系统安全，如图5所示。

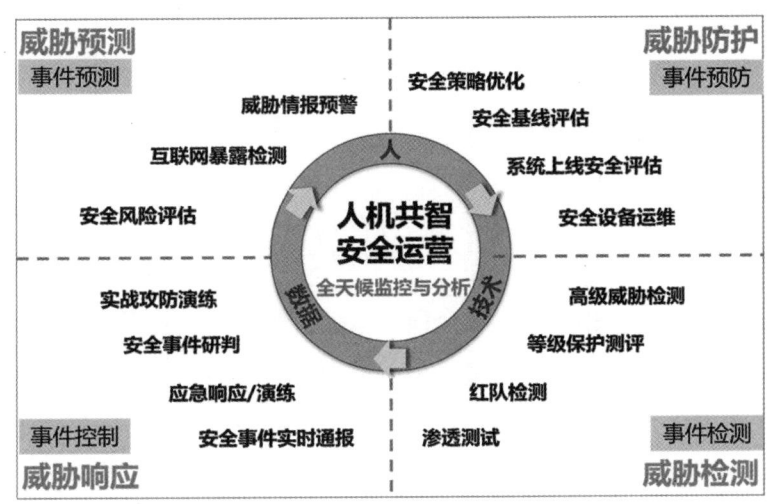

图5 国信政务云安全运营体系

国信政务云的安全运营服务包括以下各项。

（一）上线安全检测服务

在业务系统上线及应用变更时按照合规要求进行全面安全检测分析。

（二）安全基线评估服务

为了满足安全合规及安全防护的需求，通过"自动化工具配合人工检查"方式参考安全配置基线进行检查，依据安全技术标准对网络设备、安全设备、操作系统、数据库及中间件的安全配置基线要求或结合安全评估结果，提供安全整改建议，由安全服务人员协助云租户运维人员实施安全加固。最终符合安全标准保障安全运行。

（三）安全监测分析服务

安全监测分析服务是国信政务云安全运营工作的核心，基于安全运营中预测、监测到的安全数据和安全事件信息，进行安全事件研判、分析、验证可能性并出具相应的解决方法。

（四）安全事件通报服务

国信政务云建立安全事件通告机制，对出现的安全问题、威胁情报信息等面向云租户进行全面传达，定期通告，每周以邮件形式向云租户通告业内安全态势、重大舆情信息、重要系统漏洞及补丁信息等。不定期对于紧急重大类漏洞信息，以最快时间通过邮件或电话向客户告知漏洞危害、影响范围及应对方案等信息。

（五）安全设备运维服务

国信政务云面向云租户提供安全设备运维服务，针对云租户选购云安全防护体系中构建的安全产品，在运行过程中所进行的一系列常态化维护工作，包括设备运行安全监测、设备运行安全审计、设备及策略备份更新等工作。通过安全产品运行维护工作的开展，保障安全产品最优化运行。针对所有需要安全产品运维的安全设备输出安全产品运维记录单，该记录单内容记录了安全产品运行过程中的变化情况、出现的问题、问题的解决等。

（六）安全应急响应服务

国信政务云面向云租户提供安全事件专家应急响应服务，包括安全事件检测、安全事件抑制、安全事件根除、安全事件恢复、安全事件总结，最终形成协调联动机制，增强应急技术能力，健全应急响应机制。安全事件处置完成，系统得到恢复。找到安全事件发生原因并提供安全解决方案，提供交付物安全事件应急响应报告。解决每个云租户安全事件的应急响应处置问题，最快降低安全事件带来的损失和影响。

（七）安全重点保障服务

国信政务云面向云租户在重点时期（如"两会"、春节、互联网大会等）前对现有网络运行的服务器、终端、网络设备、安全设备、网站及应用系统等开展安全检查，从而发现硬件、软件、协议的实现或系统安全策略上的缺陷和问题，对发现的缺陷和问题提供对应安全整改建议，在重点时期做好安全加固及防护，保障安全稳定运行。

通过重点时期安全检查，可以及时发现信息系统中存在的安全漏洞；通过对服务器及安全设备漏洞的整改，可以及时地消除安全漏洞可能带来的安全风险。

（八）安全威胁分析服务

国信政务云面向云租户提供安全风险评估服务，利用威胁情报数据和采集到的安全大数据并采用专业攻防思路构建分析模型，提供内部失陷主机、外部攻击、内部违规和内部风险等关键信息安全问题的周期性的检测、发现和响应服务。提升主动应对安全威胁能力，在信息安全方面构建最后一道"防火墙"。主要包括内部失陷主机检测、外部攻击检测、内部攻击检测、内部违规检测和事件分析研判溯源四大类服务。安全威胁分析服务结合国信政务云云租户业务应用实际情况，周期性地开展工作，提供交付成果安全威胁分析报告。

（九）系统渗透测试服务

国信政务云面向云租户提供应用系统渗透测试服务，安全服务人员采用各种手段模拟真实的安全攻击，从而发现黑客入侵信息系统的潜在可能途径。渗透测试工作以人工渗透为主，辅助以攻击工具的使用。主要的渗透测试方法包括：信息收集、端口扫描、远程溢出、口令猜测、本地溢出、客户端攻击、中间人攻击、Web脚本渗透、B/S或C/S应用程序测试、社会工程等。针对所有渗透测试系统输出渗透测试报告描述其发现的问题并给出相应的解决方案。

（十）实战攻防演习服务

国信政务云面向云租户提供实战攻防演习服务，在重点时期完善安全整改工作后或选定时间点，组建防守方和攻击方进行实际的攻击演练。攻击方采用各种技术手段模拟黑客攻击，发起各类攻击事件；防守方检测和发现外部攻击，并对攻击采取相应的防护措施；导演方负责演练导演、监控进程、全程指导、应急处置、演习总结、技术措施与策略优化建议等技术咨询工作。通过实战攻防演练，真刀真枪地检验国信政务云及云租户的安全策略、安全防护能力和协同处置等多方面内容，检验已有的防御体系有效性；检验内部安全协同和应急处置的能力。

五、结语

国信政务云从云平台的自身安全体系建设、云租户的安全保障、云安全运营服务等方面进行体系化设计和建设，通过专业化的云安全服务能力，打造了国信MSS云安全运营服务平台，为用户提供了完整的安全运营体系，确保政务系统安全可靠运行，在推动数字政府的应用系统迁移上云方面获得用户的广泛好评。

（作者：任闻讯　李鹏飞　刁利杰　贾非）

一体化智能化公共服务数据平台

杭州数政科技有限公司

一、背景

(一)发展背景

2021年年初,浙江省全面推进"数字化改革",开启"数字浙江"建设新阶段。"数字化改革"是"最多跑一次"改革和数字化转型基础上的迭代深化,是政府数字化转型的一次拓展和升级,是浙江省立足新发展阶段、贯彻新发展理念、构建新发展格局的重大战略举措。

新的数字化改革阶段,在原有公共服务数据平台的基础上进行迭代升级,以打造一体化、智能化公共数据平台作为重要抓手,完善开放共享的数据治理体系,以优质的数字资源供给,为全方位、全过程、全领域的数字化改革提供强大的数据驱动力和支撑力。

从浙江省"最多跑一次"改革到数字化转型,再到如今的全面数字化改革,作为其深度参与者和建设者,杭州数政科技有限公司按照一体化架构、差异化定位、多层级赋能、协同高效共享的原则,为省、市、区(县)各级政府提供了一个一体化智能化的公共数据服务平台,全面支撑数字化改革,满足多跨场景数字化应用需求。

(二)建设思路

为满足一体化、智能化公共数据全生命周期管理使用需求,实现跨部门、跨区域、跨层级的全面数据共享、治理和应用,一体化智能化公共服务数据平台通过"数聚""数治""数析""数能"四大数字化核心能力,搭建数据资源体系,实现数据资源资产化、数据资产服务化、数据服务价值化,提高组织协同能力和精细化管理服务水平，为数字化改革各领域、各主体核心业务系统提供有效支撑，输送源源不断的数字动能。

1. 夯实数据汇聚能力，奠定数据共享共用基础

完善跨领域、跨业务、跨层级的一体化数据汇聚，建设公共数据资源目录、数据采集、数据交换等数据汇聚系统，打造政务大数据资源中心，盘活政府数据资产，奠定数据共享共用基础。

2. 提高数据治理能力，提升数据服务质量

以提高数据治理能力为手段，通过数据治理、数据质量反馈、数据质量监测等系统的升级优化，构建统一的数据治理标准、质量保障体系和数据质量评估模型，提升数据服务质量，促进政务数据治理体系的建立及优化，助推深度应用、上下联动的协同治理机制的构建。

3. 深化数据分析能力，深度挖掘数据价值

通过专题库管理系统、丰富的数据分析模型和可视化分析技术深度挖掘数据价值，通过数据驾驶舱的数智展现力，使数据更好地为决策和应用服务。

4. 强化数据应用能力，驱动数字化应用场景落地

提供数据共享、数据开放、数据工作台等系统，丰富数据赋能力，为数字化改革各领域、各主体的核心业务系统提供高效稳定、敏捷响应的数据业务对接支撑，使数据快速与应用融合，驱动更优质的数字化创新场景和数字化应用快速落地。

二、平台架构

一体化智能化公共服务数据平台是一款对数据全生命周期进行管理，采用"聚、通、用"的思路，以"数聚""数治""数析""数能"四大能力从数据使用全流程支撑各类组织打破数据孤岛和信息烟囱，使数据经过整体智治，实现数据资产化，帮助用户对数据资产进行有效的挖掘和分析，并提供各类数据层的应用赋能数据的共享共用和数字政务中各类应用场景的快速落地。一体化智能化公共服务数据平台架构，如图1所示。

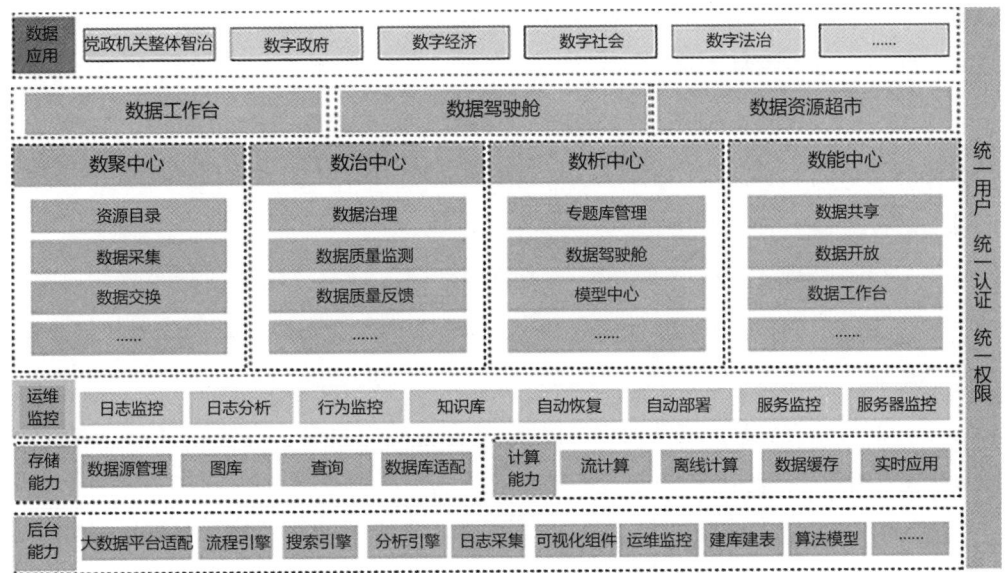

图 1 一体化智能化公共服务数据平台架构

三、平台功能

(一) 数聚中心

"数聚中心"为数据治理打下坚实的基础。它通过统一数据标准将分散在各级部门、各领域、各地区的信息资源进行整合和组织,解决跨层级、跨区域、跨部门的数据汇聚问题。产品集可视化任务配置和监管功能为一体,实现数据交换过程的实时监控,为进一步开展大数据服务工作提供数据基础保障。

1. 资源目录系统

资源目录系统通过制定统一的标准规范,对分散在各个部门、领域、层级的政务信息资源进行整合和组织,形成可统一管理和服务的信息资源目录,为用户提供统一政务信息资源发现和定位服务。

(1) 首页。系统首页包含快捷入口、待办列表和申请列表,帮助用户进入首次目录系统后能快速上手,使用户快速了解当前申请和审批进度。

(2) 消息中心。消息中心展示生成归集、目录提交、目录注销这三类审核结果的消息列表,并自动标识已读未读状态。

（3）资源分布可视化。资源分布可视化展示了目录总数趋势、目录分类情况、按部门目录分布情况的可视化图表。

（4）数据需求提交。用户找不到所需数据时，可提交所需数据的需求，并查看提交的需求列表、需求确认进度，从而实现需求部门线上进行数据需求提交简化线下对接流程。

（5）目录管理。目录管理功能用于数源部门进行目录编制，包含增删目录、Excel 导入目录、查看目录详情、查看目录版本记录、生成归集或者进行目录提交等子功能。

（6）目录分类管理。该系统对目录分类如基础库目录、专题库目录、重点领域分类进行集中管理维护。

（7）责任清单。责任清单模块包含已确认需求对应的目录编制责任清单列表，可进行目录编制或者责任拒绝，或重新查看已确认需求。

（8）归集工单。归集工单用于查看目录申请生成归集的归集列表、归集详情、审核状态。

（9）目录发布审核。目录发布审核功能用于对提交的目录进行审批，可查看目录详情，支持查看审核流程。

（10）归集审核。归集审核用于审核目录的归集申请，以及查看审核流程。

2. 数据采集系统

数据采集系统通过半结构化的数据归集工具，实现数据结构化归集存储的目标，并达到数据"一源录入，多部门共享"的效果，帮助数管部门及有信息化建设需求的业务部门解决数据零散、难以管理等问题。

（1）表单列表。表单列表展示了能够下载的所有表单，提供查询功能，展示相应表下的字段、数据信息，提供下载、录入、导入功能。

（2）库表管理。库表管理分为已配置表单和未配置表单，可对表单进行增、删、改、查等操作，对表单的基本信息与字段信息的配置。

（3）字典管理。字典管理针对系统内的字典表和字典值进行增加、删除、修改、查询的操作。

3. 数据交换系统

数据交换系统以数据中心为载体将多元异构数据进行统一归集，通过交换任务的配置、调度、监控等功能,帮助用户打破数据孤岛,保证数据的一致性和可靠性,支撑上层数据共享与应用,是数字化政务综合能力的体现。

(1)交换监控。交换监控分为统计分析、实时监控、异常分析,分别从不同纬度对数据交换情况、交换任务监控及异常任务分析情况进行监控分析。

(2)交换任务。交换任务分为归集任务、下发任务管理两种。归集任务提供可视化任务配置,支持实时、定时和周期性交换;下发任务通过对目标库的连接,将数据推送到目标库中。

(3)交换管理。交换管理主要是交换表管理,支持交换表的新增、编辑、查看、删除的配置管理,在交换表中配置与源表的映射关系,方便归集任务直接调用。

(4)配置中心。配置中心主要包含节点配置、数据源管理、交换中心、目标库管理,提供可视化的操作界面,方便平台管理员运维平台。

(5)质量稽查。质量稽查主要是数据补录功能,系统自动筛查交换质量,当出现数据存在遗漏,系统将自动补录3次;仍补录失败的任务,将在数据补录列表中需手动补录,以保证数据完整。

(二)数治中心

"数治中心"保障了数据治理的质量。它通过统一的数据治理标准、质量保障体系和数据质量评估模型,对问题数据追根溯源,从过程和结果严格把控数据质量,形成问题数据治理闭环,解决数据多、乱、差等问题。它运用智能研判、交叉比对补全等能力对存在质量问题的数据进行自动校核,实现数据问题的智能研判,提升数据资产可用性,建立标准政务数据资产体系,满足业务场景数据需求。

1. 数据治理系统

数据治理系统通过流式和离线清洗双模式,结合成熟的清洗规则体系,提供统一数据标准规范高质量输出能力,更好地支撑数据应用,为深度挖掘数据价值打好坚实基础。

(1)清洗总览。清洗总览包括清洗结果、源表清洗明细、部门清洗情况三大模块,主要从数据清洗结果、数据源表清洗结果、部门清洗结果三个维度去可视化展示数据清洗的情况。

（2）数据清洗。数据清洗针对数据清洗任务的管理，以表为维度对清洗任务表进行规则配置及任务的配置，提供任务的监控及停、启用等操作。

（3）规则中心。规则中心分为通用规则、个性化规则、主题库规则三大类，提供了数据清洗各类的规则及配置规则的功能。

（4）数据校核。数据校核可以对法人和批量信息进行输入或者上传文件进行信息校验，也可以对不同部门的表名称、问题字段进行数据的查询和比对。

（5）质量评分。质量评分主要是通过质量分模型计算得出质量分，依据可视化图表按照部门和大数据局两个角色分别进行展示。

（6）配置明细。配置明细从部门出发，以表为维度，展示该表的规则。可进行部门统计、搜索、查看规则等操作。

2. 数据质量反馈系统

数据问题反馈系统通过多元校核功能从多源头核对数据，实现数据问题的及时发现、及时反馈和及时处理，使数据质量不断提高，赋能数据应用部门和数据源部门的高效互动。

（1）首页。首页展示个人信息（联系人、联系方式等）、我接受的工单数量、我提交的工单数量、未分派的工单数量、紧急工单数量、待审核工单数量、我未处理的工单数量，同时支持点击"我接受的工单"等快捷跳转至对应处理界面。

（2）工单列表。工单列表模块对系统内流转的工单进行汇总，数据质量管理人员在工单列表界面可对新的问题工单发起提交，并能对权限范围内问题工单的提交、接受、待分派情况进行查看。

（3）工单总览。工单总览页面为用户提供了所有的工单明细，通过详情展示具体问题信息，用户可以根据提交部门、工单类型等搜索工单。

（4）工单统计。工单统计对所有工单的情况进行可视化展示呈现，分为数量统计、质量统计、统计异常、渠道统计四大部分。

（5）工单报告。工单报告可对本部门或多个部门问题数据工单报告的类型、时间范围进行选择，生成并导出问题数据工单周报告、月度报告和年度报告。

（6）联系人管理。联系人管理展示了每个部门数据质量管理负责人及分管领导的联系方式，并可在系统内对其相关信息进行增加、删除、修改、查找等操作，实现对各部门数据问题联系人的统一管理。

3. 数据质量监测系统

质量监测系统通过提供专业的数据质量分析报告、绩效评估报告、问题数据详情和整改意见，提升数据资产价值，确保数据治理体系可持续发展。

（1）质量监测。该系统以部门为单位，展示部门总数据的质量监测情况，可查看部门数据的质量分和问题率情况，并生成质量评估报告。

（2）质量评分。质量评分是对所有部门质量评分的总览，其中包括部门数量、部门总平均分、最高分部门、最低分部门等总体指标，以及部门评分排行榜、所有部门质量评分模型、单部门质量评分模型和历史评分的可视化展示。

（3）问题数据下载。问题数据下载给部门提供数据治理的问题数据结果，用户可以通过表格在线下载问题数据。

（三）数析中心

"数析中心"基于强大的数据计算引擎、丰富的算法库和数据分析模型，驱动行业化的数据治理。它通过丰富的数据源接入和灵活的数据可视化分析组件，形成数据报表、可视化大屏等多种兼容适配展现，为数据支持决策保驾护航。

1. 专题库管理系统

专题库管理系统通过对相关数源部门的库表进行整合分析，进行模型开发和算法校验，可通过专项查询搜索特定场景的专题数据。展示所有本部门数据接口服务，通过统计分析展示专题库数据情况及专题库数据支撑能力。

（1）首页。首页展示了专题库总体的数据概况、专项查询的快捷入口、数据量统计和接口调用量统计。

（2）专题数据。专题数据部分主要分为三个部分，即字典表管理、分类管理、数据连接管理。数据连接部分是数据源的数据库管理；字典表管理是对数据源中数据库表进行管理；分类管理是对专题及专题下的各种场景进行管理。

（3）专项查询。专项查询主要是通过对数据表的分析、关联和比对，通过定义好的专项查询场景，可以查询出对应的专题数据。

（4）统计分析。统计分析部分展示了特色专题库总体的数据概况、专题分类统计图、部门入库数据量排名前十、专题库详情等统计分析数据。

（5）接口服务。接口服务展示了专题库中的本专题库中的注册接口及其他的登记接口信息。

2. 数据驾驶舱

数据驾驶舱通过对数据资产、数据资源、专题数据应用、重点项目监控等运行态势实时的量化分析、预判预警、决策分析和直观呈现，形成统一数据驾驶舱可视化系统，让用户拥有对其数据资产分析判断的"上帝视角"。

（1）数据全景驾驶舱。数据全景驾驶舱主要展示数据服务层相关的数据源类、数据类、作业类等汇总信息。在 PC 端或者大屏上清晰明确地表现数据的流向、数据实时的流量、汇集的资源总量、资源每日增量、主要数据资源的分类统计等。全景视图提供直观的数据层整体概况。

（2）数据归集驾驶舱。数据归集驾驶舱将对数据归集过程中产生的工作成果，在系统中进行可视化展示，展示指标包含数据交换接入部门数、交换量统计、数据桥接量、数据采集量等。利用双曲线图可视化，展示半年内归集数据、归集表情况及全省归集比例，以及所有部门的数据归集情况。

（3）数据治理驾驶舱。数据治理驾驶舱对接数据治理平台，针对清洗、问题数据、整改情况等工作成果进行可视化展示，展示指标包含清洗总量、日均清洗、优质数据量、问题数据量、问题数据占比、累计整改、整改率。采用三折线的形式可视化展示近几个月的问题数据、整改数据及问题率，问题率越低对应的整改效果越佳。

（4）数据共享服务驾驶舱。数据共享服务驾驶舱提供数据共享情况的可视化展示，包含热门接口、接口调用量、接口数量、调用接口部门量、部门接口注册量、支撑业务类型等核心指标。同时，亦可展现各部门的接口申请次数、调用次数、被调用次数及排名。

3. 模型中心系统

模型中心是集可视化建模与交互式代码编写于一体的平台，支持全链路数据处理、模型开发训练部署，并提供算法运行环境。模型中心内嵌了丰富的政务数据应用模型，更加契合数字化政务场景下的算法使用。

（1）指标管理。指标管理主要是对模型指标的增、删、改、查操作，通过指标和数据项的关联，制定指标算法规则，为模型管理进行指标支撑。

（2）模型管理。模型管理主要是对公共数据服务平台内涉及的算法模型进行管理，可以在系统内修改模型指标及各指标权重。

（3）算法管理。算法管理针对平台涉及的算法进行管理和展示，通过平台底层算法的开发，算法管理内可展示出算法的名称、描述及算法的描述和使用场景。

（4）模型验证。模型验证提供连接数据源和数据表的功能，通过连接好的数据源执行模型校验任务，抽样调取部分数据进行模型结果验证。

（四）数能中心

"数能中心"实现数据治理的价值，通过各类数据应用服务上层的业务应用，搭载了可视化、接口服务、模型运算、分析报表等多种能力，通过数据共享、数据开放、数字驾驶舱、数据工作台等一系列数据服务应用，让用户具备跨业务场景的数据使用能力，助力大数据的融合应用及场景多元化发展。

1. 数据共享系统

数据共享系统通过建立完善的接口全生命周期管理体系和接口运营管控机制，打破数据孤岛，实现跨地域、跨层级、跨部门的数据共享。

（1）数据可视化。数据可视化模块包含接口数据总览、事项数据统计等功能，并可提供数据大屏，以全局角度对接口调用情况进行统一展示，并可以根据需要导出调用情况报表，方便系统管理人员对平台接口调用情况进行查看与监管。

（2）共享市场。数据共享市场包含接口列表、接口筛选、接口详情、接口申请等功能，实现了全局的接口展示。各业务部门可以根据自身需求对平台所有接口进行条件筛选、详情信息查看，并根据需要对接口进行使用申请。

（3）应用管理。应用管理模块主要是管理哪些应用在调用本平台的接口，实现了统一的应用注册、应用管理能力，并将应用信息同步到接口服务系统，便于接口服务系统进行接口调用情况的分析。

（4）我的服务。我的服务包含接口使用列表、注册接口列表、添加接口需求申请三个模块，为用户提供对接口需求进行添加与注册的能力，并可以实现对全平台接口使用申请与接口注册申请的统计。

（5）共享审批。共享审批包含接口使用审批、接口注册审批、次数申请审批三个模块，通过对来自各部门提交的接口注册、使用、次数申请的审批，实现了对平台内所有接口使用权限的统一管控。

（6）安全监测。安全监测模块包含接口健康监控、应用健康监控等模块，实现了全平台接口与应用健康的监控，方便管理员在平台接口或接口对应的应用出现异常情况时，快速定位异常接口或接口对应的应用，以便相关维护人员对异常情况进行快速整改。

2. 数据开放系统

数据开放系统融合了政府数据和社会数据，通过向社会开放提供海量数据资源，为企业和个人的数据应用提供支撑，推动大数据的再次利用及相关数据分析与研究工作的开展。

（1）首页。开放首页为公众用户提供门户综合功能的统一入口。供全文搜索入口、数据目录入口，数据目录按领域分类、主题分类、部门分类等。提供重点领域专题入口、数据热点、开放动态入口等。

（2）开放数据。政府开放数据是展示政府官方数据资源，按照统一的标准、规范，遵循安全、开放的原则，实现政务数据对公众及外部企业的开放。

（3）接口服务。通过接口的形式集成政府各部门数据，供用户申请调用。用户申请接口前必须经过实名认证，已实名用户可在接口服务页面申请接口，按照统一的标准、规范，遵循安全、开放的原则，实现政务数据对公众及外部企业的开放。

（4）应用成果。通过接口的形式集成政府各部门数据，供用户申请调用。用户申请接口前必须经过实名认证，已实名用户可在接口服务页面申请接口。

（5）地图服务。由政府官方空间地理信息数据提供网络地图搜索服务，用户可以查询街道、商场、楼盘等地理位置，也可以查找餐馆、银行、公园、学校、政府办事网点等生活服务的具体位置，便捷出行指南。须经过实名认证，已实名用户可在接口服务页面申请接口。

（6）开发者中心。开发者中心用户想拥有开发者权限，须注册并完成实名认证，认证完成后即可在开发者中心创建应用，执行申请调用接口等操作。

（7）开放指数。数据开放平台全程记录用户的申请访问数据行为，并基于不同维度、不同粒度对用户的数据使用行为进行监控分析，为企业的数据结构优化、价值评估等提供数据支撑。

（8）互动交流。互动交流提供最新消息、调查问卷、需求调查等与用户交流的功能。

（9）政策动态。政策动态提供最新政务数据开放新闻动态、行业解读等新闻、行业研究报告等内容。

（10）个人中心。个人中心提供个人账户信息、密码修改、我的需求的个人空间功能。

3. 数据工作台

数据工作台为政府大数据业务部门提供公共数据资源申请、审批、管理统一入口，提供一站式服务的数据工作平台门户（包括Web端和移动端），一个门户就能完成多项工作，如多项审批工作，各系统资料下载、数据报表获取等，把更多的数据管理工作放到手机上达到"移动办公"的目的，能更好地提升数据管理工作的便捷性，提高数据管理工作质量。

（1）首页。数据工作台首页作为用户使用数据工作台的第一入口，从全局的角度集合了用户常用工作流，主要包含用户信息、事项统计、我的待办、消息反馈、资源注册与申请、市资源发布、知识发布、系统入口、资源概览几大模块，为用户提供分类、分级、分权限的统一工作台首页。

（2）我的申请。我的申请将申请流程集中化，包含目录注册、接口注册、接口申请、归集工单、批量数据申请、接口需求申请、已提数据问题。用户能够查看通过其账户发起的所有申请事项，并通过对接各系统的申请流程，如接口申请、库表申请等，实现在工作台中发起申请流程并查看申请进度。

（3）我的待办。我的待办将审批流程集中化，包含目录审批、接口审批、归集审核、接口需求审批、工单办理几大模块，用户能够查看其权限下目前所需审批的具体内容，通过对接各系统的审批流程，可以接收到相关待办事项基础信息，以及进行事项相关操作。

（4）超级搜索。超级搜索采用聚合式搜索引擎，通过关键字模糊搜索、条件搜索等方式，具备在全局所有的数据资源中进行统一服务定位的能力，搜索范围包含数据目录、库表、接口等数据形式。

（5）统计概况。统计概览将平台内"资源目录""数据采集""数据交换""数据治理""数据共享""问题反馈"等系统的数据相关统计，通过各种常见的图表（速度表、柱形图、环形图、预警雷达等）标识数据运行的关键指标，从数据的来源、加工、应用方面为用户提供直观展示。

（6）消息反馈。消息反馈面对不同类别的用户，工作台提供个性化、主动式的信息推送服务。通过统一消息发布机制，自动给用户推送通知消息，将数据工作台中的待处理事项进行反馈和提醒，并在工作台首页进行集中展现，及时提醒用户对相关事项任务进行处理。

（7）知识库。知识库包含了公共数据服务平台内各子系统数据处理全链路的相关知识、常见问题、解决方案等，为系统使用人员解决常见的问题。同时，以有效的知识管理手段与科学管理方法，围绕知识生命周期，实现知识识别、获取、开发、分解、储存、传递、共享及知识产生价值全过程的管理。

四、关键技术运用与主要技术特点

一体化智能化公共服务数据平台基于微服务架构设计，使用 SpringCloud 技术体系进行系统的搭建与开发，充分利用 SpringCloud 完善的技术生态、活跃的社区，选择最先进、最稳定的技术栈，使一体化智能化公共服务数据平台具备可用性、扩展性、稳定性、安全性、高效性及伸缩性等特性，其技术架构如图 2 所示。

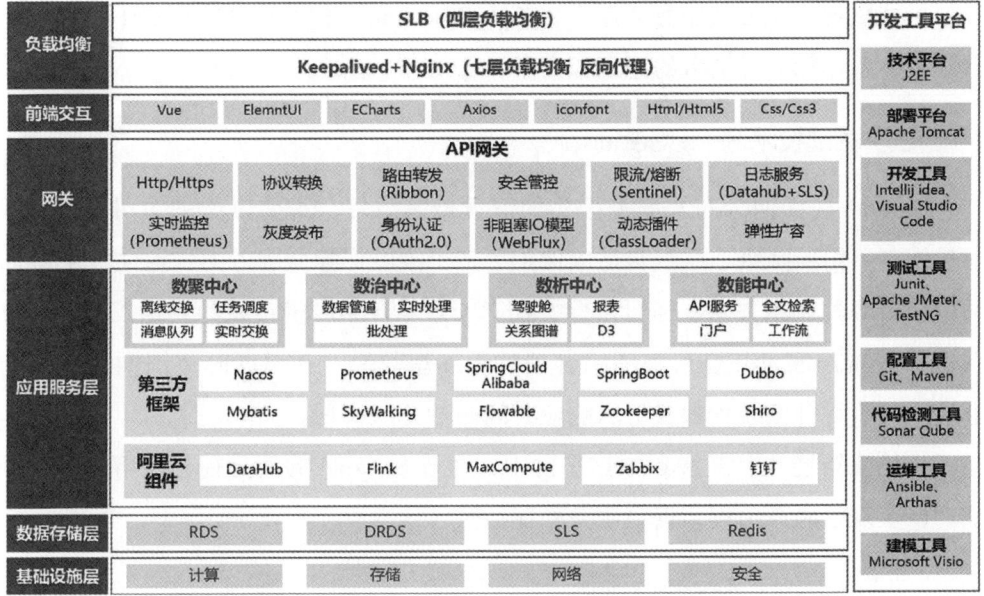

图 2　一体化智能化公共服务数据平台技术架构

（一）关键技术 1——Nacos

Nacos 提供基于 DNS 和基于 RPC 的服务发现，即能被用来支持 https/http 的服务注册与发现，也支持 RPC 如 dubbo 的服务注册与发现。

动态修改配置并实时生效能让服务拥有更多灵活性，不需要重启服务即可做到配置实时生效，非常适合于"配置优先"的服务开发。

在一体化智能化公共服务数据平台中，Nacos 作为注册中心及配置中心，形成了高可用的中心化服务管理体系，动态配置刷新机制。

（二）关键技术 2——Prometheus

Prometheus 是由 SoundCloud 开发的开源监控报警系统和时序列数据库（TSDB），作为一个微服务架构监控系统的解决方案，完美适配一体化智能化公共服务数据平台的监控需求，具备多维度数据模型、方便的部署和维护、灵活的数据采集、强大的查询语言四大特性。Prometheus 数据采集方式也非常灵活，监控目标只需通过 HTTP 接口供给 Prometheus 查询，Prometheus 通过 Pull 的方式来采集数据。

一体化智能化公共服务数据平台基于 Promethues 相关特性，搭建了完善的平台监控体系，保障了平台的稳定和安全。

（三）关键技术 3——Sentinel

Sentinel 是面向分布式服务架构的流量控制组件，主要以流量为切入点，从流量控制、熔断降级、系统自适应保护等多个维度保障微服务的稳定性。Sentinel 可以从资源的调用关系、运行指标、控制的效果等角度进行服务流量控制，可自由选择控制角度，并进行灵活组合，达到理想效果。在熔断降级层面，Sentinel 通过限制资源并发线程数及请求响应时间两种方式实现。

一体化智能化公共服务数据平台中，通过 Sentinel 的流量控制及熔断降级等能力，实现了服务治理，保障服务稳定运行。

（四）关键技术 4——Redis

Redis 是一个开源的、内存型的、支持多种数据结构的数据存储系统，可以用来做缓存、数据库、消息代理等，同时它还支持数据持久化存储、集群化分布式的部署方式，具有性能高、易用性好、可用性强等特性。

在一体化智能化公共服务数据平台中，使用 Redis 作为数据缓存，为服务网关、应用系统提供了良好的查询支撑，减轻了数据库的访问压力，支撑了高并发访问的需求；使用 Redis 的发布订阅机制，实现了服务间的互相调用，降低耦合度，提高了扩展性。

五、应用成效

一体化智能化公共服务数据平台已广泛应用于浙江省数字化改革中，以"数聚""数治""数析""数能"四大核心能力支撑了省、市、区（县）的一体化智能化公共数据平台的建设，在数据层为数字化改革提供了核心支撑力和驱动力。

（一）支撑全域数据资源汇聚融合

以数据汇聚技术和系统为支撑，扩大公共数据梳理范围，进行全域公共数据梳理，构建省市县一体化公共数据目录，确保"数据目录化、目录全局化、全局动态化"。同时，深入挖掘党政机关、数字政府、数字经济、数字社会、数字法治等领域特色数据目录，构建多领域特色专题库，形成支撑数字化综合应用的"数据基座"。

（二）助力打造一体化数据资源体系

实现省、市、区（县）之间跨地域、跨层级、跨部门数据共享，大大提高了共享需求满足率，省市县一体统筹、集约高效的平台架构初步形成，有效对接国家平台，构建公共数据基础域、共享域、开放域，数据资源体系更加健全，为数字化改革提供重要数据支撑。

（三）以数据驱动业务协同、赋能应用创新

一体化智能化公共数据平台，以需求为导向，围绕各领域数字化改革中堵点、难点问题，完善跨领域、跨业务、跨层级的公共数据的汇聚与协同，通过多样数字化应用工具进行疏通和数据分析挖掘，并通过有效的数据共享、数据开放等方式，提供优质的一体化智能化公共数据服务，有效"加持"业务场景的数字应用，以数据驱动业务协同、赋能应用创新。

新时期政务体系数据安全建设

深信服科技股份有限公司

一、建设背景

为落实 2016 年国务院发布的《政务信息资源共享管理暂行办法》、2017 年国务院办公厅发布的《政务信息系统整合共享实施方案》等一系列国家促进数据资源共享交换的政策，全面推进"一网通办"加快建设智慧政府工作方案，江门市政数局建设江门市数据共享交换平台，通过江门市数据共享交换平台，实现重要信息系统通过统一平台进行数据共享交换，打通各部门信息系统，打破"数据孤岛"，形成数据存储、交换、共享、使用、开放的核心枢纽，对接国家平台，覆盖全市、统筹利用、统一接入，推动人口、法人、空间三大基础数据库等的重点数据接入，推动跨地区、跨层级、跨部门数据共享交换和应用。

数据共享交换平台作为江门市电子政务创新发展的大引擎、培育战斗力生成的新增长点，为江门市智慧政务发展带来新的动力。与此同时，随着大数据的大规模流转、汇总存储和分析，各种大数据技术架构、支撑平台和大数据软件的大范围使用，数据共享交换平台面临着新的安全挑战。

《中华人民共和国国民经济和社会发展第十四个五年规划和 2035 年远景目标纲要》第十八章指出，建立健全数据要素市场规则，加强涉及国家利益、商业秘密、个人隐私的数据保护，加快推进数据安全、个人信息保护等领域基础性立法，强化数据资源全生命周期安全保护。完善适用于大数据环境下的数据分类分级保护制度。加强数据安全评估，推动数据跨境安全有序流动。

《广东省首席数据官制度试点工作方案》以习近平新时代中国特色社会主义思想为指导，全面贯彻党的十九大和十九届二中、三中、四中、五中、六中全会精神，深入贯彻习近平总书记对广东系列重要讲话和重要指示批示精神，以广东省推进数据要素市场化配置改革为契机，在有条件的地区和部门试点建立首席数据官制度，明确职责范围，健全评价机制，创新数据共享开放和开发利用模式，提高数据治理和数据运营能力，助力广东省数字经济创新发展。江门市作为本次试点单位之一，将加强安全管控，统筹推进数据共享开放和开发利用工作，推动公共数据与社会数据深度融合和应用场景创新，积极推进重点领域应用场景落地实施。

因此，在政务数据共享开放和开发利用过程中，必须坚持以数据资产安全为核心，建立完善数据安全保障体系，加快构建以数据安全为核心的政务数据共享安全保障体系。

（一）建设目标

根据数据安全能力成熟度模型、大数据服务安全能力要求标准，以及《大数据资源共享管理办法》的相关安全建设要求，遵循"积极防御、综合防范、强化管理、安全第一"的原则，建设完善数据共享交换平台安全保障体系。具体建设目标如下。

1. 构建全面合规的数据安全技术体系

江门市数据共享交换平台安全体系建设的目标之一，是落实国家、行业相关政策性文件要求，满足国家网络安全法、数据安全标准及等级保护政策文件，符合电子政务安全标准规范。

2. 构建以大数据安全为核心的技术支撑体系

依照国家相关信息和数据安全标准，以及江门市数据共享交换平台的实际业务安全需求，通过分析数据资源全生命周期中各个阶段的安全风险，制定针对性的技术支撑方案。实施数据分类分级动态管理和数据全生命周期安全保护，在数据的产生采集、传输、存储、分析使用、共享发布、销毁等各个阶段，通过分类分级、认证准入、安全域划分、通信加密、综合审计、存储加密、使用脱敏等技术手段，防止信息窃取、信息泄露、信息滥用、行为抵赖与信息损毁，将数据流转过程中所有环节进行相应的安全防护，保证数据资源安全，达到数据安全能力成熟度模型3级要求。

3. 构建以数据安全风险管理为核心的纵深防御安全体系

按照"一个中心三重防护"的设计理念，针对全网边界、内部网络、终端服务器、对外门户网站，建立全网安全主动防御、持续监测系统，形成大纵深、立体化、可追溯的网络安全纵深防御体系。充分利用已有网络安全设备，引入人工智能、大数据分析、云计算等先进成熟技术，形成全面完整的防控预警态势。从可视可控的安全设计原则出发，有效解决每天数百万计的入侵检测日志"看不了、不会看"的问题；全面提高网络安全风险评估、风险排查，以及网络安全事件溯源能力。

4. 构建新技术新威胁下的先进防御检测体系

基于全流量分析为核心，结合威胁情报、行为分析建模、UEBA、关联分析、机器学习、大数据关联分析、可视化平台等创新技术，构建针对新型勒索病毒、APT攻击和未知威胁的先进防御检测体系。同时实现全网业务可视化，威胁可视化，攻击与可疑流量可视化，联动边界安全组件、端点安全组件，实现高效协同响应，从而有效应对勒索病毒和其他未知类型的APT攻击等风险，防止大规模蔓延。

（二）建设内容

江门市数据共享交换平台安全建设，围绕数据资源在政务外网、政务云及各政务系统中流转处理的全生命周期，从安全技术体系、安全管理体系、安全运营体系三方面进行重点设计，构建一体化安全保障体系。并突出安全合规及监管的重要性，以"安全运营"为核心，涵盖威胁预测、威胁防护、持续检测和响应处置四个安全闭环重点工作，全面支撑数据共享交换平台现有及未来的各类业务场景。

第一，建设安全技术体系。从数据资源在政务外网、政务云及各政务系统中流转处理的业务全生命周期分析开始，按照威胁封堵、查漏补缺的思路将合规的安全技术体系进行落地建设，满足等级保护、网络安全法、国标及行标的具体内容。将现有不足的安全产品及工具进行增补；再通过构建大数据分析能力，对安全威胁做到"看得见、管得住"；最后引入云端的安全数据，利用诸如威胁情报、失陷主机监测、恶意代码查杀、网站云检测及防护等技术手段为整个安全技术体系赋能。

第二，建设数据安全运营体系。坚持"以人员为核心、以数据为基础、以运营为手段"的基本安全理念，结合实际情况，构建整体数据共享交换平台的安全运营体系，形成威胁预测、威胁防护、持续检测、响应处置的闭环安全工作流程，打造"四位一体"的安全运营机制。

第三，突出安全合规和监管。持续开展安全合规性检查及指导工作，构建安全合规体系。同时充分发挥监管职责，开展全面的、科学的、体系化的监督管理工作。

第四，站在业务运营的角度验证安全的有效性。一体化安全保障体系的建设，充分构建出全方位的安全能力，基于业务运营过程，关注每个环节上的安全风险；利用安全体系的能力，验证是否可以解决全业务运营状态下的安全保障效果。并且对于新增的业务，也能够敏捷地匹配安全能力，确保在体系化建设下的灵活扩展。

（三）总体架构设计

江门市电子政务外网数据共享交换平台，通过对广东省及外部大数据的汇总存储、分析共享，充分挖掘大数据价值。敏感的大数据一方面面临着传统环境中数据安全的相关风险；另一方面也面临着大数据环境下所特有的数据安全风险。数据安全成为共享交换平台建设中十分关注的命题。

数据安全的管理需要基于以数据为中心的管理思路，从共享交换平台业务范围内的数据生命周期的角度出发，结合各类数据业务发展后所体现出来的安全需求，开展数据安全保障。数据安全能力成熟度模型关注于开展数据安全工作时应具备的数据安全能力，提出对数据安全能力成熟度的分级评估方法，来衡量数据安全能力，促进平台建设和运营者了解并提升自身的数据安全水平，促进数据的交换与共享，发挥数据的价值。

数据安全成熟度模型基于大数据环境下电子化数据在组织机构业务场景中的数据生命周期，从组织建设、制度流程、技术工具及人员能力四个方面构建了数据安全过程的规范性数据安全能力成熟度分级模型及其评估方法。模型既适用于组织机构数据安全能力的自身评估，也适用于第三方机构对组织机构的数据安全保障能力进行评估。

数据安全平台框架设计模型如图 1 所示。

图 1　数据安全平台框架设计模型

数据安全框架由数据安全管理体系、数据安全技术体系、数据安全运营体系、数据安全监管体系四部分组成。

（1）数据安全管理体系围绕管理方针、管理组织（安全用数、安全管数）、管理人员、管理制度等方面构建。安全管理体系文件包括：管理制度、应急预案、基线配置规范、安全管理表单等。

（2）数据安全技术体系围绕安全用数、安全管数、安全控数、安全护数、安全传输五方面构建。安全用数围绕使用数据终端安全性和统一身份管理建设，终端安全性从终端防病毒、终端安全管控、终端安全准入方面建设；统一身份管理扩展现有统一身份认证平台能力，实现账号、权限、认证、审计一体化管理。安全管数从数据分类分级、数据脱敏、数据加密存储、数据访问控制等方面建设。安全控数从数据安全流转分析及管控、数据安全工具集中管理、数据安全运维工单流转、数据安全审计、数据溯源管理等方面建设。安全防护数据围绕承载数据平台安全防护、数据库安全防护建设。安全传输从传输通道安全、传输数据安全两方面，构建传输通道加密、传输数据加密能力。

（3）数据安全监管体系从监管组织设置、监管流程、监管指导书、安全审计等方面构建，安全审计重点对数据安全操作、数据访问处置的合规审计。

（4）安全运营体系从运营组织、运营流程、运营工作三方面构建。运营组织由安全运营领导小组及安全运营团队组成。安全运营领导小组上报安全运营工作给数据安全管理部门,安全运营团队由安全运维小组安全监测小组、安全分析小组、安全应急小组、数据安全培训小组组成。运营流程提供各类运营作业流程指导。运营工作包括安全监测、安全分析、安全应急、安全运维等内容。

二、详细方案设计

(一)数据安全访问

1. 风险分析

(1)政数局内部人员及委办局人员均通过统一身份认证平台访问大数据平台,身份认证通过后可对大数据平台内数据访问;而非政数局人员未通过统一身份认证系统接入。

风险分析:用户权限与用户身份脱离,用户权限无标准化定义和集中管控;密码策略和复杂度策略难以统一,无法提升整体网络和应用环境安全;可能存在账号共享、弱口令账号、认证缺陷等问题,不利于安全工作的开展。身份账号、权限分散在各个应用系统,各应用系统安全措施参差不齐,存在被窃取、盗用、泄露等风险。

(2)运维人员通过开源堡垒机进行安全运维。

风险分析:首先,开源堡垒机前期投入成本低,使用灵活,在成本支出上确实解决了前期的困难,可解决基础的运维问题;但开源堡垒机同时也存在账号密码安全问题、操作风险难以控制、系统资源授权不清晰、访问控制策略不严格、用户操作无法有效审计等问题,且开源堡垒机的不稳定性会带来后期维护的高成本。其次,开源堡垒机会存在未知的安全威胁和潜在漏洞,安全加固成本高且无法保证彻底加固,当开源堡垒机出现问题时,原服务商没有任何责任;并且在对应业务系统过等保建设时,会因为无法申请销售许可证而不能通过等级保护。

(3)无统一终端安全缺乏安全管控。

风险分析:外来终端接入内网无须认证授权,无法跟踪审计安全风险;无法有效阻止勒索病毒、恶意程序的传播;对于敏感数据,未依据数据重要性进行分类管理及安全防护,存在敏感数据泄露的风险;终端外设、端口开放缺乏有效管控,存在通过 U 盘拷贝敏感数据并泄露数据的风险;同时由于缺乏有效监控和审计,无法追溯到相关责任人;终端运行游戏软件、P2P 等非工作软件,不仅降低工作效率,也存在安全威胁;终端安全事件发生后,无法准确定位事件源头。

API 违规留存数据:政数局开放很多不同的 API 接口给委办局、第三方合作伙伴用以支持数据处理、资源共享等操作。但是,若第三方未按照约定规范 API 数据,则可能存在第三方通过频繁访问合作接口,私自过量缓存、获取数据资源的行为,当留存的数据资源达到一定程度,则效果上等同于"拖库"。

未及时关闭无用 API:未使用 API 暴露在网络中,存在被攻击者非法扫描、非法利用的风险。

敏感信息展示不当:敏感数据没有经过脱敏展示即通过 API 接口从前端界面进行展示,如直接在客户端应用的界面展示个人姓名、手机号码和身份证等信息,存在数据泄密风险。

过量数据暴露风险:API 接口在接收到参数请求时,后台服务器未做筛选,便将大量数据返回至前端,仅依赖客户端对数据数量及类型进行选择性展示,但此时数据尤其是敏感数据,可能已经全部在前端界面进行缓存,访问者查看前端即可获取大量数据。

2. 技术方案

(1)终端环境安全。政数局内部终端部署 EDR,提供全网终端病毒、木马、入侵攻击等威胁防御能力,通过 EDR 人工智能 SAVE 引擎、全网信誉库、云查引擎、行为分析等技术,全面应对威胁,有效防御新型未知病毒的感染与传播。

对委办局开发、第三方人员访问业务系统的场景,统一使用桌面云,再经零信任网关访问业务系统。实现隐藏应用:通过 SPA 机制,隐藏业务应用;接入安全保障,PC 终端的动态准入:检测终端符合准入条件后(终端环境、接入区域、接入时间等),才能接入认证访问;终端进行可信:高安全要求场景下仅允许桌面客户端作为可信进程访问业务应用;桌面云访问业务的权限控制:接入桌面云后通过桌面云访问业务,通过代理网关做访问业务的动态访问控制。

对使用内部笔记本终端进行远程办公的场景,在笔记本终端上分配安全工作桌面,将笔记本个人桌面和安全办公桌面区分,只允许通过安全工作空间访问业务应用,同时对安全办公桌面打屏幕水印,对办公桌面文件进行加密,防止办桌面数据泄露。当办公桌面文件必须导出到个人桌面时，需经过管理员审批，审批通过后才可进行文档导出。

（2）零信任身份访问控制。完善现有统一身份认证管理体系，将现有统一身份认证体系对接零信任身份系统，非政府部门人员统一纳入零信任身份系统。确保政数局人员、非政数局人员均通过零信任网关访问业务系统。

将终端安全环境作为零信任访问控制的条件，只允许符合终端安全基线的终端通过零信任网关访问业务系统，同时结合用户访问行为、用户身份，将终端环境检测与准入、用户行为、身份安全综合评估信任值，实现用户访问业务行为的内外部身份统一管理、权限统一管理、访问行为持续监测、自动访问控制。

零信任网关的 SPA 单包授权机制可实现业务应用只允许授权终端访问，非授权终端无法和应用建立，实现应用隐身，有效保障应用安全性。

（3）安全运维。使用商用堡垒机替换开源堡垒机对数据大脑后台运维操作进行安全管控和审计。有效管理运维工作，有效避免运维安全事故，实现运维账号管理、身份认证、授权管理、审计运维等功能。

堡垒机对各种字符终端和图形终端使用的协议进行代理，实现多平台的操作支持和审计，如 Telnet、SSH、FTP、SFTP、Windows 文件共享、Windows 平台的 RDP 远程桌面协议、Linux/Unix 平台的 XWindow 图形终端访问协议等。

当运维机通过堡垒机访问服务器时，首先由堡垒机模拟成远程访问的服务端，接受运维机的连接和通信，并对其进行协议的还原、解析、记录，最终获得运维机的操作行为，之后堡垒机模拟运维机与真正的目标服务器建立通信并转发运维机发送的指令信息，从而实现对各种维护协议的代理转发过程。在通信过程中，堡垒机会记录各种指令信息，并根据策略对通信过程进行控制，如发现违规操作，则不进行代理转发，并由堡垒机反馈禁止执行的回显提示。

将身份和授权分离，在堡垒机上建立主账号体系，用于身份认证，原各 IT 系统上的系统账号仅用于系统授权，有效增强身份认证和系统授权的可靠性，从本质上解决账号管理混乱问题，为认证、授权、审计提供可靠的保障。

（4）共享安全。API 接口梳理：通过在网络出口部署分析检查设备，对通过网络进行的数据流转进行流量分析，通过网络流量解析检测相关开放的 API、数据内容、用户、访问 IP 等，进行合规性的管理和审计，识别非法提供 API。

API 共享身份鉴别：对通过 API 进行数据共享的数据，鉴别数据主体（身份、业务）的合法性和传输信息的完整性和真实性，防止非法共享和访问数据。

API 风险识别：根据接口流量审计结果进行分析，识别异常访问 API，对违规或非法调用数据的接口进行封堵。

（二）数据安全管理

1. 风险分析

（1）脱敏数据无法自动识别，由人工自定义，存在脱敏数据范围过小，容易出现遗漏数据，导致数据泄密风险；人工定义脱敏规则存在脱敏数据被还原的风险。

（2）未做数据分级分类，对数据的安全防护缺乏差异性保护，存在敏感数据过渡保护，数据安全防护体系资源浪费的风险。

（3）数据存储在介质上，如物理实体介质（磁盘、硬盘）、虚拟存储介质（容器、虚拟盘）等，对介质的不当使用及其容易引发数据泄露风险。在数据库系统崩溃的时候，存在缺乏数据库备份就无法及时恢复业务的风险。数据明文存储，存在数据被泄露和篡改的风险。

2. 技术方案

（1）数据分级分类。扩展数据大脑功能，实现数据分级分类。依据数据资源的重要性进行安全等级分级，是进行后续访问权限控制、加密、脱敏等安全保护的基础。只有根据特定数据的价值、重要程度、敏感程度确定了特定数据的特定安全等级，才能对数据针对性地采取保护和控制措施。政务数据安全分级应遵循如下原则。

一是科学性。按照政务信息资源的多维特征及其相互间客观存在的逻辑关联进行科学和系统化的分级，按照政务信息资源开放和共享的安全需求和合规性确定政务信息资源的安全等级。

二是实用性。分级要确保分级结果能够为政务信息资源的开放和共享安全策略的制定提供有效决策信息。

三是可扩展性。分级方案在总体上应具有概括性和包容性，能够实现各种类型政务信息资源的分级，以及满足将来可能出现的数据类型和安全需求。

四是自主定级。各政府部门单位在开放和共享政务信息资源之前，应该按照分级方法自主对各种类型政务信息资源进行安全分级。

数据安全分级应充分考虑政府数据对国家安全、社会稳定和公民安全的重要程度，以及数据是否涉及国家秘密、用户隐私等敏感信息。应考虑不同敏感级别的政府数据在遭到破坏后对国家安全、社会秩序、公共利益及公民、法人和其他组织的合法权益（受侵害客体）的危害程度来确定政府数据的级别。数据资源分级方法如表1所示。

表1 数据资源分级方法

大数据特点	大数据敏感程度	等级划分
面向社会，公开无影响	非敏感	公开数据
间接面向社会或面向内部部门，公开有一定影响	涉及用户隐私	内部数据
只面向特定岗位部门，公开有巨大影响	设计国家秘密	涉密数据

数据资源的分级结果是数据保护、开放和共享的依据。分级结果将确定该类型政府数据采用什么级别的保护、是否适合开放和共享、数据开放和共享的范围，以及在对该级别数据资源进行开放和共享前是否需要脱密和脱敏（包括逻辑数据运算等处理方式）处理等，如表2所示。

表2 数据等级要求

数据等级	数据保护和管控要求
公开数据	允许内外部流通，不需进行加密和脱敏处理；政府部门无条件共享；可以完全开放
内部数据	存储按需加密，允许相关业务部门内部流通，流通时按照需要进行加密和脱敏处理；与数据相关的业务部门，经审核后可以接触内部数据，并进行审计；原则上政府部门无条件共享，部分涉及公民、法人和其他组织权益的敏感数据经政府部门脱敏加密后有条件共享；按国家法律法规决定是否开放，原则上在不违反国家法律法规的条件下，予以开放或脱敏开放
涉密数据	存储加密，严格控制内部流通范围，流通时严格进行加密和脱敏处理；根据岗位和业务级别进行严格审核后，确定能否接触涉密数据，并进行审计；按国家法律法规处理，决定是否共享，可根据要求选择政府部门条件共享或不予共享；原则上不允许开放，对于部分需要开放的数据，需要进行脱密处理，且控制数据分析类型

（2）数据访问控制。在用户通过零信任网关控制应用访问权限基础上，通过应用数据安全网关对应用系统数据访问权限进行控制，根据用户权限判断访问敏感数据范围及内容，防止越权访问数据，实现数据访问权限最小化。

（3）数据加密存储。当数据入库后，敏感数据加密存储。当委办局需要使用原始数据开展业务时，先通过加密技术对需要共享的敏感数据进行加密，到达委办局后，再对数据进行解密。确保原始数据明文敏感数据不会流转到委办局。

加密功能支持密钥管理，包括密钥的产生、分发、注入和销毁。具有完善的密钥保护功能，即使掉电也能保护好密钥不被丢失，保障加密数据正常使用。同时具备非法操作时的密钥销毁功能，确保数据操作安全性。具有完善的系统监测功能，可监测加密软件的运行状态，并可对故障进行自动恢复。

（4）数据脱敏。数据脱敏分为静态脱敏和动态脱敏两种方式。静态脱敏适用于开发测试人员在开发测试环境的数据脱敏；动态脱敏适用于用户访问数据或者应用间 API 调用，通过截获并修改数据库通信内容，对数据库中的敏感数据进行在线屏蔽、变形、字符替换、随机替换等处理，达到对用户访问敏感数据真实内容的权限控制。对于存储于数据库中的敏感数据，通过脱敏系统，不同权限的用户将会得到不同结果展现，减少生产库中、开发、测试和数据交付过程中的敏感数据泄露。

从保护敏感数据机密性的角度出发，在进行大数据公开或外发时，根据数据安全等级对敏感数据进行模糊化处理，特别是对姓名、手机号码、身份证件号码等个人敏感信息，以及涉党涉政信息和未公开的社会经济信息。业务系统或后台管理系统在展示数据时需要具备数据脱敏功能，或嵌入专门的数据脱敏技术工具。通过脱敏技术，实现对数值和文本类型的数据脱敏，能够支持多种脱敏方式，包括不可逆加密、区间随机、掩码替换等。脱敏技术需要能自动扫描发现敏感信息，实现高效、方便、准确的信息脱敏。

（三）数据安全控制

1. 风险分析

政务数据访问用户多，访问方式复杂，难以快速发现数据安全风险。已有数据安全访问日志分散存储，缺乏统一日志管理，不利于集中关联安全分析及溯源。缺乏数据安全工具集中管理及联动处置能力，发生数据安全事件后，无法联动数据安全防护能力进行防护处置，不利于风险处置。数据安全事件处理工单缺乏自动化流程管理，无法高效开展数据安全运维工作。

2. 技术方案

（1）数据安全及管控系统。统一用户访问方式，统一数据访问日志，包括从数据库审计、API审计、应用访问审计的访问日志进行安全存储和备份，支持数据的自动或手动备份，备份数据可手工恢复，用作日志回查。同时数据安全工具集中管理和联动处置，对于数据安全告警、预警或安全事件的发生，支持通过工单流程处理的方式，将安全问题放在定义好的处置流程中，由指定的人员和规范的步骤来操作。每类告警、预警或安全问题都可以设定对应的处理流程，工单流程自动处置流转，直至问题的解决。

（2）数据溯源管理。在政务信息共享传输过程中，需要保证数据完整性及可追溯性，可以数字标签技术来确认和存储数据发送方和接收方的信息，确保数据流转过程中的可追溯性。

数据进行共享时，对数据接收方和数据发送方的数字证书、签名等信息，利用数字水印写入带共享的数据，然后进行外发。在数据流转过程中，将每一阶段的数据使用和接收者信息写入数字水印，保证数据流转过程的可监控和可溯源。

数字水印的基本内涵是在原始数据信息特别是非结构化数据中，如数据、文本、音频、视频、图像等，嵌入隐性的、具有一定意义的数字信息，嵌入的数字信息不会影响原始媒体数据的正常使用，这些信息与原始数据紧密结合，并随之一起被传输和使用。与此同时，利用特定的水印检测装置可以将隐藏信息提取出来用于各种目的，可能的应用包括版权保护、数字签名、数字指纹、广播监视、内容认证和拷贝控制等数据安全与知识产权保护领域。与数据加密技术相比，数字水印技术具有以下特点：数字水印的不可感知性，虽然水印与数字产品紧密结合，但对人的视觉质量影响甚微，难以被攻击者发现；数字水印可以设计成为具有一定的鲁棒性，数字水印和载体数字产品遭受一定程度的破坏后依然可以被识别。数字水印不仅可以嵌入电子数据中，而且可以嵌入纸质文件等印刷品载体中。

（3）数据审计。在数据库使用中，具有合法权限的人员恶意操作或误操作会直接导致数据的泄露、删除等严重后果。因此，需要对数据库使用行为进行全面的安全审计，包括对所有外部或是内部用户访问数据库的各种操作行为、内容进行实时监控；对高危操作实时告警；对入侵和违规行为进行预警和告警，并能够指导管理员进行应急响应处理；对于所有行为能够进行事后查询、取证、调查分析，出具各种审计报表报告。

数据库审计支持数据库及组件，包括 oracle、高斯 200、hive、mysql 等。

（四）数据安全保护

1. 风险分析

（1）敏感数据在数据库环境中明文存储，外部黑客攻击利用边界设备安全漏洞、操作系统或数据库系统安全漏洞、病毒等直接获取、删除、篡改敏感数据文件，导致敏感数据泄露或破坏。

（2）缺乏有效技术手段及时发现敏感数据，数据安全管理部门对于敏感数据存储在什么表中、表中哪些数据字段存储的是敏感数据、各业务部门工作人员终端计算机中是否随意存放有敏感数据无法及时掌握。

（3）传统服务器安全产品以策略、特征为基础，辅以组织规定及人员操作制度驱动威胁防御，勒索病毒等高级威胁一旦产生，将会在内部不可控的感染传播。信息系统的恢复工作需要逐台逐点完成，大量人工成本呈几何增长态势。另外针对新型病毒而言，需要充分研究其技术特点，以针对性的防御措施进行加固，对运维人员的专业性要求极高，面对层出不穷的新型威胁，现阶段以传统防病毒产品为基础进行有效应对难度较大。

（4）已有防病毒产品基于病毒特征库方式进行杀毒，在高级威胁持续产生的大环境下，呈现被动、后知后觉等检测特点，无法及时有效防御新型病毒，如 WannaCry 勒索病毒。另外，本地特征库数量受存储、性能、资源等多方面影响，现有本地特征库文件规模无法满足已知病毒的查杀需求。

（5）杀毒处置方式落后无法适应病毒新的传播方式与环境，如信息系统内某台服务器发现病毒，防病毒产品将采取基于文件隔离的方式进行处置，此种方式相对落后，如文件隔离失败情况产生，单点威胁将快速辐射到面，因此传统防毒产品已经无法适应新的病毒传播方式及环境。

（6）大数据基础平台安全威胁。大数据基础平台的安全建设以安全隔离为主，隔离来自 Internet、Intranet、Extranet 等区域的安全风险，实现网络级的访问控制，但这是远远不够的。随着大数据基础平台承载的业务越来越复杂，传统的访问策略已经无法适用于新的业务模式，新一代的大数据基础平台防护设备应该智能地识别所保护的业务及业务情况，从应用、内容、用户进行识别，结合业务进行精细化管控，并提供简单易用且能精细化操作的分析排障能力。

2. 技术方案

（1）数据库防火墙。数据库防火墙是基于数据库协议分析与控制技术的数据库安全主动防护系统。实现数据库的访问行为控制、违规操作阻断，能够对数据库系统无法管控的超级用户、DBA 的权限实现有效管控。提供增强的身份鉴别机制，绑定 IP 地址、MAC、机器特征、应用程序、数据库、访问时间等确保用户身份的合法性。利用策略可以强制实施预期的应用程序行为，如此既可以阻止 SQL 注入、应用程序绕行和其他恶意活动到达数据库，同时又能监视、实时阻断特权用户、运维、开发人员等高权限用户的违规操作，能够带来如下价值。

①自动识别用户对敏感数据的访问行为模式，识别数据库的安全威胁，并定期更新攻击特征库。

②全面审核内部和外部人员对敏感数据的所有访问，提高数据安全管理能力。

③报警并阻止对数据库的非法访问和攻击，完善纵深防御体系，提升整体安全防护能力。

④避免核心数据资产被侵犯，保障业务安全运营。

⑤帮助政务云平台实现核心数据访问状态的可视化、可控化，并提供智能化报告。

⑥帮助政务云平台保护敏感数据，防止权限滥用，防止漏洞被利用。

⑦减少核心数据资产被侵犯的可能性，保障业务的连续性。

（2）防病毒系统。Gartner 自适应闭环架构四阶段模型，四个阶段共定义了 12 个建议项用来完善四阶段模型的各个防护阶段，如图 2 所示。

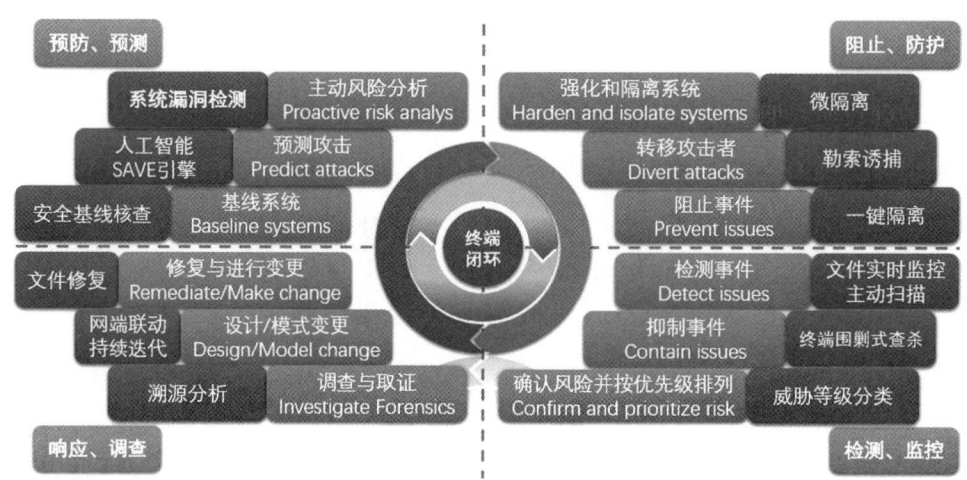

图 2 终端防病毒系统响应闭环机制

1. 预防阶段

通过【系统漏洞检测】来进行【主动风险分析】，明确系统层面的漏洞风险是否为可接受风险。

通过【人工智能 SAVE 引擎】，具有强泛化能力，可以使用半年前引擎模型即可查出最新勒索病毒，【预测变种攻击】。

通过【安全基线核查】明确等保合规或者【安全基线】是否达到预期。

2. 防护阶段

通过【微隔离】【强化和隔离系统】，细粒度管控终端间访问关系并做到可视化展现。

通过【勒索诱饵陷阱】，当勒索病毒加密诱饵文件可通过进程回溯病毒文件进行查杀，达到【转移攻击】的目的。

通过【一键隔离】阻止感染终端持续向外扩散，阻止【事件升级】。

3. 检测阶段

通过【文件实时监控】与【主动扫描】持续【检测威胁事件】。

通过【终端围剿式查杀】和【终端间访问控制】做到一台感染，全网感知，【抑制事件】进一步爆发。

通过【威胁等级分类】【确认风险优先级】，进一步明确内网安全情况，并按优先级进行处理。

4. 响应阶段

通过【文件修复】对受感染文件进行【修复】，当无法修复或修复失败时再进行隔离。

通过【云网端协同联动】对【全网网络安全架构进行设计】，并通过不断完善云网端体系和版本升级进行持续迭代。

通过 EDR 针对攻击事件进行【溯源分析】与【调查与取证】，对攻击链条进行重新审视。

大数据基础平台边界防护。大数据基础平台作为业务集中化部署、发布、存储的区域，承载着业务的核心数据及机密信息，是政务云 IT 建设的心脏，面临很多信息安全风险，在使用数据的过程中，不得不考虑如何有效地保护自身机要信息不被窃取和非法传递。对于恶意攻击者而言，大数据基础平台永远是最具吸引力的目标，其安全建设显得格外重要。越来越多的网络信息安全事件使人们对安全建设越来越重视。来自应用层的各种威胁也使安全问题更加复杂多样化，更加难以控制。

大数据基础平台边界防护设备应智能融合防火墙、入侵防护、漏洞检测、敏感信息防泄露、DoS/DDoS 攻击防护、防病毒、防扫描、弱口令检查、防僵尸网络、Web 应用攻击保护、网站篡改保护等功能，可以实时检查数据中心网络中的安全风险，避免因业务系统漏洞导致的入侵，防范病毒、蠕虫、僵尸网络等威胁内容在平台传播，防止口令密码被暴力破解，避免敏感信息被泄露，清洗平台异常流量，保护平台 Web 应用安全，保障平台网络和业务安全运行。

（五）数据安全传输

1. 风险分析

数据大脑到应用系统之间的数据传输通道缺乏安全管控手段，数据在通过不可信或者较低安全性的网络进行传输时，容易发生数据被窃取、伪造和篡改等安全风险，因此需要建立相关的安全防护措施，保障数据在传输过程中的安全性，而加密是保证数据安全的常用手段。数据传输加密要求建立相关加密措施来保障数据在传输过程中的机密性、完整性和可信任性。

2. 技术方案

为保证数据备份库到数据大脑，数据大脑到应用系统数据传输安全需建立传输加密通道，通过加密产品或工具落实制度规范所约定的加密算法要求和密钥管理要求，确保数据传输过程中机密性和完整性的保护，建立传输加密通道常用技术实现方式是 VPN 组网。

VPN 是虚拟专用网的简称，虚拟专用网不是真的专用网络，但却能够实现专用网络的功能。虚拟专用网指的是依靠 ISP（Internet Service Provider，因特网服务提供商）和其他 NSP（Network Service Provider，网络服务提供商），在公用网络中建立专用的数据通信网络的技术。在虚拟专用网中，任意两个节点之间的连接并没有传统专网所需的端到端的固定物理链路，而是利用某种公众网的物理链路资源动态组成的。

另外，数据加密是信息安全体系中重要的安全保障环节，随着科技的不断发展，常用的商业密码算法（如 DES，RSA，MD5 等）已确认可被破解。密码技术存在短板，安全设备就形同虚设，只有采用相对安全的密码算法，才实现真正的网络安全。因此，国家密码管理局出台了新的密码算法（SM1，SM2，SM3，SM4）并要求相关单位选用国产商用密码标准，为全面保障政务云用户的业务安全，应部署使用国产商密算法 IPsec VPN 设备。

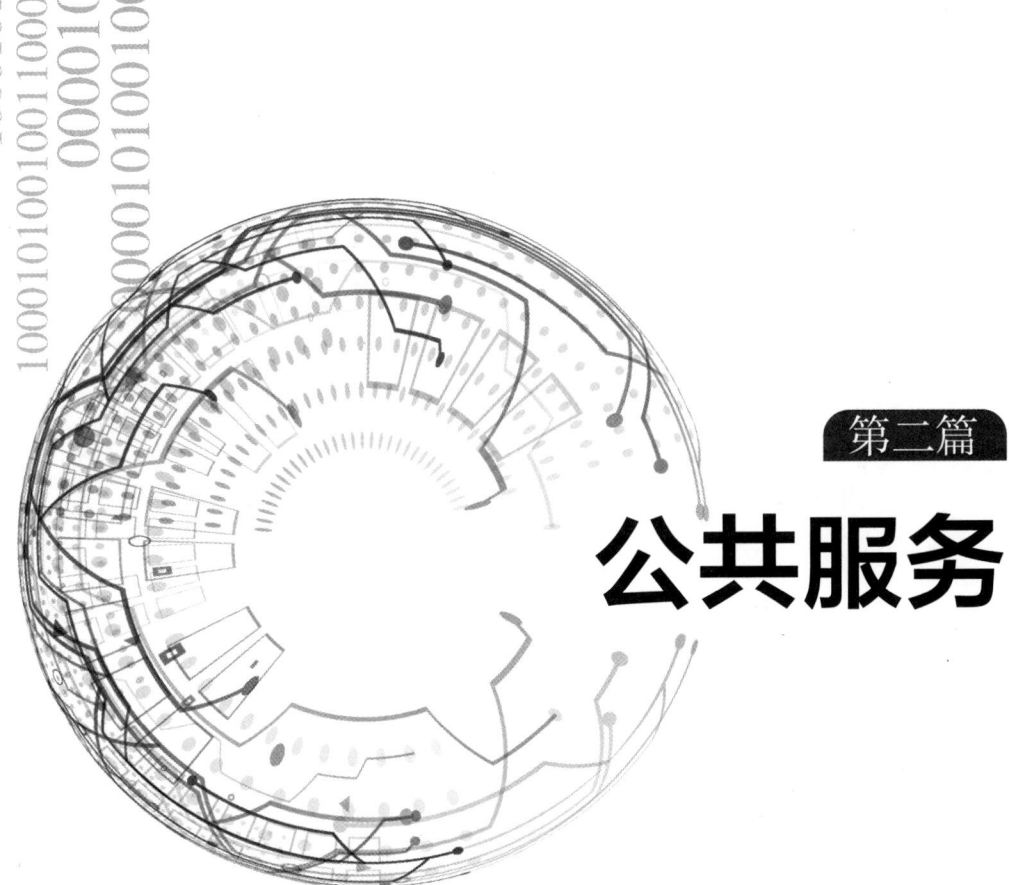

第二篇

公共服务

"就业在线"平台——让求职招聘更便捷可靠

人力资源和社会保障部信息中心

一、实践案例概况

（一）实施背景

党的十九大报告中指出：破除妨碍劳动力、人才社会性流动的体制弊端，使人人都有通过辛勤劳动实现自身发展的机会。在疫情常态化的背景下，党中央、国务院多次强调就业在"六稳""六保"中的首要位置，就业是民生之本，关系千家万户的收入和生活。随着移动互联网的发展壮大，网络招聘已成为一种就业趋势，《国务院关于印发"十三五"促进就业规划的通知》《人力资源和社会保障部关于印发"互联网＋人社"2020行动计划的通知》等文件，提出了运用互联网技术做好就业工作的明确要求。

尽管市场上已存在众多网络招聘平台，但求职者、用人单位仍面临一些难点问题，如求职者对用人单位发布信息难辨真伪、对全国各地就业政策获取不及时、缺少跨区域工作获取渠道等；如用人单位仍面临招人成本高、背调成本大且数据可信度低、跨区域招聘难、服务能力参差不齐等问题。根据这些市场难点问题分析，最关键的是市场上缺少一个汇聚各地招聘信息、各类职介信息的一站式总平台，缺少对供需双方提供的信息进行核验，提升求职者与企业之间的互信互认的平台。

为落实国家就业工作要求，推动全国统一的劳动力市场的形成，充分发挥公共就业服务体系和人力资源市场配置优势，人力资源和社会保障部借鉴电子商务网站建设经验，通过政府和社会资本合作（PPP）项目，在2020年7月21日，统筹规划建设并发布了"就业在线"（https：//www.jobonline.cn）平台，实现全国各类人力资源服务机构求职招聘信息的全面汇聚和实时发布，支持一站式、跨区域、跨平台开展求职招聘活动，为全力稳定就业，落实求职招聘行业扩容提供强有力的支撑。

（二）案例简介

"就业在线"是以新技术、新理念，构建就业供求匹配新型平台的积极探索，是一个劳动者找工作、各类人力资源服务机构和用人单位发布招聘岗位的"一站式"求职招聘平台。基于平台统一提供的用户管理，让求职者一次注册，即可跨平台享受可信人力资源服务机构的求职招聘服务。平台提供了岗位发布、简历投递、信息核验、信息推送、入职反馈、服务评价等全流程服务。

平台汇聚全国各类人力资源服务机构信息，形成求职招聘服务总门户、总枢纽。作为国家级就业供需匹配的新型平台，填补了行业空白，激发了经济新活力。采用"平台+旗舰店"的运营模式，实现对各类求职招聘信息资源的全面汇聚；利用了大数据优势，降低市场供求信息不对称、不透明产生的成本，打造了真实可信的求职招聘环境。就业在线产品架构如图1所示。

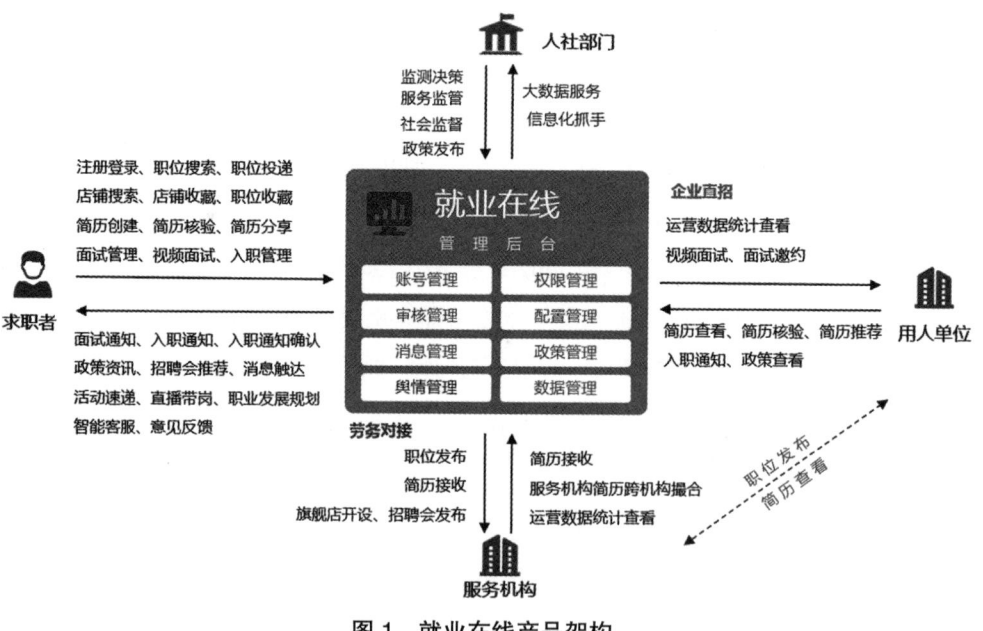

图1 就业在线产品架构

2020年7月21日，人力资源和社会保障部第二季度新闻发布会上"就业在线"平台正式对外发布，一年来平台汇聚了各类人力资源服务机构求职招聘信息，针对不同就业群体开展了多场针对性专题活动，助力就业服务提升。同时，不断拓展服务渠道，创新服务形式，打造Web端（计算机端）和H5/App（移动端）全场景、全平台服务能力。

二、实践案例具体做法

（一）案例详情

1. 搭建平台，推动应用

人力资源和社会保障部通过搭建国家级求职招聘汇聚服务平台——"就业在线"，吸引各类人力资源服务机构开设"旗舰店"，汇聚全国各类招聘岗位信息，统一用一个网站向求职者提供求职招聘服务，形成求职招聘服务总门户、总枢纽。人力资源和社会保障部通过工作推动、媒体推广、机构推荐、主动对接等方式立体推进各类人力资源服务机构入驻平台。2021年2月，印发《人力资源社会保障部办公厅关于全面推进人力资源机构入驻"就业在线"平台的通知》，明确机构入驻路径和时间计划。

2. 拓展渠道，完善能力

在上线之初提供全流程服务的基础上，"就业在线"进一步注重优化服务体验和信息安全。一是增加视频面试、直播带岗等功能，进一步提升服务能力；二是扩展、优化与人力资源服务机构的接口功能，加强与各类人力资源服务机构平台的对接，拓展一体化服务能力；三是遵循人力资源服务管理机构相关的法律法规形成多项制度，涵盖内容审核、运营准则、运行规范和操作流程，力图以制度为平台提供管理机制保障，通过规范化的运营为平台良性发展打好基础。同时，"就业在线"在原有网页版和电子社保卡两类服务渠道基础上，正在开发"就业在线"App，并在人社政务服务平台（"掌上12333"App、12333小程序）、支付宝、微信等App开设了"就业在线"服务，满足手机用户的使用需求。

3. 丰富活动，促进就业

自平台上线以来，按照人力资源和社会保障部专项行动安排及就业招聘规律等，针对高校毕业生、城镇务工人员等重点就业群体，"就业在线"陆续举办各类专题活动。主要包括：开展"毕业进大厂，就业总在线"专题活动，促进毕业生群体就业；通过直播形式积极拥抱年轻的"精英白领"和大学生用户，开展"名企云招聘 就业直通车"直播带岗主题活动；开展"迎新春，送温暖，稳岗留工"专项行动，鼓励引导务工人员留在就业地安心过年；特别是自2021年起，连续两年"就业在线"平台作为主会场之一，在全国范围内开展以"职等你来，就业同行"为主题的百日千万网络招聘专项行动。其中，直播带岗活动仅6场直播即触达人群160多万人次，访问量超过23万次。

（二）实施效果

自平台上线以来，获得了社会各界的广泛关注，经过微博、朋友圈、小视频等多元渠道进行宣传推广，以及各类线上活动、线下展会、直播带岗等多种方式增加品牌曝光度，并在全国"双创"展、数字中国等展会中向中央领导、各地人社部门领导及社会公众系统展示了平台理念、核心优势、未来展望等，获得了一致认可，填补了行业空白。

1. 平台应用效果初显

作为求职招聘服务的总门户、总枢纽，"就业在线"近两年来通过不断扩展接入机构规模，汇集发布了各类招聘岗位和招聘会信息，让求职者在一个平台实现跨地域、跨平台找工作的需求，降低多地域、多平台求职招聘的成本。同时，提供了岗位发布、简历投递、信息核验、信息推送、入职反馈、服务评价等全流程服务。借助人社大数据优势，为净化求职招聘市场环境提供支持。

截至2022年6月30日，"就业在线"平台入驻人力资源服务机构221家，公共服务机构旗舰店156家，市场化服务机构旗舰店65家。累计发布2500余万条岗位信息和近2万场招聘会信息。平台注册用户已近2000万，累计访问量达超过1.2亿次。

2. 服务能力持续提升

一方面，平台持续加强功能完善，力求为各端参与方提供优质服务。平台通过增加视频面试功能，实现线上招聘流程闭环；通过直播带岗的形式，有效宣传公司形象和品牌，同时为求职者带来职业指导、即时求职等便利服务。在优化接口服务对接方面，平台接入的机构由提升前的37家增加到221家，涵盖了职位发布、招聘会发布、简历推送、简历审核状态推送等一系列环节，极大便利了各类人力资源服务机构平台与"就业在线"的对接工作。

另一方面，平台实现求职者和用人单位基本信息加密存储，以及所有信息的加密传输；通过上线态势感知系统及建立白名单机制，提升平台安全保障；加强平台漏洞监控和修补，强化平台抗风险能力。近一年共发布33次更新版本，为防范安全风险奠定基础，切实保障各参与方的信息安全。

3. 就业支效果逐步凸显

通过丰富多彩、形式多样的专项活动，在帮助高校毕业生、城镇务工人员等重点就业群体就业的同时，也为其他人群就业提供帮助。

（1）"毕业进大厂，就业总在线"专题活动。活动期间，开设26家企业直营店，发布13.5万个职位，62.3万个岗位，接收5000余份简历。

（2）"名企云招聘，就业直通车"直播带岗主题活动。自2020年第四季度开展以来，共计播出新希望集团、正大集团等企业专场，百日千万活动推介专场，黑龙江、青海等地方专场等10场直播带岗活动。直播触达人群363.2万人次，为参播企业和地区带去了宣传、招聘等实际效应。

（3）"稳岗留工"专项行动。"稳岗留工"专项行动针对务工人员的就业特点开设建筑工程、司机、家政、物流、餐饮、普工/技工六大主题求职专区，上线近40万个优质岗位，覆盖6.6万人，参与人次达37.1万，创建简历数超15.1万份，接受简历数逾5万份。

（4）"百日千万"网络招聘专项行动。在2021年成功举办活动的基础上，2022年5月16日，再次开展"百日千万"网络招聘专项行动，针对不同地区、不同行业、不同人群开设专场招聘，联合连锁经营、汽车、建筑等九大行业协会开设行业专场，面向包括高校毕业生、城镇失业人员、脱贫劳动力等在内的各类劳动者，提供超1000多万个岗位。截至6月30日，活动传播量近4243.5万条，活动页面访问量超205.3万人次。

（5）特殊人群宣传活动。"就业在线"在上线之初就针对高校毕业生、白领、城镇务工人员这三类国家重点关注就业群体提供全流程求职服务。

三、实践案例创新点及建议

（一）案例实施的创新点

"就业在线"从建设全国性就业平台总枢纽、树立全国就业行业标杆、助力人社部监控人力资源流动情况、助力人社部从全国层面合理调度和调配人力资源，有效缓解全国性人力资源供需平衡问题等角度出发，充分合理利用各方优势、资源，借鉴"互联网+"的创新思维和成熟电商运作模式，着力从"产品模式""服务模式""服务能力"等多方面勇于创新实践。

1. "产品模式"创新

"就业在线"平台借鉴已经被市场化验证，且产品非常成熟的"电商"模式，创新求职招聘产品模式，如在求职招聘"电商"平台引入"旗舰店"。通过"旗舰店"，接入全国公共就业和人才服务机构、经营性人力资源服务机构，实现服务机构和职位的全面汇聚。同时也为各类人力资源服务机构提供展示自身风采的平台。

2. "服务模式"创新

目前，求职招聘市场上的求职招聘平台众多，职位信息分散，求职者需要浏览多个平台，多次注册、发布简历等个人信息，大大降低了求职效率。通过搭建"就业在线"平台，汇聚了全国公共就业和人才服务机构及经营性人力资源服务机构的职位信息，形成求职招聘的总门户和总枢纽，对求职者提供一站式、跨地域、跨平台的求职服务，使其在一个平台上浏览多个平台发布职位，极大减少了求职招聘成本，提升了求职效率。

3. "服务能力"创新

就业产品作为承载服务的有效载体、触达用户和用人单位的最终形态，需要通过核心服务能力抢占求职者使用心智、树立品牌形象、建立行业壁垒、树立行业标杆。"就业在线"利用人社大数据等优势，在服务能力上主要从以下两个层面创新：

一是"就业在线"平台借助人社大数据的优势，一方面对求职者、用人单位、各类人力资源服务机构等参与方进行身份信息的有效验证，确保关键信息真实有效；另一方面，在求职者授权的前提下，对简历信息进行核验，解决用人单位背调难的问题。通过数据在就业领域的创新应用，降低市场供求信息不对称、不透明产生的成本与风险，形成阳光透明的求职招聘生态圈。

二是顺应智能科技进步带来的互联网化体验，"就业在线"平台推陈出新，打造"视频直播"的新型招聘模式，及时向求职者传递最新的招聘信息，创新服务能力。同时，也是各类人力资源服务机构、用人单位有效宣传的手段。平台还通过此功能创新，提供职业指导、政策解读等辅助功能，为求职者及时了解政策情况和提升能力提供保障。

（二）推广价值

"就业在线"平台是由人力资源和社会保障部组织建设的国家级求职招聘服务平台，致力于将"就业在线"发展成求职招聘市场的旗舰与行业标杆，成为人力资源和社会保障部落实就业工作的重要抓手之一。

1. 信息全面汇聚，跨地区跨平台

汇聚全国各类人力资源服务机构信息，形成求职招聘服务总门户、总枢纽。为求职者提供跨区域、跨平台的求职招聘服务。各类人力资源服务机构以开设"旗舰店"的模式入驻"就业在线"平台，支持一站提供跨地域、跨平台的岗位信息，突破地域性限制，实现跨各类人力资源服务机构筛查职位。

2. 国家级就业服务平台，官方机构更权威

国家级就业服务平台，采用"平台+旗舰店"的运营模式，实现对各类求职招聘信息资源的全面汇聚。同时，"就业在线"平台上的各类人力资源服务机构均为各级人力资源和社会保障部门推荐入驻的优质服务机构，官方认证更加权威、真实。

3. 信用加持，打造真实可信的求职招聘环境

针对求职者、人力资源服务机构、用人单位等各类参与方提供身份认证能力，通过身份认证，保障各类注册用户都是真实可信的；针对求职者，提供了简历核验服务，帮助求职者提升个人简历的可信度；建立各类审核约束机制，为净化求职招聘市场提供机制保障。以上措施，一方面提升了供求双方的身份可信度；另一方面也提升了求职招聘信息的可信度。

4. 一次登录，全国一站式服务

求职者只需在"就业在线"进行一次注册，即可完成简历创建、简历投递、简历核验、信息推送、入职反馈、服务评价等全流程服务，全面提升了求职招聘服务的便利化水平，求职招聘服务更便捷。

5. 强化安全保障，确保信息安全

维护个人隐私信息和用人单位数据安全，是平台坚守的底线。"就业在线"平台遵循《人力资源市场管理规定》等多项法律法规，规范平台内容审核、运营准则、运行规范和操作流程。采用国密算法和国际算法相结合的方式在平台数据交互时对信息加密，使用国密硬件加密机 SM4 算法对用户信息加密后存储，确保在求职招聘全流程中的数据安全，为求职者与用人单位保驾护航。

综上所述，推广"就业在线"平台，树立行业标杆，对网络招聘行业生态的良性发展将起到至关重要的作用。下一步，"就业在线"将被打造成为求职招聘市场诚信、规范的标尺，方便求职者一站式求职的总门户，成为质、量俱优的国家队。

信息系统审计助力全国社会保障卡服务平台安全运行

人力资源和社会保障部信息中心

一、基本情况

电子社保卡是社会保障卡（以下简称"社保卡"）的数字化形态，是社保卡电子证照的具体表现形式，与实体社保卡一一对应、功能相通，全国通用，具有身份凭证、就医结算、缴费及待遇领取、金融支付等功能，由全国社会保障卡服务平台（以下简称"平台"）统一签发和管理。随着电子社保卡覆盖人群不断扩大，所提供的功能不断扩展，平台所承受的运维工作和压力也不断增大。安全合规的平台建设运维工作是保障电子社保卡安全稳定运行的基础。为此，人力资源和社会保障部安排了多重建设和运维力量，并按照信息系统审计要求，从管理、应用、网络、安全等方面，对平台建设和运维工作开展了长期跟踪审计。按照审计程序，采用审计方法，借助审计工具，对平台进行审计判断，把控审计质量。通过信息系统审计，全面了解和掌握平台及其相关资产的策略配置情况，识别和分析隐患，知晓风险，查漏补缺，保障平台数据安全；规范平台运维管理工作，优化运维流程，堵塞运维漏洞，提升平台安全运维工作的水平和能力。

二、审计范围

（一）组织范围

审计重点是平台建设运维单位，兼顾与平台建设运维相关的支持单位。

（二）系统范围

审计的系统范围包括平台的生产中心和同城灾备中心。每个中心的平台网络划分为公众网和业务网，通过网间隔离设备进行安全隔离。其中公众网提供互联网接入、业务云、安全支撑、运维开发等服务；业务网提供大数据云、安全支撑、运维开发等服务。按照信息系统审计要求，根据平台网络安全管理区域划分情况，确定审计对象包括：互联网接入区、业务云区、安全支撑区、大数据云区、公众网核心区、业务网核心区、管理员操作区、测试区（见图1）。

（1）互联网接入区是平台接入到ISP运营商的区域，主要部署出口网络及配套安全设备。

（2）业务云区是为应用提供计算和存储等资源和服务的云区域。

（3）安全支撑区为应用提供安全支撑服务。

（4）大数据云区为应用提供大数据计算和存储等资源和服务的云区域。

（5）公众网核心区为公众网内各网络功能区域及其他网络的连接提供数据交换、转发及区域接入控制等。

（6）业务网核心区为业务网内各网络功能区域及其他网络的连接提供数据交换、转发及区域接入控制等。

（7）管理员操作区为管理员提供接入服务，以便运维管理。

（8）测试区为测试人员提供接入服务，以便调试开发等。

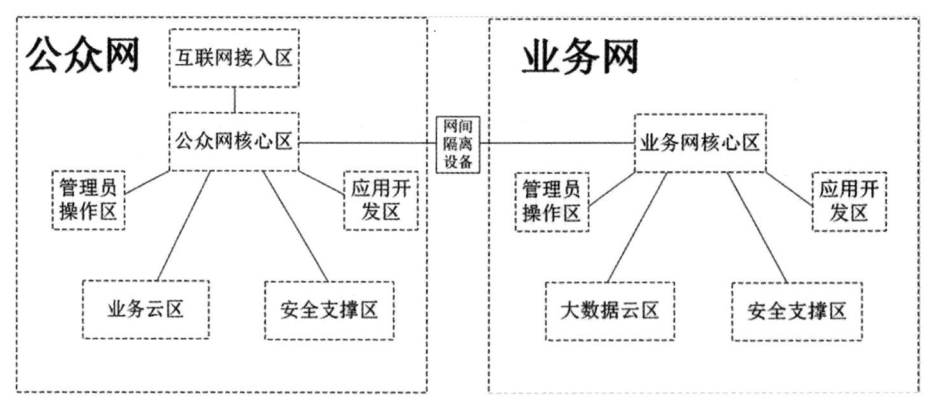

图 1　平台系统架构

三、审计内容

根据信息系统审计要求，审计内容包括平台的管理、应用、网络及安全。

管理方面主要包括平台的组织管理机构、部门信息化控制机构、信息化人员培训、项目实施、项目验收及绩效控制。应用方面主要包括应用规划、数据资源、新技术控制。网络方面主要包括网络系统、计算系统、存储系统、备份系统及机房系统的控制。安全方面主要包括网络安全、等级保护、风险评估、应急响应控制。

四、审计程序

平台审计程序包括审计计划、审前调查、审计实施、审计终结。结合平台数据量大、服务人群广、实时性要求高等特点，制订审计计划，并在审前调查中对发现的风险编写《风险评估报告》，为后续审计实施提供预警；在审计实施中，重点从保障平台稳定运行、防范数据安全隐患等方面出发，对管理控制、应用控制、网络控制和安全控制进行检查取证形成底稿，并在审计终结时形成审计报告，最终依据审计意见进行整改。

（一）审计计划

根据信息系统审计要求，制订平台的审计计划，主要包括平台审计名称、审计目标、审计范围、审计重点、组织实施单位、审计资源等。审计计划经评估审核通过之后，下达审计通知书，开展审计。信息系统审计人员严格按照要求开展审计，一般情况下不允许修改。

（二）审前调查

1. 调研基本情况

信息系统审计人员全面调研平台建设运维单位业务情况及组织结构、单位内部工作机制，先后梳理国家和人社行业相关政策及标准规范、建设运维单位运维工作管理制度流程和运维记录，研究平台建设和实施方案、应用系统架构及部署方案、数据库设计、账号体系等内容，核查安全制度及配套措施，盘点平台信息资产并分析了配置策略，初步掌握了平台建设运维管理的全方位信息。

2. 制定审计基线

在上述工作基础之上，形成管理、网络、应用及安全方面的审计基线。主要包括：一是管理控制基线，涵盖机构职责、管理制度、人员管理、项目验收、项目绩效审计等多项内容；二是网络控制基线，涵盖网络、计算、存储、备份及机房等多项内容；三是应用控制基线，涵盖平台应用规划、数据资源、新技术应用等多项内容；四是安全控制基线，涵盖网络安全、风险评估等多项内容。通过制定审计基线，明确了平台安全合规的运行要求。

3. 开展风险评估

依据审计基线，重点从保障平台稳定运行、防范数据安全隐患等方面出发，信息系统审计人员分别采用资料审查、现场核查、人员访谈等方式，对平台建设运维单位的管理制度、运维记录、表单等进行核查，采用配置核查、漏洞扫描工具对平台所有应用系统、计算、存储、网络和安全设备进行配置策略、安全漏洞等方面的实际测试检查，识别和分析隐患，并在此基础上形成风险评估报告。风险评估报告涉及管理和技术两大方面，其中管理方面包括安全运维策略及规程、网络系统、运维、运行操作、账户和口令、数据安全、个人信息安全、外部人员等内容；技术方面包括网络、安全、计算、数据库、应用系统等配置策略相关内容。

（三）审计实施

1. 制订审计方案

基于审计基线和风险评估报告，制订平台审计方案，明确审计目标和范围；确定审计内容，对于基础软硬件、物理环境、身份鉴别、资产情况分别制定详细审查项目，分别按月、季度、半年、年为周期开展审查，对于相关管理制度的审查按国家要求按需开展审查；并提出审计重点，明确了管理、应用、网络及安全四方面控制要点。

审计过程中，在充分理解国家及行业相关法律法规基础上，设置关键控制点，采用系统调查、资料审查、图表审查、实地考察等方法，选用计算机安全检测、系统安全检测等检测工具，借助第三方专家资源，针对审计对象，设计控制基线并形成控制矩阵，按照项目规定的频率进行审计实施。

2. 日常审计

（1）管理控制方面。重点对建设运维单位的组织管理机构、部门信息化控制机构、项目实施的安全性、可靠性、经济性进行审计。

对于建设运维单位的组织管理机构、项目实施、项目验收等，因其可能受国家及行业相关法律法规影响，故按需建立运维基线审计矩阵，并开展日常审计。重点审查信息安全管理体系的建立是否完备；是否能够覆盖法律法规要求、行业要求及内部管理要求；对已建立的管理制度体系进行执行情况检查，重点审查有关制度方面执行情况是否符合实际情况。

（2）应用控制方面。重点对业务云区、大数据云区中的业务系统及业务系统涉及的个人信息进行安全性、合规性审计。

对于平台中的业务云区、大数据云区中的业务系统，因其可能涉及异常授权访问等，故按月建立运维基线审计矩阵，并开展日常审计。重点审查业务系统共享账号、账户和权限分配、变更、权限分离是否合理；默认账户、默认口令是否修改；远程登录地址是否异常，尤其是陌生地址登录检查；审核和评估应用系统的访问关系、用户授权机制、数据的加密方式是否符合要求。

对于平台中的业务云区、大数据云区中业务系统涉及的个人信息，为确保个人信息使用安全合规，符合相关要求，考虑到审计周期长、审计范围广，故按年建立运维基线审计矩阵，并开展审计。重点审查隐私安全保护配套组织、相关管理制度及管理要求是否完整可行，是否明确并落实；审查个人信息全周期管控是否完备。

（3）网络控制方面。重点对所有网络区域设备（网络、计算、存储、备份）、基础云平台对业务需求的符合性，进行可靠性、安全性、经济性进行审计。

对于互联网接入区的网络设备（路由器），业务云区、大数据云区的网络（交换机、负载均衡），计算设备（服务器主机），公众网核心区和业务网核心区的网络设备，安全支撑区的网络设备（交换机），管理员操作区的网络设备（交换机），测试区中网络（交换机）和计算设备（服务器主机），因其策略变更频繁，可能会引入未授权操作，故按月建立运维基线审计矩阵，并开展日常审计。重点审查访问控制策略与实际配置是否一致（颗粒度是否最小化、配置是否合理），日志是否完整，策略变更情况检查，变更是否经过审批，是否开放了未规定的服务、端口，配置文件是否备份。

对于业务云区和大数据云区云平台，因其涉及面较多，且存在多重访问控制，故按月建立运维基线审计矩阵，并开展日常审计。重点审查云访问控制策略与实际的配置是否一致性，变更是否经过审批或报备；云内安全组、部门、项目、数据库、对象存储、中间件、系统管理等的访问控制是否合规；云内各逻辑区和对象存储区之间的访问控制是否合规；数据库、对象存储等是否有违规操作行为。

对于所有网络区域涉及的设备账号及口令，因其敏感性，故按月建立运维基线审计矩阵，并开展日常审计。重点审查设备共享账号、默认账号口令、远程登录情况；系统事件审计是否异常；审核并评估对超级用户账户及其他管理账户的访问情况。

（4）安全控制方面。重点对公众网核心区和业务网核心区的安全设备、业务云区和大数据云区的数据库、管理员操作区和测试区的操作终端等进行安全性、可靠性、合法性审计。

对于公众网核心区和业务网核心区防火墙，因其涉及的访问控制策略变更频繁，故按月建立运维基线审计矩阵，并开展日常审计。重点审查访问控制策略与实际配置是否一致（颗粒度是否最小化、配置是否合理）；日志是否完整；安全策略变更情况检查，变更是否经过审批；配置文件是否进行最新备份、日志功能是否启用。

对于公众网核心区和业务网核心区堡垒机、日志审计设备等，因其为常规审计手段，可以实时记录安全信息，故按月建立运维基线审计矩阵，并开展日常审计。重点审查实际配置是否符合审计策略、管理要求；日志是否完整；策略变更的合理性；数据库的增、删、改、拷贝等行为是否合规。

对于业务云区和大数据云区数据库，因其可能涉及非法访问，因此按月建立运维基线审计矩阵，并开展日常审计。重点审查对数据库的增、删、改、备份、导出、用户信息变更等行为是否合规；数据库的连接是否存在非法应用，数据库的敏感信息查询访问记录，数据库是否有违规操作行为。

对于管理员操作区和测试区的操作终端，因其涉及多次日常运维操作，故按季度建立运维基线审计矩阵，并开展日常审计。重点审查出入机房的人员是否符合流程；故障处理等现场操作是否合规；机房环境是否符合要求。

3. 跟踪风险评估整改情况

在开展日常审计同时，针对风险评估中发现的问题，提出整改建议，跟踪问题整改落实情况；对已整改的内容进行再次评估，评估通过后登记问题整改完成结果，并进行销号处理。

（四）审计终结

1. 审计报告

信息系统审计人员综合所收集的相关证据，运用专业判断，以经过核实的审计证据为依据，依据国家法规和行业标准及规则的控制规定，出具审计建议类、违规类、违法类的职业判断，形成审计意见，出具审计报告。审计报告中不仅包括对平台的安全性、可靠性、经济性的意见，对平台所承载业务信息的真实性、完整性、正确性的意见，还包括对平台的内部控制及管理等方面的建议。

2. 审计跟踪

审计报告出具之后，平台建设运维单位根据报告所指出的问题和建议，制定相关整改措施，并逐一完成整改。信息系统审计人员根据审计要求，在一定期限内，对平台建设运维单位的整改措施制定和执行情况进行整改跟踪。基于质量管控的制度和机制，加强审计质量控制，确保平台信息系统审计整改到位。

3. 审计方案变更

在平台审计过程中，审计方案根据情况进行了多次调整迭代，以确保平台审计工作取得实效。主要包括以下几类情况。

（1）及时跟进国家和行业相关政策及标准规范出台情况、运维单位的运维工作管理制度和流程、运维记录等。对运维工作管理制度和流程、运维记录及分工方案等，提出补充和优化建议并跟踪整改，同时变更相关基线。

（2）平台建设实施方案变更后，对其进行审核，包括平台软硬件基础设施建设和实施方案、应用系统架构、数据库设计、应用部署方案、账号体系、个人信息保护的合规性，同时变更相应基线。

（3）跟踪安全系统的网络安全、等级保护、风险评估、应急响应等方面的变更情况，审核其合规性，同时变更相应基线。

（4）审计过程中，对已有的基线进行评估，找出可能存在的风险，提出改进方案和措施，并跟踪整改。同时，根据基线的变更，实时调整审计方案。

五、审计成效

综上，信息系统审计人员按照信息系统审计程序，采用审计方法，对平台进行全过程审计，基于审计证据，依据法规类、标准类等控制规定，进行审计判断，提出审计意见，最终形成审计报告。平台建设运维单位根据报告所指出的问题和建议，制定整改措施并逐一开展整改。同时，信息系统审计人员再对整改措施制定和执行情况进行跟踪审查，进一步开展新一轮的审计。如此循环往复，逐步规范平台建设运维管理工作，提高平台相关工作人员的安全技能和安全意识，保障了平台运行的安全性和稳定性。截至 2022 年 6 月，通过平台签发的电子社保卡超 5.75 亿人。2021 年，依托电子社保卡办理扫码身份识别、"个人社保权益单"查询、网上社保待遇资格认证、社保关系转移等业务累计服务 112 亿人次。

（作者：张　博　成　勇）

国家药监政务服务平台

国家药品监督管理局信息中心

一、项目概述

国家药品智慧监管平台在国家药品监督管理局（以下简称"国家局"）"互联网＋政务服务"架构体系下，充分发挥云计算优势，进一步加快监管业务系统整合，依托统一身份认证体系实现监管人员的统一入口，通过平台门户集成，业务人员可单点登录到各业务系统进行业务处理，同时在门户中可发布局内新闻公告、待办提醒、消息推送等信息，方便业务人员开展日常工作；充分发挥大数据优势，对国家局接入的业务办理系统进行数据集成，实现通知公告信息、待办信息、催办信息等数据在个人工作台的同步和推送，实行精准监管和科学监管，提升监管效能；充分发挥"互联网＋"优势，加大信息共享力度，提升监管便捷性，推进社会共治，推进阳光监管。

根据国家政务服务平台整体工作要求，国家局政务服务平台建设项目于2019年正式启动，平台的规划和建设按照国家政务服务平台的整体要求和计划开展。截至2021年年底，一期工程已经顺利通过验收，平台建设主要包含"两门户、两平台、一基础"，其中两门户分为互联网政务服务门户和智慧监管门户，两平台为数据共享交换平台和政务服务管理平台，一基础为支撑平台运行的基础支撑环境。

二、平台主要功能

为加快推进药品智慧监管，构建监管"大系统、大平台、大数据"，实现监管工作与云计算、大数据、"互联网＋"等信息技术的融合发展，创新监管方式，服务改革发展，依据国家相关政策文件及标准规范，国家局从顶层设计的角度对全国药品监督管理政务服务体系进行一体化设计、集约推进，在"药监云"上整体规划建设国家局"互联网＋政务服务"平台，平台突出服务的针对性、实用性和有效性，集大数据、应用整合、信息共享为一体，实现统一门户登录和统一用户管理，并实现应用系统间的数据共享和业务协同。平台主要由"两门户、两平台、一基础"等构成（见图1），并实现与国家政务服务平台相关政务服务业务数据对接。主要建设内容包括以下几方面。

图1　国家药品智慧监管平台功能构架

（1）互联网政务服务门户建设：互联网政务服务门户通过网上办事大厅、移动 App、实体大厅网上服务系统等多渠道公开发布政务服务事项办事指南，为公众提供场景式在线办事导航，为注册用户提供网上预约、网上申请、网上查询、咨询投诉等相关服务，提供专属的基本信息及办事数据存储和应用空间，并与实体政务大厅在服务引导、同源数据发布的层次上进行充分的互联、集成。同时，引入法人和自然人专属空间，实现办事材料的电子化存储，办事信息的共享和利用。"法人和自然人专属空间"是以企业统一社会信用代码或公民身份证为依据进行网上事项申请、材料共享的专属服务通道，支撑一号申请的实现。主要包括统一用户注册、统一身份认证和统一门户、整合对外服务业务办理系统入口、事项管理和事项公开系统、数据采集和国办汇聚。

（2）智慧监管门户建设：智慧监管门户是基于统一门户管理、统一用户管理、统一认证管理、统一审计管理和统一备案管理五个原则对国家局和直属单位所有相关的政务服务业务系统进行集成，达成实现单点登录和业务系统统一应用入口，方便一站式管理服务的应用效果。

（3）政务服务管理平台：政务服务管理平台是承担政务服务管理职能的机构进行政务服务事项管理、运行管理、监督考核等工作的平台，是政务服务门户信息的来源，也是业务办理系统接入的通道。主要功能包括：事项管理、运行管理、电子证照管理、物流配套、综合运维监控等功能。

（4）数据共享交换平台：数据共享交换平台作为国家局政务信息资源共享交换中枢，构建了国家局政务服务平台数据全集，包括基础数据、业务数据、管理数据、平台运行数据等，是国家局政务服务数据共享交换的支撑系统。通过建立国家局政务服务资源目录体系和共享交换体系，以及数据共享交换标准规范等保障互联网政务服务门户、政务服务管理平台、业务办理系统有效运行。对内实现与国家局、各直属单位业务系统的共享和交换，对外通过与国家政务服务共享交换体系对接，实现与国家政务服务平台的共享和交换。

（5）基础支撑环境建设：基础支撑环境是支撑整个"互联网＋政务服务"平台运行的基础支撑环境。主要包括电子印章系统、统一身份认证系统、统一支付系统、统一物流系统、统一外部接口管理、数据共享交换平台等中间支撑系统。为各类业务应用提供运行环境、身份认证、数据交换共享等支撑，实现不同应用系统之间、应用与应用客户端之间的关联互动和数据共享交换，实现异构数据库互联，不同网络、不同操作系统间的数据传递，实现跨部门、跨直属单位、多层级的资源共享、数据交换、应用关联与业务协同。

（6）国家药品监管电子证照管理与服务平台：通过整合汇总国家局和各省局电子证照数据资源，建设药品监管电子证照签发、验证、生命周期管理等业务的管理信息系统，通过信息化手段，树立良好的公信力，做到信息透明、准确、及时，实现全国药品监管电子证照管理一体化、可信化。

三、项目建设成效

（一）基础设施一体化

国家局政务服务平台作为全国一体化政务服务平台的重要组成部分，基于国家政务服务平台提供的一体化支撑能力，按照国家政务服务标准规范及要求，结合业务实际开展国家局政务服务平台基础设施能力的整体规划和建设，并最终建成了国家局一体化政务服务基础设施体系。

（1）以国家政务服务相关标准规范为基础，建立了一套科学、全面的国家局政务服务平台相关规范体系，规范和指导各司局、直属单位业务办理系统的新建或改造。

（2）基于国家政务服务体系，构建了国家局一体化支撑平台，为各司局、直属单位提供统一门户入口、统一身份认证、统一事项清单库、统一数据共享交换通道、统一支付及统一物流等基础支撑服务。

（3）以国家政务服务数据汇聚要求为基础，以国家局数据共享交换平台为支撑，构建了国家局"互联网+政务服务"基础资源库、主题资源库，并为各司局、直属单位提供数据资源库共享服务。

（4）依托国家局大数据分析平台，初步构建了国家局政务服务大数据应用，为各司局业务趋势分析、风险预警防范、重大管理决策等提供数据支撑。

（二）深入推进系统整合，实现"一网通办"

通过推进国家局政务服务平台的建设，基于平台构建的"两门户、两平台、一基础"构架，在面向互联网申报用户、政务外网审批和监管用户时，全面做到以两门户为引领，构建统一的入口，引导用户行为；以数据共享交换平台为系统整合，提供数据通路，实现跨部门、跨系统的业务协同；以统一的基础支撑和数据资源，为业务系统全流程业务办理提供统一的公共资源。通过梳理整合相关业务系统，将过去散、孤、小的信息化建设局面逐步整合和改造成一体化、协同共享的"互联网+政务服务"体系，并最终接入国家局政务服务体系，为实现"一网通办"奠定基础。

（三）深入探索国家局政务服务创新

1. 数据应用创新

基于国家局一体化政务服务体系架构，汇聚、整合各司局、直属单位核心业务数据，梳理国家局基础数据资源库、主题资源库，从业务需求出发，构建政务大数据应用系统，利用大数据在感知、监测、关联、评价、预测、预警等方面的能力，提供政务服务效能和效果的综合评估、决策分析、风险预警、趋势预测等大数据支撑，为简政放权、优化服务指明方向。

2. 服务模式创新

利用"互联网+"在连接、共享、开放、整合等方面的能力，深入部门间、层级间业务协同协作，加强一站式在线公共服务，创新服务模式，延伸基层，惠及公众。

3. 业务场景创新

积极探索国家局统一电子证照、统一电子签章的深化应用场景，探索新技术支撑下"一网通办"的创新业务模式。

国家重点医疗物资调度保障平台项目

长城计算机软件与系统有限公司

一、系统概况

（一）建设背景

新冠肺炎疫情暴发以来，党中央、国务院高度重视，习近平总书记亲自指挥，对防控工作做出了一系列重要部署，要求把防控工作作为当前最主要的工作来抓。

全国各省（区、市）、各行业和领域也紧急动员起来，迅速落实防控部署，全面启动医疗物资应急保障工作，重点支持武汉市和湖北省的急需。在中央应对疫情工作领导小组的领导下，成立了国务院应对疫情联防联控机制医疗物资保障组，工业和信息化部作为牵头单位，面对疫情事发突然、传染性强、扩张速度快，全国各地对口罩、医用防护服等重点医疗物资的需求量在短期内激增的现状，如何运用科学技术手段，充分协调全国重点医疗物资资源，构建高效的调度机制，迅速缓解各地区的物资需求，成为左右抗疫进程走向，取得抗疫胜利的重要力量之一。

为打赢疫情防控阻击战，工业和信息化部作为国务院联防联控机制医疗物资保障组组长单位，第一时间响应，第一时间行动，围绕"切实加强疫情科学防控、有序做好企业复工复产工作"的核心任务，委托长城计算机软件与系统有限公司建设国家重点医疗物资保障调度平台项目，主要负责医用防护服、医用护目镜和眼罩、医用口罩、消杀用品、负压救护车、红外体温计等重点医疗物资的生产保障，统筹调度急需物资。保障组各成员单位大力协同，各负其责，全国各省（区、市）工信系统上下联动，共同承担起重点医疗物资保障任务，运用信息化手段提升医疗物资保障的有效性和时效性。

进入2020年3月中下旬以后，国内疫情得到有效控制，逐步恢复疫情防控常态下的经济社会活动提上议程，复工复产成为当前重中之重的工作。而此时国外疫情却越演越烈，外贸出口相关企业复产达产形势严峻。

工业和信息化部（以下简称"工信部"）作为全国工业、信息化业的主管单位，需要站在产业链的高度帮助企业解决因疫情影响造成的产业链断点堵点痛点问题，帮助企业纾困，服务企业供需对接。

在此背景下，2020年1月25日工信部提出了构建国家重点医疗物资保障调度平台，解决疫情下医疗物资的有序调度；2020年4月26日平台提供重点行业产业链供需对接功能，解决企业复工复产过程中遇到的各种问题。

（二）建设目标

新冠肺炎疫情发生以来，党中央、国务院高度重视，对防控工作作出一系列重要部署。在突发公共卫生事件面前，重点医药物资保障工作对基础信息提出了"全、快、准、统一"的要求，亟须改变传统信息采集方式、物资调度和产业链供需管理模式。

通过构建国家重点医疗物资保障调度平台，利用大数据等先进技术对重点医疗物资的原料供应、生产、储备、流通实现全流程监控，从底层实时采集真实数据，动态监测生产供给情况，统筹优化供需调配，科学、高效开展重点医疗物资的生产组织和调度工作，保障重点医疗物资需求。同时，为保障重点医疗物资生产过程中的上下游供需平衡，站在产业链的高度帮助企业解决因疫情影响造成的产业链断点堵点痛点问题。长期看来，将为加强产业链监测、分析和预警，创新行业管理提供有力支撑，将建成为国家应对公共卫生紧急事件的国家级平台。

（三）建设原则

立足国家现有基础和未来需求，以"统筹设计、务实推进、数据驱动、应用牵引、技术先进、安全可控"为原则，采用数据与应用"松耦合"架构体系，同步开展数据库与应用建设，分步开发、分块使用，不断迭代优化系统功能，确保基础数据的持续积累和应用成果的及时输出。

1. 统筹设计、务实推进

从全国重点医疗物资相关业务和技术需求出发，落实大数据战略、网络强国战略及数字中国的有关要求，完善顶层设计，以实现功能协调、结构统一、资源共享、系统标准化的效果。统筹现有数据信息资源和未来发展建设需求，推动信息技术在业务管理模式、经济运行监测预测、数据信息资源深度挖掘利用等方面的综合应用。在建设过程中，遵循务实推进的原则，依照顶层设计，推动建设"国家重点医疗物资保障调度平台"。

2. 数据驱动、应用牵引

围绕地区、产业、企业、政策等方面的监测和分析，以数据为基础、以需求为导向、以应用为目标，统筹协调应用和数据需求。数据库建设以产业、政务、民生数据全面、准确、可持续积累为目标，功能应用以工作支撑、决策支撑为目标。在建设过程中，同步推进数据积累与应用开发，以数据积累支撑分析应用，以分析应用拉动数据积累。

3. 技术先进、安全可控

采用开放、先进的体系架构，确保系统能够符合信息化技术发展的趋势。在数据方面，建立产业基础数据模型，实现数据标准的统一；在应用方面，采用结构化、模块化、面向对象的设计方法，可根据用户各种需求变化的调整进行灵活的组合；在接口方面，能与现有平台兼容和有效衔接，允许在应用系统的接口基础上增加新的功能模块，方便与其他扩展应用接口进行衔接。系统的建设保证软、硬件安全可靠的运行，有容错备份方案，保证数据安全。具备完善的日志管理和系统审计功能，能够追踪记录每次操作轨迹。

二、总体架构

国家重点医疗物资调度保障平台总体分为用户对象、功能应用、数据资源和国产化基础环境四层（见图1），为工信部及国务院联防联控机制医疗物资保障组各成员单位、地方政府、企业等多类用户提供服务，用于收集、统计、分析、监控、调度各类重点医疗物资的产能、产量、库存等情况。平台部署在工信部国产化基础环境，目前已积累形成企业、产品、标准、政策等多类数据资源。

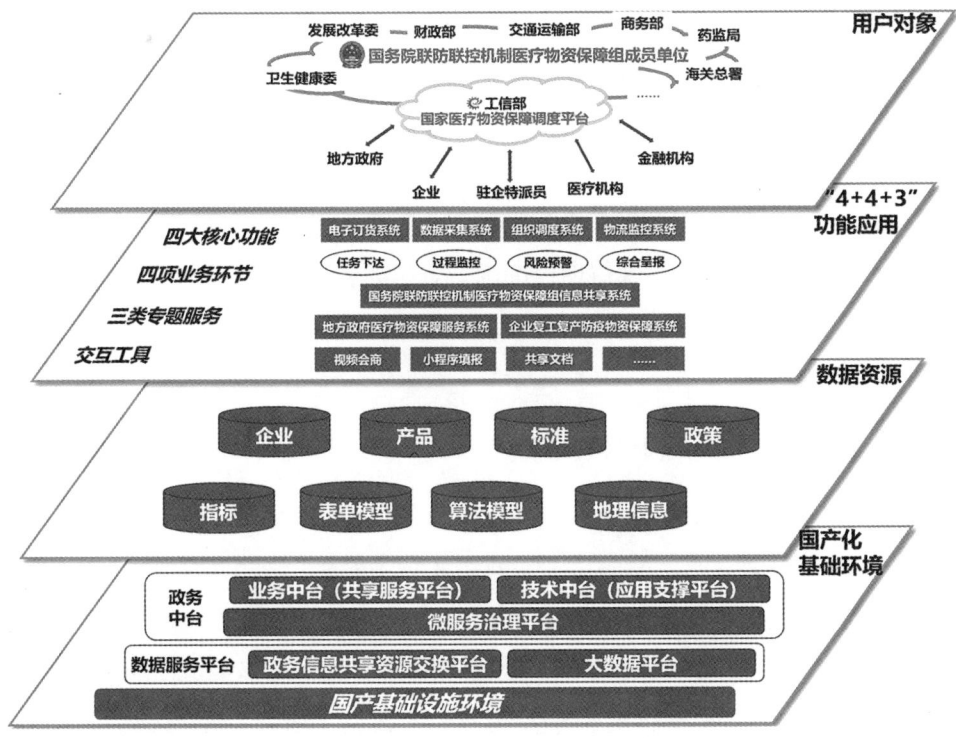

图 1　总体架构

（一）用户对象

国家重点医疗物资调度保障平台面向国务院联防联控机制医疗物资保障组、驻企特派员、地方政府、企业、医疗机构、金融机构等多类用户提供服务，实现 PC、手机、物联网设备等多终端应用。目前，平台已与国家政务服务平台实现对接。

（二）功能应用

国家重点医疗物资调度保障平台重点构建电子订货、数据采集、组织调度和物流监控四大核心功能，覆盖医疗物资保障工作中任务下达、过程监控、风险预警和综合呈报四项业务环节，同时面向国务院联防联控机制医疗物资保障组、地方政府和企业提供三类专题服务。

（三）数据资源

国家重点医疗物资调度保障平台建设完成后，通过将数据资源的汇聚，形成了企业、产品、标准、政策、指标、表单模型、算法模型和地理信息八大类数据资源库。

（四）国产化基础环境

国家重点医疗物资调度保障平台部署于工信部国产化基础环境，通过调用数据服务平台和政务中台，实现数据标准统一、功能敏捷部署和版本快速迭代。

三、建设内容

（一）重点物资联网直报系统

建设覆盖全国31个省（自治区、直辖市）工信厅消费品、电子、装备、原材料、信发等11个专业，面向企业、省级工信主管部门、工信部三类用户的在线联网直报系统，实现了22套调查方案及200多种物资数据的每日统计报送。联网直报系统构建了统一的重点医疗物资保障调度数据采集渠道，通过PC端与微信小程序结合的方式整合汇总企业物资生产数据，加强企业物资生产监管能力，形成一整套企业数据信息的采集标准、规范、流程、模板和专业、高效的信息清洗、整合、关联、监管系统。

（二）一体化数据管理系统

建立国家、省两级联动的一体化数据管理系统，提供从调查方案、采集报表的灵活设计、填报任务的动态发布、企业名录的精细化管理到国家、省两级数据审核、数据的逐级汇总和超级汇总、数据补录、催报，以及对填报情况的动态监测，对填报情况的实时分析。一体化数据管理系统包含以下子系统：企业名录管理、调查方案设计、数据处理、填报情况分析、汇总统计。

（三）分析调度展现系统

分析调度展现系统实现对重点物资的三个"一张图"展示，即需求"一张图"、供给"一张图"、调度"一张图"，实现对国家重点医疗物资供需平衡关系及调度全貌展现。

（四）权限与参数管理

权限与参数管理实现对用户、角色、权限信息进行管理和配置，权限管理基于"三员分立"原则进行设计，通过精细化的数据权限配置加强系统的安全保密管理，保障业务数据安全，根据实际业务要求对用户及角色配置合理合规的数据权限。

（五）产业链企业报送系统

建设面向全国31个省（自治区、直辖市）生产企业，涉及钢铁、有色、建材、食品、通信设备等52类行业，覆盖原材料/元器件、中间产品/零部件、终端产品/整机制造等19个产业链环节的企业报送系统，及时有效地掌握各行业企业在生产环节中物资的供需数据，实现对产业上下游生产情况与供需情况的精准监测。

（六）政府管理系统

政府管理是站在全国产业链的高度实现对上下游生产企业供需平衡关系的动态统筹管理，对物资供需结果进行全方位展示与对接，实现对物资生产各环节断点、堵点、痛点的有效治理。提供国家、省两级联动的一体化供应链处理平台，包括产业链调查问卷设计、动态发布、实时统计分析及供应关系梳理。

（七）需求信息展现

需求信息是将政府管理中整理完成的企业供需信息进行综合查询与展示，促进企业供需两端快速对接，促进产业链上下游、大中小企业协同发展，畅通产业循环、市场循环、经济社会循环。

（八）在线展会与电子订货

采购在线展会与电子订货产品，政府提供面向企业的产品展示与交易平台，满足企业产品展示与物资在线交易需求，解决产业链的断点、堵点、痛点问题。

四、主要特点

（一）快速部署

基于通用数据采集处理平台在统计行业的深度积累，快速搭建采集平台，实现快速部署，收集重点医疗物资企业、产品等基础数据，使政府迅速掌握重点医疗物资供给及需求情况，保障合理调度。

（二）报表模型积累

运用在以往项目中积累的报表模型，快速对报表进行分析，保障数据高效采集。

（三）渠道广泛

通过 PC、移动端等多渠道对数据进行填写报送，保障重点医疗物资数据收集。

（四）全流程

从数据源接入到数据处理再到数据分析和挖掘，打通数据生命周期的各个环节，实现数据收集、处理、分析一体化，为用户提供一站式数据服务。

（五）可视化

不论是接入数据、构建数据主题仓库，还是制作各类分析展现、数据挖掘，设计过程完全可视化。

（六）高安全

支持数据传输加密、数据加密脱敏，支持数据流安全管控；基于统一的数据网关、多维访问控制策略，保障数据汇聚和开放共享的高稳定性。

（七）可扩展

可对各种业务能力进行组合和编排，合理调度分布式的能力节点，灵活地满足业务需要。

（八）采用先进技术构建

1. 基于"自主安全架构"的全国产化平台

国家重点医疗物资调度保障平台将"自主安全架构"的全国产化作为项目建设的核心。在硬件方面，平台采用了国产飞腾 FT-2000+/64 处理器；在软件方面，平台以麒麟云平台为基础，采用国产数据库、国产中间件，确保了数据信息的高度安全。

国家重点医疗物资调度保障平台总体上基于 Java EE 开放式体系框架，采用 B/S 构架，运用 Java 语言完成逻辑处理开发，微服务架构进行搭建，依托 JavaScript、html、CSS 等 Web 语言完成展示系统界面开发。系统支持在麒麟、Windows、Unix、Linux 等操作系统下安装部署，支持国产浏览器、Chrome、Firefox 等多种主流浏览器。

2. 基于全国产化平台的云平台和微服务架构的应用

国家重点医疗物资调度保障平台使用的云平台是基于国产化基础设施上进行改造和适配的，能够在国产化设备上实现云平台计算、网络和存储能力。通过云平台的运用，可以灵活调用软硬件资源，实现对用户的按需访问。在运行过程中，根据用户并发量不同，能够实时迁移虚拟机资源，在保证高质量服务的同时，还可以最小化资源成本，提高 CPU、内存等利用率，这对于具有大用户量、高并发的平台来说，具备技术性和实用性的优势。通过成功实现云平台、云计算在国产化环境中的正常应用，也顺利支持了重点医疗物资保障平台的一整套业务，充分满足了平台的业务需求。

3. 基于全国产化平台的大数据分布式数据库技术的应用

国家重点医疗物资调度保障平台实现了大数据技术在全国产化基础设施上的应用。其中，平台采用混合型分布式数据库技术，兼顾了关系型数据库查询定位快、结构清晰、数据处理效率高，非关系型数据库数据存储量大数据挖掘能力强的特点。支持存储多种结构数据存储，包括结构化数据、非结构化数据、分析热数据等。

4. 基于全国产化平台的大数据多源异构数据快速入库技术的应用

国家重点医疗物资调度保障平台支持多源异构数据的快速整合，提供基于数据整合工具、数据描述、数据解析等过程的定义，使无论什么种类的数据都能正确、快速地进入系统。系统入库基于内存级高性能数据写入技术保证效率高。

5. 基于全国产化平台的大数据可视化分析技术应用

国家重点医疗物资调度保障平台成功在全国产化环境中，实现对大数据的可视化分析技术的应用，支持对国家重点医疗物资调度保障平台自企业、省级工信主管部门、工信部三级用户采集的数据进行可视化分析，对单一数据集或在多数据集间进行数据的分析及汇总，使数据全分析过程更加直观。

五、应用效果

（一）推广应用情况

国家重点医疗物资调度保障平台主要包含重点医疗物资分析调度系统，涵盖供应能力监测、需求综合优化、调配平衡计划、收储计划、任务下达及结果反馈、决策支持、执行监控、统计报送等系统，以及重点医疗物资调度指挥中心，通过运用通用数据采集处理平台实现对企业信息直报、地方工信部门信息报送、电商、物流平台数据同步，发改委、交通、海关等部委信息同步，完成对重点医疗物资的实时数据采集。通过运用行业数据中台提供的数据标准、数据治理、数据应用功能，对数据进行清洗、转换，构建形成八大类数据资源库，采用同样的标准及描述工具，统一元数据，从而实现对数据的分析成果。此外，利用大数据等先进技术对重点物资的原料供应、生产、储备、运输等数据进行全流程监控，动态监测生产供给情况，统筹优化供需调配，建立统计"一张图"可视化展示，保障重点医疗物资需求，推动国家物资保障体系和治理能力的全面升级。

截至 2020 年 3 月，重点医疗物资保障调度平台共收录重点企业 1930 家，31 个省（自治区、直辖市）工信厅消费品、电子、装备、原材料、信发等专业的用户及工信部几乎所有司局和驻企特派员均在使用本平台。

截至 2020 年 4 月 28 日，重点行业产业链供需对接功能上线后仅 2 天，已有 24 个省（区、市）、750 家企业使用该服务。

截至 2020 年 6 月，国家重点医疗物资保障调度平台共运行了涉及防护用品、治疗药品、中药饮片、检测试剂、消杀用品、负压救护车、红外测温仪、医用防护用品原材料、出口医疗物资、国际物流等调查制度 30 多套，用户涉及部、省、市、企业四级，参与保障的重点企业 3000 余家。同时，为 18 类国家重点行业约 2000 家企业进行了供需对接。

截至 2020 年 8 月，重点医疗物资保障调度平台监测覆盖 9 大类 161 种医疗物资，共收录重点医疗物资企业 3208 家，布置任务企业 1838 家

截至 2020 年 9 月，重点医疗物资保障调度平台已面向国务院联防联控机制医疗物资保障组、驻企特派员、地方政府、企业、医疗机构、金融机构等多类用户提供服务，实现 PC、手机、物联网设备等多终端应用。平台已与国家政务服务平台实现对接。

平台已形成企业、产品、标准、政策、指标、表单模型、算法模型和地理信息八大类数据资源库，具体包含以下内容。

（1）企业：收录重点企业 4273 家，发布填报任务 1909 家。

（2）产品：9 大类 161 种子类重点医疗物资及相关原材料产品。

（3）标准：9 大重点医疗物资产品国家标准和其他现行技术标准。

（4）政策：应对新冠肺炎疫情相关金融、财政、税收政策 73 条。

（5）指标：企业产量、产能、库存等 96 项指标信息；指标数据 1956 万个；基于平台数据，每日向党中央、国务院报送重点医疗物资保供情况，支撑国务院联防联控机制新闻发布会十余次。

（6）表单模型：11 个业务司局、25 个填报方案、32 个采集表单模型。

（7）算法模型：需求模拟优化、供需匹配、物资调度等多类模型。

（8）地理信息：企业位置、物资运输路径等多类地理信息数据。

（二）社会效益

国家重点医疗物资调度保障平台基于通用数据采集处理平台及行业数据平台提供的两大能力，仅用 4 天就实现了系统平台的上线运行，及时完成了重点医疗物资信息的收集、统计、分析、监控、调度工作，解决了重点医疗防控物资生产不力、无法按需调度的难题，上演了"中国速度"。不仅如此，平台的建立和运行也得到了工信部、省级工信主管部门、企业的充分肯定，项目组于 2020 年 9 月 8 日荣获了"全国抗击新冠肺炎疫情先进集体"称号。

短期看，构建平台可以打通横向、纵向数据链条，强化工作协同，实现对重点医疗物资的原料供应、生产、储备、运输等全流程监控，动态监测生产供给情况，助力快速打赢疫情阻击战。同时，还能够帮助完善常态化防控机制，坚决防止疫情反弹。

长期看，构建平台可以增强对疫情供需平衡的分析研判能力及统筹调配能力，优化物资生产能力和储备布局，保障重点医疗物资需求，推动国家物资保障体系和治理能力的全面升级。疫情防控是一个持续性、长久的工作，重点医疗物资保障调度平台将成为国家应对公共卫生紧急事件的国家级平台，充分考虑时代背景、结合实际情况，利用大数据分析推动国家公共卫生体系的建设进程。

长远来看，平台为重点行业产业链供需提供重要基础，将为加强产业链监测、分析和预警，创新行业管理，提供有力支撑。从持久战的角度加以认识，也将为加快形成以国内大循环为主体、国内国际双循环相互促进的新发展格局提供有效保障。

六、结语

国家重点医疗物资调度保障平台通过在大数据算法下重重分析选择结果，构成了疫情防控、科学决策最坚固的基石，不仅提高了主管部门对一线紧缺物资供需关系一手信息的时效性，推动了主管部门统筹物资优化调配，将紧缺的重点医疗物质用到了刀刃上，也实现了向社会传递疫情防控的最新进展的数据支撑能力。

平台不仅为抗疫物资的调度和分配决策提供技术支持，同时也促进了国家出台紧急措施，协调企业复工复产、转产应对防疫物资匮乏，建立了主管部门和企业解决复工复产问题的"大通道"，为政府利用数据进行精准决策起到了重要的数据支撑作用，从而遏制了疫情蔓延势头、稳定了社会情绪，对疫情有效控制、推动企业复工复产、促进社会经济强劲复苏起到了重要的作用，为全国抗疫防疫工作及公共卫生安全建设工作发挥了重要作用。

苹果插上数字翅膀，科技助推乡村振兴——苹果全产业链大数据项目

浪潮软件科技有限公司

一、项目基本情况

经过几十年的发展，我国已成为世界第一苹果生产大国，苹果产业已成为主产区农民增收致富的支柱产业。随着产业规模的逐步扩大，苹果产业供给侧出现了许多新情况新问题，主要表现在：总量供过于求与结构性供给不足并存，投入要素结构不合理、生产成本持续增加，市场价格波动大、滞销难卖时有发生，各类风险集聚交织、健康持续发展压力不断加大。

当前，我国苹果产业已有相当规模，产业链条完整，国际竞争和市场潜力大，对数字化改造的需求迫切，在一些关键环节的数字化改造方面已有一定基础。但同时也应该认识到农业农村大数据是一个复杂的系统工程，现阶段基础性工作缺失和短板较多，没有现成的经验和模式，亟须在单品种全产业链上进行探索创新。

苹果全产业链大数据建设目标是探索出一条农业农村大数据建设的可行路径，为整个农业农村大数据建设提供可学习、可借鉴、可复制的机制、模式和经验。

二、总体技术架构

苹果全产业链大数据建设项目除标准规范体系和安全保障体系外，总体架构包括1个体系、2个系统和2个服务产品，如图1所示。采用当前主流的B/S结

构模式,基于 SOA 架构进行开发,并采用组件化开发模式,实现业务模块、组件的"松耦合",在满足现有各应用系统建设需求的同时,充分考虑未来业务的扩展,预留充分的功能和数据接口,保证系统应用的可拓展性。

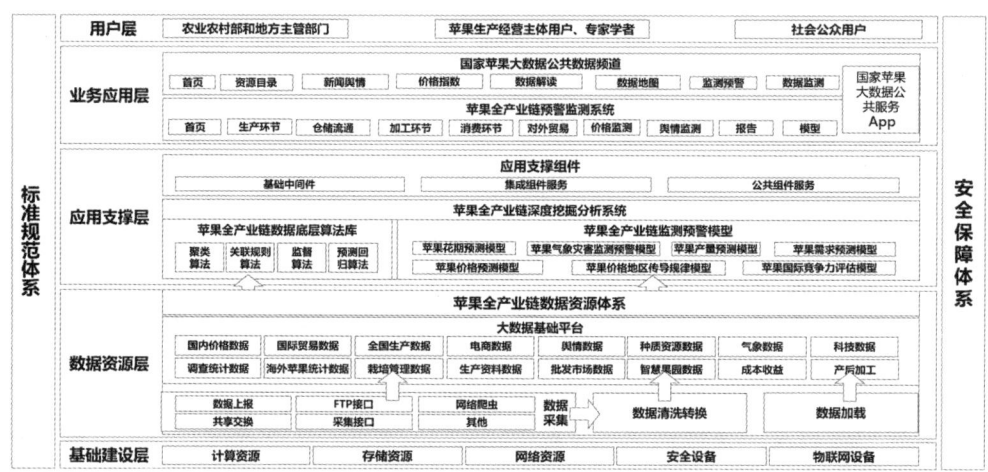

图 1　总体技术架构

1 个体系:苹果全产业链数据资源体系。通过物联网等技术实现与智慧果园系统、舆情系统及其他数据来源方共享对接,通过数据采集、存储及数据共享,建设苹果全产业链数据资源体系。

2 个系统:①苹果全产业链深度挖掘分析系统实现对多源异构的数据深度挖掘,实现涉苹果产业链重要节点、关键环节数据建模及可视化分析与展示;②搭建了苹果全产业链监测预警系统,形成生产环节、仓储流通、加工环节、消费环节、对外贸易、价格监测预警、舆情监测、报告在线生成等模块,实现苹果全产业链情况的精准动态监测。

2 个服务产品:①构建国家苹果大数据公共数据频道,实现了对苹果产业不同环节数据的发布,建立价格指数、数据新闻、可视化专题、数据一张图等不同模块,并满足数据查询;②搭建了国家苹果大数据公共服务 App,实现针对 PC 端苹果全产业链监测预警系统、国家苹果大数据公共数据频道、智慧苹果园等业务系统向移动端的延伸服务。

平台部署在云服务器上,在统一的苹果大数据标准规范体系和苹果大数据平台运维安全体系支撑下,采用分层提供服务的设计思想,将系统划分为基础设施层、数据资源层、应用支撑层、业务应用层和用户层，系统对每一层定义明确的功能接口，同时在层内各模块的组件化。层次化、模块组件化的实现，使系统具备了最大程度的灵活性，对业务需求的变化能够做出快速反应，使系统具有很好的扩展性。

三、系统主要构成与功能

在已有的国家苹果大数据公共平台工作基础上（已有苹果贸易数据、苹果批发价格等数据资源），依托互联网、物联网、大数据等技术，构建苹果全产业链数据资源体系，实现对苹果全产业链数据的自动采集、动态更新、多源数据存储、数据治理，为苹果数据融合共享、大数据应用提供支撑；建设国家苹果大数据公共数据频道，建立苹果全产业链数据自动发布机制，打造国内苹果产业数据的权威发布平台，为产业主体提供及时的苹果产业数据信息，及时了解苹果各环节信息，提前预测市场发展趋势。

面向农业农村部相关司局和事业单位，水果分析师团队，以及苹果全产业链相关环节大数据专业人士和分析人员，为各级领导、各部门及各应用主体提供科学依据和理论指导；实现精准动态监测，有效指导苹果生产、加工、流通，促进苹果生产和市场平稳运行，引导苹果生产经营决策、协调区域发展、支撑联动调控，为促进产业平稳发展、农民增产增收提供信息服务和数据支撑。

开发苹果全产业链大数据建设试点项目中的移动终端应用系统，加强苹果全产业链信息服务资源建设水平，拓宽政府、有关信息服务机构与果农的服务渠道，提高面向广大农民和社会公众的信息精准服务、主动服务能力，初步实现苹果全产业链高效、便捷的信息化服务，全面推进苹果全产业链的资源数据化和产业现代化。

（一）苹果全产业链数据资源体系

体系建设依赖于数据管理工具、数据治理工具、Hadoop软件部分的建设，通过与智慧果园系统对接、与舆情系统对接、与其他数据来源共享对接，进行数据采集和建库，为苹果全产业链深度挖掘分析系统、苹果全产业链监测预警系统、国家苹果大数据公共数据频道、国家苹果大数据公共服务 App 系统提供数据支撑。总体上利用整合后的数据管理系统和治理系统，实现各类数据接入和汇聚，并通过对数据的清洗转换、关联串并等治理工作，实现苹果全产业链大数据的资源采集沟通，在此基础上对整合汇聚的各环节成果数据进行统一有效的存储，按照数据类型和用途进行划分，对数据进行在线管理，为数据的利用奠定基础。大数据基础平台提供底层的组件支撑和存储支撑，也为监测预警系统和挖掘分析系统提供计算服务，最终达到数据的有效汇聚、可视化管理和高效应用的目的。提供一站式数据存储、处理、访问和治理的大数据平台服务。

数据资源体系总体建设内容有以下五点。

一是构建苹果全产业链数据资源体系架构。

二是完成苹果全产业链各环节数据库的设计。

三是苹果全产业链关键环节数据库建设。

四是苹果全产业链关键环节数据资源采集。

五是建设大数据管理系统。

（二）苹果大数据公共数据频道

国家苹果大数据公共数据频道建设，基于数据资源体系及其他业务系统的结果数据进行整合，建立公共数据服务系统，通过网站统一对外提供数据共享服务，为苹果生产经营企业、农户等苹果产业主体提供数据资源等内容。

国家苹果大数据公共数据频道面向公众发布数据资源目录、价格数据、新闻舆情信息和数据解读等内容，用户也可以进行检索，对检索结果采用不同的可视化方式展现给用户，为用户提供数据查询服务。满足国内外苹果生产、加工、销售、贸易、价格等数据发布需求，涵盖全国苹果生产数据、全国苹果进出口贸易数据、苹果价格数据发布等。

（三）苹果全产业链深度挖掘分析系统

苹果全产业链深度挖掘分析系统面向农业农村部信息中心领导、信息分析处等业务部门专业分析人员及苹果生产经营主体用户，帮助领导决策，协助业务人员工作，指导苹果生产经营主体用户生产。

基于苹果全产业链大数据建设，对结构化和非结构化数据的深度挖掘，提供通用模型算法，涵盖分类、回归、聚类、关联降维、时间序列、识别、预测、优化等类型，提供从传统的统计分析、计量分析到预测分析、机器学习的模型算法支持，构建价格预测模型、价格波动性模型等，形成一个算法库、一个全产业链监测预警模型子系统及展示窗口，实现涉苹果产业链关键环节数据建模及可视化分析与展示，将枯燥的数据流转化为直观的业务成果，为决策、预警提供更直观、更科学的高维动态展示。

农业农村部信息中心苹果全产业链大数据建设项目"苹果全产业链深度挖掘分析系统"主要建设内容为互联网数据收集服务、苹果全产业链监测数据底层算法库和全产业链监测预警模型及展示窗口。

1. 互联网数据收集服务

能够利用互联网数据采集手段，提供30个约定网站数据资源的收集服务。

2. 苹果全产业链监测数据底层算法库

能够利用算法模型工具快速构建聚类算法模块、关联规则算法模块、有监督算法集成、预测回归算法模块；能够选择恰当的模型，将以上算法模块与苹果业务相匹配；能够提供合理的公式化解释。

3. 苹果全产业链监测预警模型及展示窗口

能够根据苹果产业业务逻辑，提取关键性指标，建立气象灾害监测预警模型（花期预测、花期冻害监测预警、连续阴雨灾害监测预警、干旱灾害监测预警）、苹果产量（单产）预测模型、苹果需求预测模型、苹果国际竞争力评估模型、苹果价格预测模型及苹果价格地区间传导规律模型，对数据进行多维度的深度挖掘、钻取、分析，业务需求理解深刻，算法选取合理。可实现苹果花期预测，冻害、连续阴雨、干旱气象灾害预警，主产区县果树面积监测，各主产区县苹果单产预测，全国苹果总产预测，全国苹果需求量预测，苹果品质评价，全球主产国苹果国际竞争力评估，苹果日、周、月价格预测，苹果价格地区间传导规律评估。

4. 苹果全产业链监测预警系统

苹果全产业链监测预警系统旨在建立健全苹果监测预警体系，实现苹果生产、消费、贸易、仓储流通、加工、价格、舆情等全产业链情况的精准动态监测,通过可视化直观展示监测预警结果,有效指导苹果生产、加工、流通、贸易等环节,促进企业根据供求关系组织生产,提高生产效率和流通效率,促进苹果生产和市场平稳运行,引导苹果生产经营决策、协调区域发展、支撑联动调控。

基于苹果全产业链数据资源体系和苹果全产业链深度挖掘分析系统,对历史数据、实时上传数据,以及互联网等海量数据进行多因素关联分析,形成生产环节、仓储流通、加工环节、消费环节、对外贸易、价格监测预警、舆情监测、报告在线生成等模块,实现苹果全产业链情况的精准动态监测,通过可视化直观展示监测预警结果,为各级领导、各部门及各应用主体提供科学依据和理论指导。

建设苹果全产业链监测预警系统业务库。业务库为系统本身直接调用使用,主要用于支撑系统基本运行和预警分析 9 个主要模块的数据存储,存储数据包括但不限于系统管理和配置等所需要的库、9 个主要模块监测预警分析结果展示等数据,如生产环节监测预警、仓储流通监测等,以及各个监测预警模块通过数据管理系统里的 ETL 工具根据监测预警分析所需而加工产生的数据的存储,从而为监测预警提供数据支撑,如历史年度各苹果主产县苹果产量、批发市场苹果历史价格数据等。

5. 苹果大数据公共服务 App

国家苹果大数据公共服务 App 作为苹果全产业链大数据发展的移动终端应用系统,实现针对 PC 端苹果全产业链监测预警系统、国家苹果大数据公共数据频道、智慧苹果园等业务系统向移动端的延伸服务,达到可通过移动端 App 调用并展示 PC 端的监管、查询等服务,供移动用户实时掌握相关信息、数据及苹果园有关状态和运行情况。针对苹果全产业链数据平台各子系统定制开发数据接口,实现移动端 App 与苹果全产业链数据平台各子系统的资源共享和业务协同。系统架构如图 2 所示。

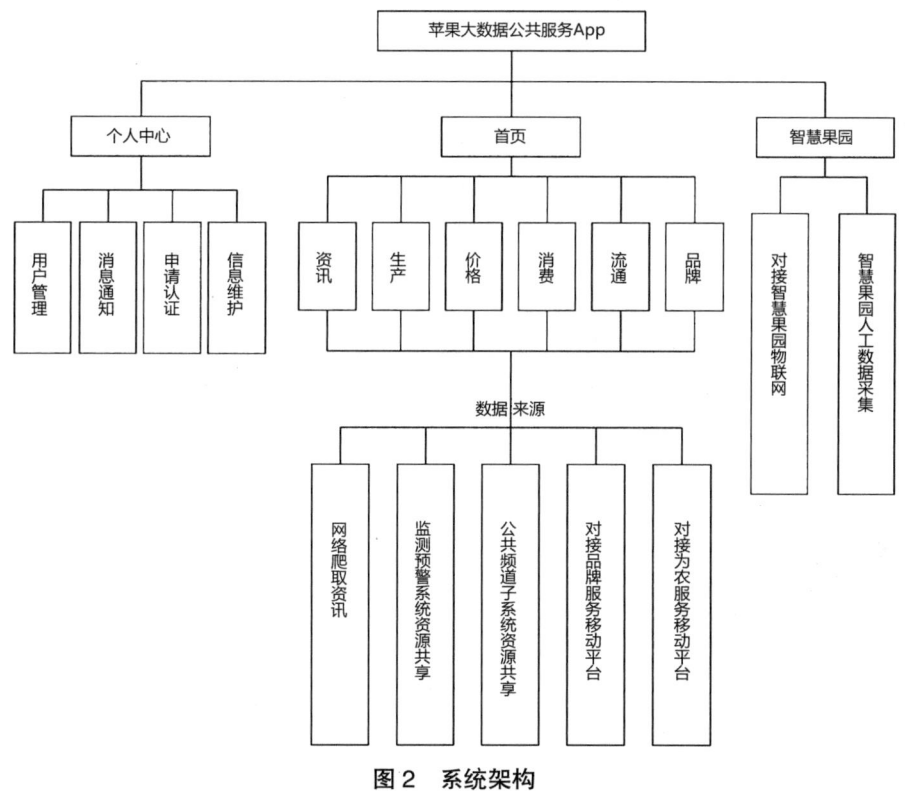

图 2　系统架构

通过对试点智慧果园提供的接口，获取智慧果园物联网的数据，并在 App 显示。针对作业情况、生长情况、果园收获情况等记录，采集人以选项形式填报为主，手工输入为辅。同时可以调用语音识别服务，将语音记录自动转化成文字信息，并将数据存储，实现便捷高效的人工语音采集。国家苹果大数据公共服务 App 端智慧果园模块面向所有用户展现智慧果园的相关信息，包括从智慧果园物联网项目接口获得的传感器数据和人工采集上报的数据。

通过运用大数据网络爬虫等技术，动态、实时抓取面向各区域主体的苹果产业相关政策、生产、市场等资讯数据，为果农掌握国家苹果产业发展趋势提供信息服务，为种养及结构调整提供参考依据。

关于品牌信息的展示，品牌服务模块将对接中国农业品牌公共服务平台提供的数据接口，能够展示苹果产业有关品牌资讯、区域公用品牌、企业品牌、产品品牌、品牌文化、品牌认证、品牌保护等，宣传推广各级政府部门、品牌主体举办的营销推介对接等活动，建立生产者之间、生产者与经销者之间、生产者与消费者之间的沟通渠道，提高苹果品牌的影响力、带动力和竞争力。

实现移动互联网支撑，提供面向公众的可用、易用、实用的苹果全产业链信息服务，涵盖苹果种植、价格走势、品牌建设、灾害预警等方面，提升政府部门的监管服务能力、市场主体的生产管理能力、广大农民群众的信息获取应用能力，全面推进苹果全产业链的现代化和数据化建设。

四、项目建设亮点及创新点

（1）采用大数据计算技术，结合多年监管数据和经验，建立多项预测、评估模型，对影响苹果生产的气象、苹果产量、上市价格进行预测，有效减轻或避免果农损失。

（2）基于现有数据，采用数据管理、数据治理、Hadoop 等方法技术，重新梳理涉及苹果产销监管的数据资源，纳新去重、建立关联关系，构建了苹果大数据底数。

（3）扩展数据采集渠道，与气象、自然资源、水利等部门建立数据共享通道，实现跨部门横向联动、上下级纵向贯通，构建了苹果大数据资源体系。

（4）建立统一的数据采集、治理、发布、查询、监管平台，降低数据和系统功能间的耦合度，实现功能修改与数据维护独立性，为后续系统版本更新、功能拓展提供便利。

（5）采用遥感、GIS 等空间科学技术，直观展示数据的自然分布特征。

（6）采用多种传感设备，结合物联网技术，实现苹果全产业链数据精准动态监测。

（7）快速定义报告模板并自动生成，减少日常统计工作量，有效降低了人工统计产生的错误，使大数据分析产品更加智能和快捷。

（8）移动 App 为领导、公众提供关键信息查询、业务办理、巡查上报等功能，提供苹果全产业链高效、精准、便捷移动服务，初步实现了掌上管控苹果产销大数据。

五、基础支撑环境建设

本项目服务器部署在政务外网区,与互联网区进行反向代理互联。平台逻辑架构如图3所示。

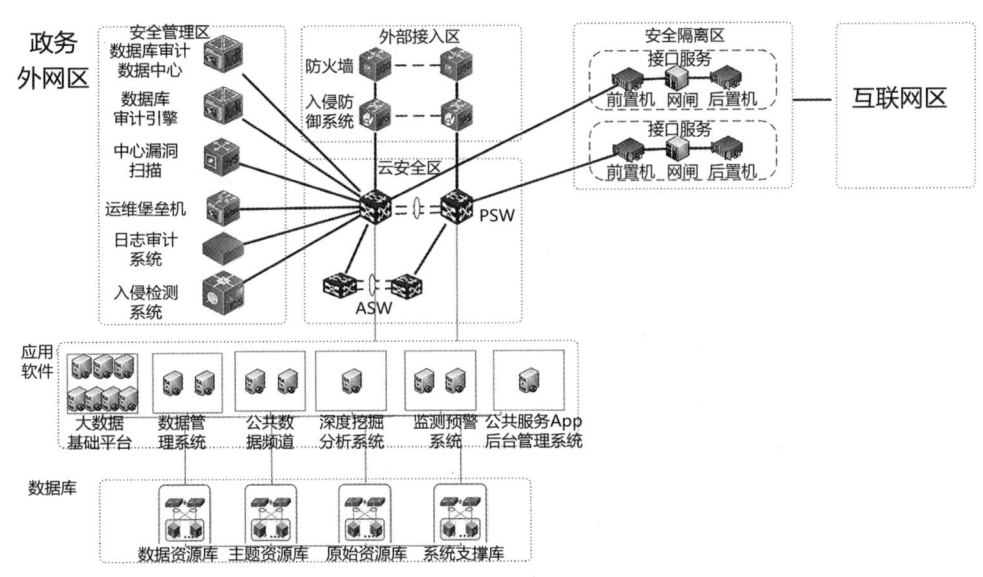

图3 平台逻辑架构

11台服务器部署在政务外网区、1台应用部署在互联网区对外提供服务,详情如表1所示。

表1 服务器部署表

部署区域	服务器配置	数量	部署应用
政务外网区	CPU 16核; 内存64GB; 磁盘空间500GB(其中400GB磁盘空间分配给根分区); 其中3台数据节点服务器需各挂载存储270TB,共计810TB	7	部署苹果全产业链数据资源体系大数据基础平台(hadoop软件),包括2台管理节点(2台管理节全都部署TongWeb6.0中间件和mysql数据库)、2台控制节点、3台数据节点
政务外网区	CPU 16核; 内存64GB; 磁盘空间500GB	2	2台服务器各部署一套数据管理系统、数据治理系统,用于集群部署

续表

部署区域	服务器配置	数量	部署应用
政务外网区	CPU 16 核； 内存 32GB； 磁盘空间 500GB	2	部署公共数据频道系统应用，用于集群部署
互联网区	CPU 8 核； 内存 16GB； 磁盘空间 500GB	1	通过 Rest 服务接口，与外部系统进行数据对接及共享

大数据基础平台、数据管理系统应用及各个应用数据库部署均部署在农业农村部政务外网，各应用间通过网络、固定端口连接及互相提供服务。

六、主要建设成效

1. 构建了苹果全产业链数据资源体系

构建苹果全产业链数据资源体系架构，建立数据标准体系、设立数据指标体系、梳理数据资源、制定数据资源目录；完成苹果全产业链各环节数据库设计，确定设计原则与标准，构建数据库框架，实现数据库模型、数据库表、建模表结构的设计；实现全产业链各环节数据库的建设，构建苹果种植资源、栽培管理、生产资料、产后加工、气象、智慧果园、电商、科技、舆情、国际贸易、海外苹果统计、调查统计等数据库；满足对全产业链各环节数据资源采集，实现对苹果产前基础数据、产中、产后供应链及金融数据、采购流通数据的采集。

2. 建设了国家苹果大数据公共数据频道

构建国家苹果大数据公共数据频道功能，实现了对苹果产业不同环节数据的发布，建立价格指数、数据新闻、可视化专题、数据一张图等不同模块，并满足数据查询。

3. 搭建了苹果全产业链深度挖掘分析系统

搭建苹果全产业链深度挖掘分析系统，对结构化和非结构化数据进行深度挖掘，提供模型算法支持，构建价格预测模型、价格波动性模型等，形成一个算法库和一个全产业链监测预警模型子系统及展示窗口，实现涉苹果产业链重要节点、关键环节数据建模及可视化分析与展示。

4. 搭建了苹果全产业链监测预警系统

搭建苹果全产业链监测预警系统，基于大数据分析基础架构建设苹果全产业链深度挖掘分析系统，对历史数据、实时上传数据，以及互联网等海量数据进行深入挖掘和分析，形成生产环节、仓储流通、加工环节、消费环节、对外贸易、价格监测预警、舆情监测、报告在线生成等模块，实现苹果全产业链情况的精准动态监测，通过可视化直观展示监测预警结果，有效指导苹果生产、加工、流通、贸易等环节，促进企业根据供求关系组织生产，提高生产效率和流通效率，促进苹果生产和市场平稳运行，引导苹果生产经营决策、协调区域发展、支撑联动调控。

5. 搭建了国家苹果大数据公共服务 App

搭建国家苹果大数据公共服务 App，实现了以下功能：一是包括 App 与 PC 端业务功能对接、数据与服务对接、智慧果园数据采集与展示、资讯服务、用户管理等功能；二是将信息服务、数据查询服务、预测预警信息等内容进行发布展示，通过用户行为数据采集智能推送信息；三是充分依托微信用户覆盖范围广、应用场景多的优势，以微信公众号和微信小程序方式，提供信息服务，支持生产经营实践应用；四是以独立移动应用终端 App 方式开展应用，用户通过注册后，可根据关注领域和内容，定制使用 App 有关栏目和功能。

GBCP 智慧城市治理数据模型建构及在综合执法大数据平台的应用

北京市城市管理综合行政执法局执法保障中心

一、橄榄型城市治理：智慧城市治理的新需求

现代城市及其管理是一类开放的复杂巨系统，具有多主体、多层次、多结构、多形态、非线性的城市生命体特征。空间结构、经济结构、社会结构共同构建了城市，而空间结构是经济结构和社会结构的基础。信息技术的发展、知识社会的形成消融了传统行业、区域、组织的边界，赛博（Cyber）—物理—社会系统之间的互动是智慧社会的重要特征，也进一步增加了城市生命体的复杂性，使其逐渐成为面向知识社会创新 2.0 形态的流动空间。由数据信息组成的赛博空间深刻影响了现代城市的运行，并重构了城市的物理、社会和虚拟空间结构形式，逐步实现数字孪生。智慧城市及其管理必须把握新网络、新感知、新数据环境下基于多主体、多层次、多结构城市复杂系统特性：从参与角色来看，城市管理的主体包括政府、市场和社会各方主体；从管理层次来看，城市管理包括市级、区级、街道、社区、网格等多个层次；从时间维度来看，城市管理包括前期规划、中期建设与后期运行三个阶段的管理；从专业维度来看，城市管理包括市政基础设施、公用事业、城市交通、废弃物管理、生态环境等众多系统及其多层次子系统；从逻辑维度来看，城市管理包括基于城市感知、大数据分析的决策、服务、指挥、监督、反馈等一系列机制，整个系统呈现多主体、多层次、多结构、多形态、非线性的复杂巨系统特性。

现代城市及其管理的复杂性决定了城市治理需要通过基于数据、信息、

知识综合集成的大成智慧工程实现。通过基于大数据的现代橄榄型城市治理结构形成城市系统治理，激活政府、市场、社会各方参与城市众创共治，推动城市运行服务管理社会化、专业化、精细化是解决传统城市管理难题，推动城市法治、共治、精治的有效途径，是政府治理中应对城市管理复杂性的制度创新。针对城市管理三维结构逻辑维中的明确问题、指标设计、系统建模、系统分析与综合、决策、执行、监督评价等工作步骤，把握城市生命体的数字体征，推动问题导向、数字驱动的城市规划、运行管理及综合执法治理转型，是基于橄榄型城市治理结构推进智慧城市治理模式创新的典型探索，如图1所示。

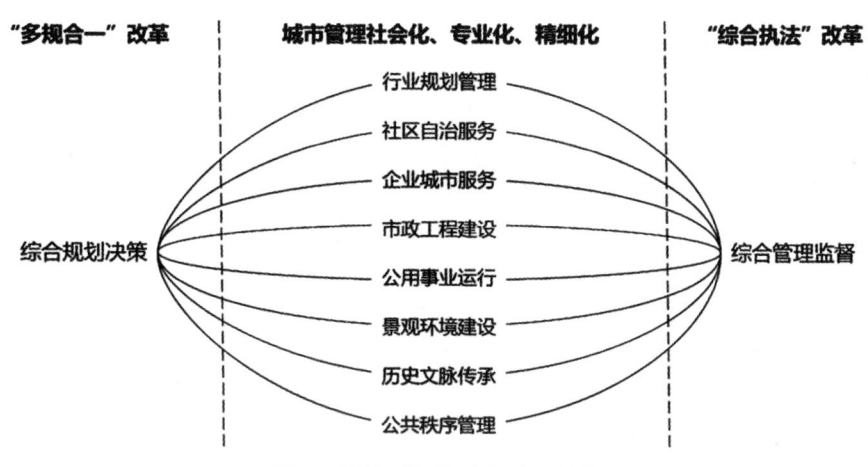

图1 橄榄型智慧城市治理结构

橄榄型城市治理结构通过市域治理现代化改革，基于城市数据感知与分析及城市管理综合执法大数据平台，形成"综合规划决策"及"综合管理监督"，建设服务、指挥、监察一体化架构，整合城市管理决策、执行、监督等职能，形成目标设定、问题发现、协同共治、监督反馈的综合集成工作闭环。复杂性视野下的城市管理也从传统的市政设施、公用事业、市容景观等方面扩展到社会秩序、民政服务、社区管理、历史文脉等领域，实现城市规划、建设、运行管理各阶段、各领域、各行业的综合集成，而且更加强调围绕城市基础设施及运行服务的政府、市场、社会各方主体在其间发挥的重要作用。应对复杂的城市治理问题，需要体系化考虑数据需求的多样性和其实现的综合集成路径。

二、数字孪生综合集成：智慧城市治理数据模型建构的指导思想

钱学森在系统工程实践基础上指出，唯一能有效处理开放的复杂巨系统的方法是定性定量相结合的综合集成法，即大成智慧工程。大数据技术的发展则为丰富和完善基于综合集成法的大成智慧工程发展，推动创新 2.0 时代的开放复杂巨系统方法论提供了新契机。数据是智慧城市精细管理、协同治理、可持续创新的重要资源。面向创新 2.0 基于数据的综合集成不仅推动了产业、社会发展，也推动了政府治理与城市治理创新。大数据时代，在解决城市生命体这类复杂巨系统问题时，我们要重视数据收集、汇聚与价值挖掘全过程。云计算、物联网、人工智能、区块链、地理信息技术（GPS、GIS、RS、BIM、CIM 等）、5G 等新一代信息技术将复杂的城市系统映射成为虚拟的数字空间，即数字孪生城市。综合集成法强调在城市管理全景、全生命周期的数据感知收集、汇聚处理的基础上，实现结构化和非结构化数据的集成和融合，并通过建模、仿真、分析过程实现对城市生命体大数据及体征数据的价值挖掘和应用，实现从经验式的管理向数据驱动的科学管理转变。

智慧城市的建设带来数据量的爆发式增长，城市运行过程中所产生的大数据，包括地图数据、交通流数据、人口流数据、水电气热能源消耗数据、网络通信和互联网服务等消费数据、环境秩序监测数据及执法监管数据等都能很好地反映城市运行体征，基于橄榄型城市治理结构的感知、分析、服务、指挥、监察"五位一体"智慧城管架构及城市体征数据的综合集成，对城市问题诊断与治理至关重要。

三、GBCP：数据模型建构的系统模型基础

厘清智慧城市管理中各主体的关系的研究可追溯到电子公务（eGBCP）模型。该模型最早应用于城市服务转型背景下的城市公共服务与管理领域，围绕公共产品（P）的提供，充分考虑政府（G）、公共服务企业事业单位（B）、公众（C）三个角色，充分依托信息技术，展开全要素公共事务管理。政府通过将部

分公共事业管理服务委托给公共服务企业,从具体的事务中脱身,从而有更多精力从事平台设计和宏观调控;社会公众的参与使政府有了数以万计的"监视器",有助于社会治理、城市治理中出现的故障和问题可以得到及时发现和解决。公共数据资源管理则为基于数据的管理转型提供了基础支撑,如图2所示。

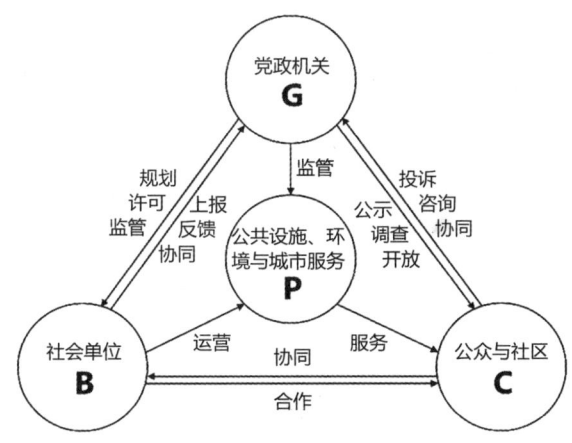

图2 基于数据的 eGBCP 模式

随着以移动技术为代表的信息通信技术融合发展,北京市以东城区为试点创新数字化城市管理新模式,以网格化手段、城管通为载体,将各类基础设施与公共服务企业纳入系统,提升了城市管理精细化水平。基于物联网技术的应用,城市运行监测系统进一步汇聚来自公共服务企业的城市运行大数据,开启了城市生命体体征指标体系构建的探索。技术融合发展、城市治理变革及管理精细化推进背景下的城市管理与社会管理进一步融合,推动了城市管理综合执法及网格化城市管理进社区、进社会单位的实践,城市公共空间运行与社会生产空间及其社会群落、社区生活空间及其社区群落的协同管理越来越进入城市管理者的视野。

面向创新2.0的新网络、新数据环境的进一步发展并伴随城市治理转型,国内外出现了许多将市民工作生活及城市治理空间作为城域开放众创空间的智慧城市新探索,进一步激活市场、社会各方参与城市治理众创共治的活力。无论是英国的"Love Lewisham""FixMyStreet",美国的"SeeClickFix"、开放政府数据计划,还是中国的"我爱北京"公共服务平台及市民城管通,通过计算机上传照片或手机拍照等手段及开放数据、政务维基等方式,推动了社会多方参与共创及基于创新2.0的社会共治和开放众创。在城市公共产品提供方面,除了政府直接将公用事业特许经营和外包给企业、发动公众参与城市管理志愿者工作外,各类企事业单位也将城市服务提供作为新的商机,水、电、气、热、网、行、住、吃、穿、游等城市运行服务越来越多由市场提供了很好的保障,丰富了市民和游客的城市体验。共享单车就是依托城域开放众创空间构建智慧社会的一个典型样本,基于市场运作有效解决城市公共交通的"最后一公里"问题,是创新2.0时代群众路线的新探索。正是这些探索,进一步消融了公共产品和市场服务的边界,推动了法治条件下政府、市场、社会各方更加深入地融入城市服务共同提供、城市公共价值共同塑造的过程,推动了社会各方参与的各类城市运行与社区服务和传统城市公共服务的交融,作为城市生命体运行的有机组成部分纳入城市管理者视野,也为城市综合治理背景下 GBCP 数据模型的新发展、新演进提出了更加迫切的要求,如图3所示。

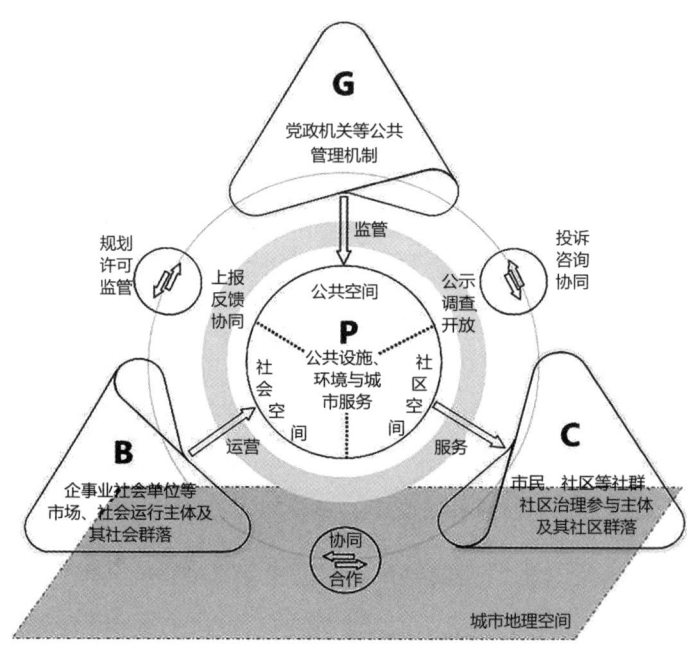

图3　GBCP 主体内涵关系

随着城市管理与社会管理的融合、城市管理向城市治理的转型,城域开放众创空间正在消融城市公共产品与市场服务、创新者与用户、生产者与消费者之间的边界,推动 GBCP 模型进一步拓展演变并开始在综合执法大数据平台建设等城市社会治理领域得到广泛深入的应用。GBCP 模型以 P 为内点，以 G、B、C 为外点构成和谐三角，反映了城市生命体复杂的动态和谐。基于 P，即城市生态环境和建成环境空间所构筑的公共空间及环境并围绕城市公共设施与各类城市服务的提供，构建政府治理体系 G、社会生产空间及其社会群落 B、社区生活空间及社区群落 C，搭建涵盖城市治理各方面的完整动态循环系统，充分激活政府、市场、社会各方活力实现城市众创共治。而智慧城市治理，正是要通过基于城市复杂系统科学研究的数字建模，以及基于 GBCP 模型的城市数字化转型及新数据环境下的智慧生活实验室等创新 2.0 探索，激活城市生命体中每一个细胞的活力。

四、延伸与拓展：主体关系映射与智慧城市治理数据模型建构

从智慧城市治理角度来看，智慧城市的底层是城市的地理空间模型（GIS），然后是基于地理空间的 P（自然资源与环境、城市的基础设施、各类建筑设施所构筑的城市公共空间、城市基础功能及衍生功能的运行）、G（党政机关等公共管理机构）、B（各类企事业社会单位等市场、社会运营主体、运营实体等）、C（市民、社区等社群、社区治理参与主体）。基于城市基础设施与环境，并依托各类建筑设施形成的城市生态环境公共空间、社会生产空间、社区生活空间开展各类经济社会活动、提供各类城市运行服务。基于 GBCP 城市治理数据模型的数据体系建设是跨领域、跨行业、跨层级、多主体开展数据共享和数据开放、推进业务协同和众创共治的数据支撑，是智慧城市治理的重要基础。标准化是城市管理的多主体、跨领域协同、开放创新的重要保障。GBCP 对应的数据模型及其数据体系中的各类管理对象及参与主体进行标准化编码也是数据模型构建的重要工作。数据模型中各类管理对象及参与主体的编码体系构成数据模型的城市码体系。对城市地理空间及各类管理对象和参与主体，包括市政设施部件、运营场所、运营实体、社区服务设施、社会车辆、各类运营责任主体、各类监管主体等构建统一的标准编码体系，对于实现跨部门数据共享及政府、市场、社会各相关主体之间基于数据的协同治理、长效治理有着基础性作用和重要价值。基于城市公共空间、社会空间、社区空间的 G、B、C 活动在不同层级间都有出现，也存在复杂的交叉、嵌套和重叠。智慧城市治理数据模型如图 4 所示。

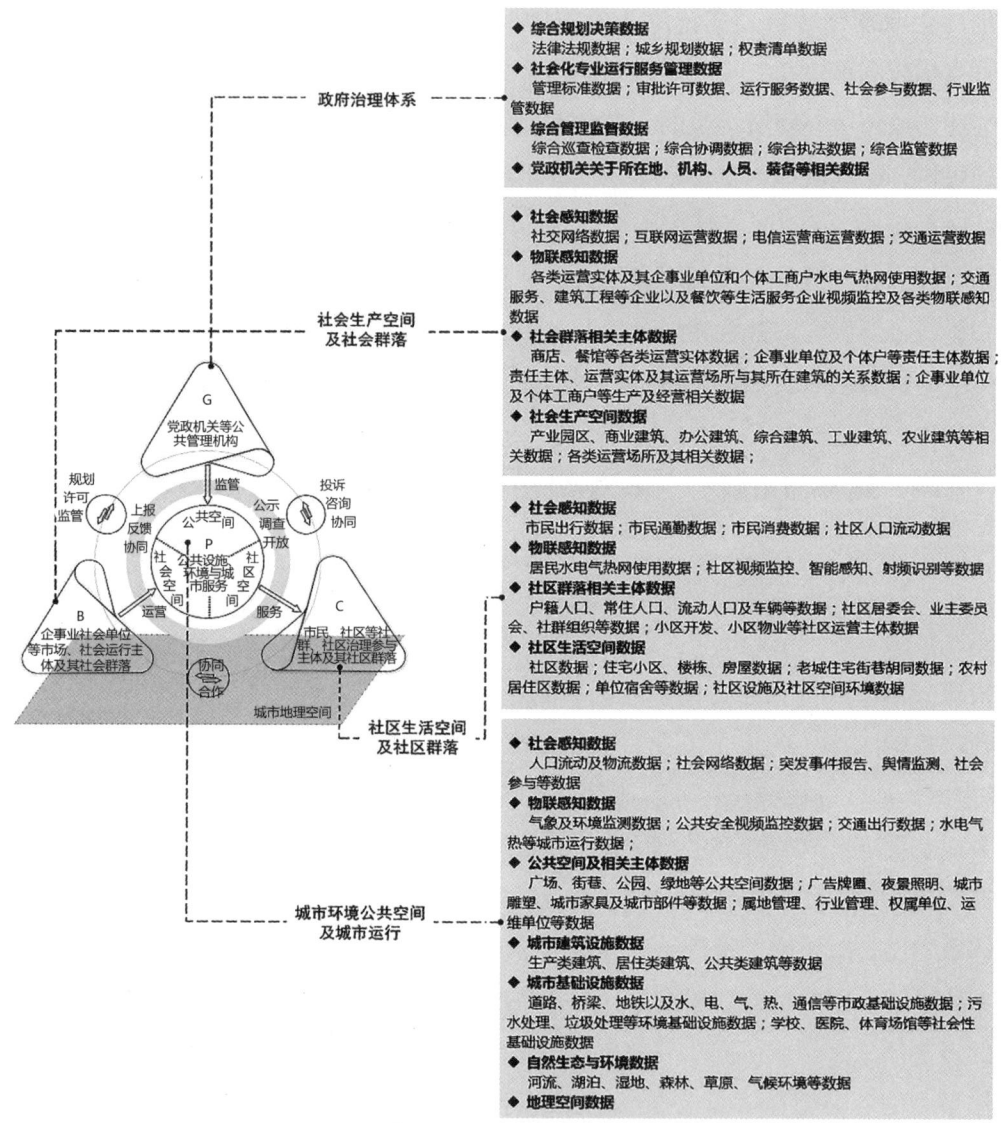

图 4 智慧城市治理数据模型

（一）城市环境公共空间与城市运行的数据模型

从数据模型的建模分析可以看出，"P"中的城市自然生态环境、公共设施及建筑设施运行部分正是城市基础功能设施维护及公共空间管理的对象，即传统的城市管理对象，而其数据模型则属于城市信息模型（CIM）设计研究的范畴。CIM 包含城市所有设施物理特性和相关信息的数字模型。在数据模型中，将 P 划分建立不同的数据层，将物理空间数据拓展到有各方主体参与的城市运行服务数据。这些数据将 G、B、C 与基于 GIS 的 P，即基于自然生态环境与城市设施建成环境的城市公共空间与社会生产空间、社区生活空间进一步关联起来，构成各类相关主体的社会群落、社区群落，提供城市公共产品及各类城市服务，建立起了城市治理的基础数据模型。城市生态环境及公共空间是传统城市管理网格化管理的范畴。城市社会生产空间数据包括各类产业园区、城市综合体、商务楼宇、办公楼等各类城市服务运营场所等相关数据。城市社区生活空间数据，即社区及其设施、环境等社区空间基础数据，包括社区的基础设施，如公共绿化、公共消防设施、公共道路等社区公共设施及居民建筑设施等的相关数据。城市公共空间、社会生产空间、社区生活空间之间复杂的嵌套、交叉、重叠关系进一步增加了数据治理的难度。

通过政府相关部门、行业管理单位、商业企业、互联网公司的数据共享与协同，强化城市规划、建设、运行管理数据一体化，城市生态、生产、生活全要素治理数据融合应用，完善智慧城市治理各类基础数据及台账。在此过程中，需要强化统一的城市 GBCP 编码规则，对城市运行的各类参与主体、涉及的基础设施和各类对象及其运行服务管理数据进行逐一编码规范，并基于地理空间系统推进跨层级、跨领域的数据汇聚共享和业务协同，进而推进智慧城市、智慧社会的创新发展。

（二）政府治理体系的数据模型

随着我国社会治理重心向基层下移，共建共治共享的社会治理格局的逐步形成，政府通过推进"多规合一"及"综合执法"改革，在条块分割的市域治理结构中逐步构建了综合规划决策和综合管理监督"两个综合"，带动了条块资源的整合和社会力量的激活，形塑了面向市域综合治理的从综合规划决策，到社会化专业运行服务管理，到综合管理监督"两头收敛、激活中间"的橄榄型现代城市治理结构。以北京市为例，近三年推动了党建引领"街乡吹哨、部门报到""闻风而动、接诉即办"、综合执法大数据平台建设三项改革落地，推动形成橄榄型现代城市治理模式，打造市域社会治理现代化的"北京实践"。政府治理结构的改革创新及城市管理的逻辑结构重构进一步形塑了其数据模型。面向创新 2.0 的众创共治生态营造，推动了城市规划、城市建设、城市运行管理一体，城市决策、执行、监督协力，政府、市场、社会共治的市域治理新局面，是市域社会治理现代化的发展趋势。政府要实现城市治理结构下全过程相关政府部门的数据共享与业务协同。政府等公共管理机构数据包括党、政、军等各级机构及人员和装备及其办公场所，法律法规、权责清单、许可审批等静态数据，同时还包括市区街多级政府主体的上传下达、依据权责清单的左右协同，以及基层疑难问题的吹哨报到的协同动态数据。

（三）社会生产空间及社会群落数据模型

随着城市治理多主体的协同的加强，企业作为社会主体之一，在政府的宏观调控下参与城市治理，既有利于企业利益的维护和实现，又符合现代城市治理的要求。B应充分考虑机关、企事业单位（企业法人、其他机构法人、非法人组织）及其基于社会生产空间的社会群落数据。社会生产空间的各类社会单位的运营场所是基础的底层数据，这些数据构建反映了城市社会群落、社区群落交融等复杂情况的基础数据体系。与运营场所关联的是经济运营实体，这种关联关系可能是一对一也可能是一对多的关系，如一个商务楼宇可能存在多个承租运营主体、多个物业管理公司，也可能存在商住两用及商业公司、饭店、超市等多种经营业态。这些经济运营实体对应了企事业的责任主体，才是城市管理执法监管的对象。B同时要考虑在这些基础数据之上的感知数据，包括针对运营实体展开的物联感知（如通过物联网设施感知水电气热网等企业运行数据）和社会感知数据（基于大规模市民行为产生的数据反映的企业经营相关数据）。这些数据实现了企业运行状态感知、人的行为及其与社会要素、空间要素和城市治理因素的交互过程和反应结果的全过程感知，这些数据可进一步呈现城市治理的运行现象的时空分布格局、联系及演化过程。

（四）社区生活空间及社区群落数据模型

C应考虑基于城市社区空间的市民及社区相关服务管理主体。基于社区空间的社区群落不仅与商务楼宇等基于社会空间的社会群落存在着交融，也与传统的城市公共空间存在交融情况，厘清其属性信息对城市治理及精准施治具有重要意义。基于社区物理空间数据之上是社区群落相关社会主体数据；之上是社区的水电气热网及视频监控、智能感知、射频识别等物联感知运行数据；再之上是社会主体的社会感知数据，包括人口时空行为数据、公众的情感和诉求等数据。其中人口时空数据，反映了城市间人口出行联系规律特征，联系城市运行的周期、频率、波动、趋势，以及城市各要素间的联系、关系和相互影响，能够有助于我们认知城市的运行规律。比如，新冠肺炎疫情期间在大数据技术的支撑下，基于长期的人口迁徙数据积累及往年冬季的城市间人口出行联系规律特征，对全国主要城市的疫情风险和湖北省内各城市疫情被低估程度进行了科学的评估。另外，通过特定范围内的位置社交媒体等数据的分析，能够很好地感知城市不同区域居民的不同诉求，认知各地点的城市活力、了解区域现状特征和城市空间问题，对于精准诊断城市问题，以及支持后续的城市设计都具有重要的借鉴意义。

五、应用探索：智慧城市治理数据模型在城市管理综合执法场景的应用

北京市搭建的城市管理综合执法大数据平台结合综合执法工作实际，构建了城市治理数据模型及其数据体系，建设基于城市治理数据模型的综合执法基础台账，开展综合执法示范应用，进一步完善和深化"五位一体"智慧城管。

一是物联感知方面。综合执法大数据平台不再只对城市环境秩序问题和城管执法资源数据进行感知和监测，平台将实现城市管理综合执法业务流程再造和管理重塑，基于平台建设完成综合执法业务数字化转型，产生实时、多样、海量的执法业务数据和多种业务场景下的全量及统计数据，同时充分借助市场和社会资源，整合各类审批监管数据、遥感数据、社会感知数据、视频智能识别采集等物联感知数据，将进一步提升综合执法数据的广度、深度和敏感度，实现对各类基层治理与城市问题的更深入全面的感知。

二是大数据分析方面。城管物联网平台对高发时间、高发地点、高发违法形态的城管执法"三高数据"分析，将演变为对综合执法跨领域、跨部门、汇聚融合政府和社会数据资源，并面向城市问题进行综合对比分析。依托平台建立不同业务场景应用的数据分析模型，实现多业务维度、跨专业领域的智能数据分析功

能，分析评价更加科学精准，更能突出问题成因分析、发展趋势预测、警示信息提醒、精准施策。通过数据汇聚融合与智能分析，更好支撑领导科学决策，支撑综合执法、各专业执法、部门监管及基层治理。

三是公共服务方面。以96310城管热线为核心的公共服务平台将拓展为以市12345市民服务热线为牵引的"我爱北京"公共服务平台。强化市民互动、服务社会与公众参与，推动综合执法基础数据、执法数据的共享和开放，强化联合惩戒和信用体系建设，基于政务维基、开放数据等多种方式畅通市民志愿参与和社会监督渠道，充分整合市场资源、激活社会力量。同时，更加注重与市政务服务局等相关政府部门的协同服务提供，以综合执法为牵引推进政府、市场、社会各方参与城市管理公共服务的协同，推进社会各方参与众创共治。

四是指挥调度方面。从城管执法系统的指挥调度到支撑基层治理改革后综合执法队伍及跨层级、跨部门的指挥调度，平台将按照"吹哨报到""接诉即办"、综合执法改革的要求，构建常态运行调度到扁平化应急指挥的一体化指挥体系，通过基于大数据支撑的上下联动、横向协同的联勤指挥调度支撑市区街三级综合执法平台在跨层级、跨部门的协同处置，全面支撑城市治理从"自上而下、压力导向"的科层任务驱动向"自下而上、需求导向"的解决问题驱动转变，重点在赋能街乡、服务基层、联勤联动、减负增效上下功夫。

五是巡查监察方面。从围绕城管事项的综合监管拓展为围绕城市问题的综合监管。更加注重依法治理、系统治理、源头治理，坚持以人民为中心，以市12345市民服务热线反映需求为重点，动态梳理综合执法各相关部门权责清单，按照权责清单和重塑的执法流程开展巡查监察，同时整合政府各专业执法部门巡查监察力量及网格城管监督员等各类兼职、辅助巡查检查力量，以及社会巡查检查力量和社会监督资源，推动构建专兼结合、政府与社会协同的综合巡查监察数字化体系，督促政府、市场、社会各方依法履责，不断提升城市环境质量和人民群众满意度。

我们以综合执法工作为例探讨GBCP对应的数据模型的构建，进而可以进一步完善城市治理数据模型。

G、B、C围绕P推进协同治理，既是城市综合管理的主体也是执法监管的对象。G要充分落实综合执法全链条相关政府部门的权责清单、数据共享与业务协同。B 应充分考虑机关、企事业单位（企业法人、其他机构法人、非法人组织）及其社会群落（各类产业园区、城市综合体、写字楼等各类运营场所及运营实体等相关主体）。C 应充分考虑市民（居民、常住人口、流动人口等）及其社区群落（社区、居住小区、社团及各相关服务管理主体）。P 要对综合执法涉及的各类公共设施与生态环境公共空间、社会生产空间、社区生活空间等相关执法事项数据进行梳理，要捋顺几类数据类别及其与整体数据库构建的关系，确保数据来源一致性和准确性。综合执法监管对象不仅是传统城市管理的公共空间相关运行参与主体，也包括社会空间及其社会群落、社区空间及其社区群落，各类执法检查对象及场所涉及 B、C、P 三个方面，执法检查涉及的各类责任主体主要涉及 G、B、C 三个方面，执法检查事项则是 P 所对应的执法职权，在运行过程中不断完善 GBCP 对应的执法监管相关主体数据模型，建立数据共享、对比、分析、协同机制。综合执法大数据平台通过执法城管通移动巡查 App 建设，基于数据模型及数据体系构建的创新性探索，在新冠肺炎疫情期间"三类场所"疫情防控、燃气安全、垃圾分类执法检查中发挥了重要的支撑作用。"我爱北京"市民城管通 App 的建设进一步基于大数据平台，以燃气安全用户自检自查为突破，积极探索落实"四方责任"，构建企业专业管理、政府行业监管、综合执法及社会各方参与的多方协同履责机制，其中西城区基于城市码的二维"共治码"试点通过对临街商铺等管理对象进行标准化编码并安装二维码标牌，探索了商户自治、政企共治、社会参与、执法监管之间的良性互动。城市治理数据模型及其数据体系和城市码体系的建立和完善不仅为综合执法工作提供数据支持服务，推动专兼结合、政府与社会协同的巡查监察数字化体系建设，同时也支撑综合执法改革、城市治理变革，推动构建综合规划决策和综合管理监督"两个综合"的现代橄榄型城市治理结构，为城市法治、共治、精治提供重要的数据支撑。

六、结语

智慧城市治理数据模型是面向城市运行与管理多主体和全要素的新基建建设的重要内容，通过对城市生态、生产、生活复杂系统的多源数据资源综合集成管理，是城市生命体运行与管理的数字孪生，其建设可基于并参考城市建设领域的城市信息模型（CIM）数据建模方面的前期探索经验，同时也将推动城市动态信息模型深化应用与发展，推动智慧城市数字孪生的建设与发展。随着智慧城市建设的深入发展，进一步完善基于 GBCP 架构的城市治理数据体系、城市码体系，对于规范和推动综合执法等各个政府部门、行业领域智慧业务场景建设应用，推动形成共治、法治、精治和善治的城市运行服务管理体系具有重要意义。综合执法大数据平台基于城市大数据通过感知、分析、服务、指挥、监察"五位一体"执法监察一体化架构推进城市治理数字化转型与智慧城市治理，是网格化数字城管的新发展，是城市治理、综合执法领域的"新基建"，是智慧城市建设的重要组成部分。综合执法大数据建设通过探索基于 GBCP 的数据模型构建，厘清综合执法与服务、管理各类主体及其运行数据的关系，赋能各类城市问题的有效解决及数字驱动的规划决策转型，为城市的科学、系统、源头治理提供数据支撑，并通过新数据环境下的智慧生活实验室等城域，开放众创空间，探索有效推进政府、市场与社会的依法履责、协同联动、众创共治。

"社区通"创新基层社会治理新模式

上海社区通信息科技有限公司

"社区通"是基于互联网、云计算、大数据技术的一站式社区治理云平台。为居民、社区、政府提供以居（村）党组织为核心、以居（村）委会为主导、以城乡居民为主体、相关各方广泛参与的党建引领社区治理云服务。

"社区通"平台已在北京、上海、天津、河北、山东、安徽、内蒙古、辽宁8个省市的基层社区治理中得到应用，得到了各地政府的高度认可。"社区通"在各地的应用实践受到了媒体的广泛关注，于2018年11月和2019年7月分别登上中央广播电视总台《新闻联播》和《人民日报》头版，三次登上中央广播电视总台，先后得到新华社、人民网、中国共产党新闻网、新华网、央广网、央广电台、北京卫视、东方卫视、《人民日报》《组织人事报》《北京日报》《北京晚报》《解放日报》《文汇报》等数十家媒体的广泛报道。获得了"全国城市基层党建创新最佳案例""首批20个全国乡村治理典型案例""2017年中国（上海）社会治理创新实践十佳案例""2018年中国网络理政十大创新案例""上海打响四大品牌2018年基层实践最佳案例""改革开放40周年上海思想政治工作创新成果优秀品牌"等12项荣誉。

"社区通"发源于上海市宝山区。互联网时代，基层社会治理面临新的挑战。上海市宝山区以改革思维破解基层治理堵点难点，于2017年2月运用"社区通"平台开展基层社会治理。目前，宝山全区575个居（村）社区全部上线，50万户家庭、80万余名居（村）民实名加入，8.16万名党员在平台上亮身份、受监督、起作用，439名社区民警、225名家庭医生、109个社区组织在平台上为居（村）民提供服务，成为宝山区创新社会治理、加强基层建设的利器。

一、创立背景

（一）习近平总书记关注社会治理创新

中共中央总书记、国家主席习近平在参加第十二届全国人大第五次会议上海代表团审议的讲话中强调："走出一条符合超大城市特点和规律的社会治理新路子，是关系上海发展的大问题。""要强化智能化管理，提高城市管理标准，更多运用互联网、大数据等信息技术手段，提高城市科学化、精细化、智能化管理水平。""要发挥社会各方面作用，激发全社会活力，群众的事同群众多商量，大家的事人人参与。"

（二）新形势下巩固党执政基础的需要

城市化进程中，发展不平衡不充分的问题突出，集中表现在以下几个方面：第一，区域差异大、社区类型多的结构特点呼唤更精准更精细的管理。以宝山区罗店镇美罗家园这一大型居住区为例，其是市属动迁房、经适房、廉租房基地，居住人员结构相当复杂。第二，导入人口多，社会治理要素复杂，期待更有效更科学的服务。随着大型居住区的建设，短期内大量人口导入必然导致公共服务跟不上居民的需求，公共服务的滞后、失衡的人口结构必然带来复杂的社区治理难题。第三，互联网时代的虚拟化、匿名化特点与复杂的社区治理相叠加，在现实中产生了大量的治理盲点，党和政府如何去发现这些盲点，进而实现有效的引领与服务？坚持问题导向，加强机制创新，探索新的载体和途径，已成为宝山社会治理的必要方式。

（三）适应人民群众新需求和更高期待的需要

进入新时代，人民群众对美好生活提出新需求，期待更优的公共服务、更有序的公共管理、更深入的治理参与、更丰富的精神文化。需要探索新的治理模式，让资源力量和群众需求精准对接。

（四）解决社会参与问题的需要

相对于居（村）党组织核心地位、居（村）委会主导地位，居（村）民在基层治理中的"主体"意识及实现途径还需着力强化。需要搭建有效平台，拓展参与面和参与深度，增强共同价值引领的归属感和家园意识，建设更有温度的社区生活共同体。

（五）迎接互联网时代新挑战的需要

互联网时代，人们的生活和诉求发生深刻改变，仅局限于传统方式开展工作，难以全面覆盖、及时响应、满足需求。技术的快速发展，又为转变工作方式提供了无限可能和巨大空间。需要探索建立有效体系，推动资源、信息的整合共享，提升整体工作效能。

二、主要做法

宝山区依托"社区通"，以基层群众的实际需求为工作的逻辑起点，治理重心下移居（村），践行群众路线，深化党领导下的社区参与，精准高效为民服务，智慧治理融合联动，完善基层社区治理体系，建设"有深度有温度"的和谐社区。

第一，把握"核心是人"，做实"重心向下"的基层社区治理体系。"社区通"把居（村）民的实际需求作为工作的逻辑起点，落实"眼睛向下、重心下移"的导向。建立"区、街镇、居村、居村民"治理体系，各居（村）相互独立，成为小治理单元，街镇构成大治理单元，全区形成完整工作系统。既让每个单元因地制宜运转，又保障工作整体推进。区、街镇（园区）成立领导小组，聚焦基层、联通互融、跨前服务、提供支撑。居（村）明确书记承担"第一责任"，"两委"分工负责，对居民诉求及时回应处置。制定《实施意见》《工作规范》等配套制度，形成"即时反应、巡查监督、线上线下联动"等工作机制，建立"全程记录、量化考核"的评价体系，确保工作推进取得实效。

第二，强化党建引领，践行"走新""走心"的群众路线。"社区通"由宝山区居（村）党组织全过程管理运行，网上网下践行群众路线，在线直播党的工作，传递党的声音，全天候凝聚服务群众，宣传发动群众支持和参与中心工作。比如，近年来，宝山全区居（村）党组织、居（村）委普遍运用"社区通"线上线下同步推进换届，全程公开、接受监督，提升了换届选举在居（村）民中的知晓率、认知率，确保换届选举在政策框架和法律法规范围内有序进行。党组织掌控"提出议题""形成决策"等关键环节的"把关权"，牢牢占领网络意识形态的主导地位。每个小区都建立以党员、团员为骨干的志愿者队伍，成为党组织的有力助手、忠实"铁粉"，让社区充满正能量。引导群众参与公共事务，在共同讨论中形成共同价值，居（村）

民理性、平和、文明、友爱的素养得到了很好养成。

第三，推进"智慧治理"，开展"精准高效"的为民服务。过去，由于信息不对称，大量群众需求被遗漏或屏蔽。宝山区依托"社区通"建立"自动收集、分层处置、全程记录、群众测评"的问题跟踪系统，快速响应，及时为居民解决困难，及时解决社区问题，及时化解社会矛盾。并将处置情况纳入考核，通过技术和制度手段，确保"民有所呼、我有所应"。截至2021年10月底，宝山"社区通"共解决群众关心关注问题20万余个。

宝山区依托"社区通"整合居（村）"两委"、社区民警、物业公司、业委会、家庭医生、社区律师等各方资源，让社区里的公共服务"一网通享"。改变以往群众工作靠经验的传统做法，通过"治慧中心"深入采集、挖掘、分析、共享社区数据，及时掌握社区共性问题，适时调整治理服务方式内容，让群众需求和社区资源精准对接，实现社区精准治理。

同时，与110接处警平台、网格化系统等智能对接，提高发现和处置问题的精准度。比如，通过对接实现非警务类110警情及时有效分流，共有效分流处置2.3万余起，让房屋漏水、开锁求助等问题在社区快速解决和高效反馈。

第四，一体推进"四治"，拓展"广泛深入"的社会参与。基层治理很大的一个难题，就是参与面窄，"老面孔"多、老年人多，大量群众特别是"上班族"难以参与社区事务。"社区通"从打造社区共同体出发，一体推进"自治共治德治法治"，开辟了社区参与的"新路径"。社区参与更有广度。"社区通"让社区参与变得灵活便捷，吸引了大量年轻"上班族"参与社区治理，50岁以下群体上线占比达59%。社区参与更有深度。"社区通"建立"提出议题—把关筛选—开展协商—形成项目—推动实施—效果评估—建立公约"的议事协商操作链，让自下而上提出议题、形成项目、订立公约成为新常态。截至2021年10月底，平台内共产生议题3.9万个，形成公约和项目1.1万余个。社区参与更有温度。通过信息共享、对话协商、邻里互助、爱心传递，居（村）民逐渐从"门对门陌生人"变成"社区里老熟人"，总互动1.7亿余次，数个寻人帖得到全区居民"爱心接力"，几十余名走失老人、小孩回到温暖家园。

三、工作成效

宝山"社区通"自2017年2月在宝山区上线推广以来，给宝山基层社区建设带来了深刻改变，成为宝山区信息速递的窗口、思想教育的阵地、为民服务的平台和"四治"一体的家园。

一是真正做到"民有所呼，我有所应"。过去，由于信息不对称，大量群众诉求无法及时发现和跟踪处理。宝山依托"社区通"，可以及时发现需求、跟踪办理流程，确保"民有所呼、我有所应"，让群众感到既方便又放心。比如，宝山区月浦镇为帮助两位走失的失智老人，在"社区通"上开展了"爱心大接力"，广大居民热心相助，很快就帮老人找到了亲人，其中一位只用了半个小时。再如，吴淞街道吴淞新城党总支第一时间回复了居民"广场变菜园"的问题帖，并迅速联合城管中队、网格化中心、物业公司开展集中整治，次日就让被损坏的绿化带恢复原貌，受到群众一致好评。又如，张庙街道泗塘六村有租客在家偷偷地做盒饭生意，油烟四散，使得邻居都不敢开窗，苦不堪言。有居民将困难反映在互动平台上，大家纷纷谴责，居委会快速解决，4天后租客搬走，再也没有油烟污染了。

二是精准解决群众"痛点、难点、堵点"。过去，由于缺乏采集、分析群众诉求的有效平台，服务群众的举措往往是根据经验和分析，常常出现"爱你没商量"，但群众感觉"其实你不懂我的心"。有了"社区通"数据采集和后台分析后，可以找到群众"痛点"，及时掌握社区的共性问题，适时调整社区服务的内容和方式，精准施策、精准服务。比如，2018年一季度，针对数据显示居民热议榜首位的"交通出行"问题，区、街镇两级联动、精准施策，优化了多条公交线路，居民交口称赞。再如，针对数据显示居民热议的"加装电梯"问题，各街镇引导居民提出诉求、协商讨论，促进居民达成共识，形成不同社区的个性化方案，让群众需求和政府资源精准对接。

三是优质服务项目"一网集聚、一键畅享"。无论是找物业、找医生还是找律师，都是需要花精力、花时间的麻烦事。依托"社区通"，居（村）民足不出户，动动手指就能享受无"微"不至的优质服务。比如，在"物业之窗"版块上，居民可以实时掌握物业工作动态，快捷报修家门口的问题。通过"家庭医生"版块，居村民不出家门也能得到专业医生的咨询和指导，常见病、慢性病诊治等健康问题不必去医院排队也能解决。"法律工作室"让居民有了"找得到、问得了"的法律顾问，通过在线预约服务，原来因时间"碰不拢"常常遭遇冷板凳的社区法律咨询室开始火起来。

四是连通多元主体，为民服务又快又准。政府相关职能部门有序接入"社区通"，使得聚焦基层、联通互融、跨前服务，及时回应和处置群众反映的问题成为工作的"新常态"。目前，涉及民生服务、社会治理、基层党建的组织、宣传、民政、公安、网格、房管、城管、绿化市容、卫生、农委、工青妇等各部门均对接加入了"社区通"，坐实了基层导向下的"上下联动"，有效解决了一批群众反映的个性、共性需求。同时，在"社区通"上，基层回应群众的速度和效果一览无余，实现了基层工作透明化、可量化，全程可监督、可追溯。

五是突发事件有效应对。新冠肺炎疫情暴发后，宝山区在"社区通"平台火速上线"疫情防控"版块，推出个人行程上报、疫情线索、寻求帮助、口罩预约、居家隔离上报五大功能，开通了科学便捷的线上防控快车道。其中，仅口罩预约功能公告即有超82万人次阅读，累计在线预约53万次。同时，居（村）委通过"社区通"平台的"社区公告"版块一键发布社区内的重要通知和防控措施，引导居（村）民做好自我防护，实现了居（村）委与居（村）民的沟通不见面。

六是促进社区生活共同体的形成。依托"社区通"，社区中的不同群体，各取所需、各有所得，逐渐形成了社区生活共同体，对社区家园的归属感不断增强。通过线上线下联动，促成了信息共享、邻里互助、爱心传递，居（村）民逐渐从"门对门的陌生人"变成"社区里的老熟人"，包括广大"上班族"在内的社区群众广泛参与社区事务中。比如，友谊路街道宝山三村通过社区通平台向小区居民征询关于小区主入口改造的意见，在"议事厅"版块发布了几个设计方案供大家讨论，许多上班族收到平台邀请后，纷纷在评论区内发表意见，并对居委会通过社区通平台征询居民意见的方式表示赞许，对居委会及时回复、耐心解释的工作态度表示肯定。"社区是我家，建设靠大家"的氛围越加浓厚。通过共商共议，社区治理难题也开始破冰。比如，罗店镇琥珀郡园初次组建业委会时遭到了年轻业主反对，质疑组建工作不透明，党支部通过"社区通"全过程公开，最终业委会顺利组建。

七是基层党建更加夯实。依托"社区通"，居（村）党组织践行网上群众路线，加强政治引领、思想引领、组织引领、工作引领，党组织、党员和群众的心声在网上交织，逐渐从"你和我"变成"我们"。党组织凝聚力持续增强。居（村）书记从"8小时书记"变成"24小时书记"，居（村）委干部和社区工作者轮班在线，对群众提出的各类诉求即时回应、及时协调、快速处置、跟踪反馈，线上线下全天候联系服务群众，在"零距离"的联系服务中增强党组织的凝聚力和号召力。党组织和党员形象在网上展示。在党组织带领下，8万余名党员在网上亮身份、受监督、起作用，"双报到""双报告"得到积极推进和鲜活展示。党员关心小区事务、带头整治环境、服务困难群众等好人好事广为传播，居（村）民随拍随传、晒图、点赞、跟帖，社区充满正能量。

八是打造出真实有效的基层社会治理"新空间"。宝山区依托"社区通"以基层治理为切入点建立真实的"线上宝山"，确保上线的是"真正的邻居们"，讨论的是"真切的社区事"，真正挖掘出和提高了居（村）民对社区建设的热情和参与度，打造了党组织主导下全地理范围覆盖、全人群互动参与、全天候即时响应、全系统智慧治理的新空间。

四、结语

宝山区利用"社区通"直通党心民心，增强基层党组织的政治功能和服务功能，一体推进"四治"，深化党领导下的社区参与，进一步密切了新时代的党群关系，全面优化了以居（村）党组织为核心的基层社会治理生态，进而更好地实现了"共建共治共享"的社会治理格局。

"社区通"在宝山的应用把党的领导植根于基层群众，在党建引领基层社会治理中引入互联网，打造"线上线下"相结合的互动体系，调动各类资源共同快速解决群众问题，有效激发社区活力，切实提高了基层党组织的工作精准度、基层治理的群众满意度，并形成了可复制可推广的党建引领基层治理模式，可在短时间内快速复制推广、形成成效。

目前，全国各地也在不断利用"社区通"创新。比如，北京市西城区在"社区通"平台标准版的基础之上定制"吹哨与报到"应用，将"吹哨报到"向社区延伸，通民心，解难题；内蒙古自治区赤峰市元宝山区在"社区通"平台标准版的基础之上定制"民呼我应"应用，打通基层治理"最后一公里"，切实做到民有所呼、我有所应；天津市河东区在"社区通"平台基础之上定制企业版，在为民服务的同时，提升为企服务实效，打通服务企业"最后一公里"。

我们相信，"社区通"未来将在全国各地得到更为广泛的应用，更多的社会治理创新实践也会通过"社区通"不断地涌现出来。

河南省"豫事办"平台遇事豫办，服务随行

河南省大数据局

一、项目概述

依据《国务院关于加快推进全国一体化在线政务服务平台建设的指导意见》《国务院办公厅关于切实做好各地区各部门政务服务平台与国家政务服务平台对接工作的通知》的相关要求，为提升河南省政务服务能力，推动政务服务移动端建设，实现高频便民事项掌上办理，让企业和群众到政府办事更方便、更快捷、更有效率；结合河南省实际，建设政务服务移动端"豫事办"项目，提升河南省"互联网+政务服务"质量和水平，为群众、企业提供服务的官方唯一总入口，真正做到"遇事豫办，服务随行"。

"豫事办"上线以来，项目取得了阶段性的成果。2019年11月21日"豫事办"正式上线发布，历时34天，注册用户100万，123天用户突破500万，153天用户突破1000万，281天用户突破2000万，383天用户突破3000万，446天用户突破4000万，运营推广效果位于全国政务服务移动端前列。

截至2020年12月31日，"豫事办"平台累计上线3399项服务，提前超额完成2020年省政府工作报告中提出的2020年接入600个事项目标任务，覆盖人社、公安、教育、税务、卫健、住建、民政等23个厅局单位，实现查询、办理、预约、缴费四大功能；日访问量达到120万人次，尤其是在新冠肺炎疫情防控期间，"豫事办"开设了疫情专区，上线了"健康码"功能，极大地方便了广大群众的生产生活，社会关注度和知晓度不断提升，得到了各级领导的肯定人民群众的认可。

截至2020年12月31日，"豫事办"累计访问人数3785.4万人，日均访问人

数37.2万人，相当于62个线下政务服务大厅的接待量（按照单个实体大厅日均接待6000人计算），提供服务次数超过4.9亿次，节约群众出行里程4400万公里、办事时间8200万小时，真正实现了让"数据多跑路、群众少跑腿"，为群众节约了大量时间和资金成本。

以社保服务为例，"豫事办"月均社保信息查询量为1930万次，相当于节约2316万张纸，少砍伐1544棵树；办理类服务中，社保资格认证服务月均在线办理59.8万人次，减少民众跑动120万次，节约老百姓出行成本超过1.2亿元。

2021年1月18日，"豫事办"被确定为河南省十大重点民生实事之一。

二、主要建设内容

"豫事办"基础环境的搭建，实现移动端和小程序的两端的开发，实现与部分省级厅级单位和地市单位高频事项的对接，完成国家政务服务平台对接任务，建立"豫事办"项目体系。

已完成基础支撑平台的搭建，主要包括环境支撑组件和业务支撑组件两部分。其中环境支撑组件中已完成政务服务移动端"豫事办"移动开发平台、移动应用管理平台和移动端应用中间件的安装部署联调等工作。

三、"豫事办"系统功能（移动端和小程序端）

"豫事办"移动端和小程序端分别完成各自框架功能，具体包括启动页面管理、人脸识别、手势密码、验证码、二维码识别、语音输入对接、动态广告栏、菜单管理、更新管理、位置服务、前端安全、第三方接入、城市频道（城市切换）、个人中心、消息中心、热门服务、系统权限动态申请、功能搜索、在线申报。

政务服务"豫事办"移动端和小程序端热门服务、豫事豫办和服务随行版块等主要功能的开发，覆盖国家要求的社会保障、公积金服务、办事服务、教育科研、准营准办、交通出行、环境气象、离职退休、生育收养、就业创业、公共事业、住房保障、职业资格、优待抚恤、司法公证、信用查询、医疗卫生等方面的服务。

四、应用服务事项

截至 2020 年 12 月 31 日,政务服务移动端"豫事办"已完成了规划的全部应用服务事项的接入,累计上线应用事项 3280 项。

移动端事项是"豫事办"移动端业务功能的具体展现形式,"豫事办"移动端将按照国家相应要求,在事项开发过程中覆盖社会保障类、公积金服务类、办事服务类、科研教育类、准营准办类、交通出行类、行驶驾驶类、环境气象类、离职退休类、生育收养类、就业创业类、公共事业类、住房保障、职业资格类、优待抚恤类、司法公证类、信用查询类、医疗卫生类、户政(治安)类、婚姻类、移民服务类、护照通行证、税务类、机构场所查询类、生活查询缴费类等。

五、国家政务服务平台事项对接

截至 2020 年 12 月 31 日,依据国家政务服务平台事项对接的要求,"豫事办"移动端和"豫事办"小程序已对接完成国家要求的 300 个对接事项。

六、建设成效

(一)疫情防控成效明显

新冠肺炎疫情暴发以来,"豫事办"紧急开设疫情服务专区,上线疫情实时动态、同程查询、疫情上报等 13 项服务,为全省人民群众提供疫情防控服务,累计提供各类线上政务服务 300 余万次。着力满足人民群众疫情期间网上办事需求,疫情高发期间为全省群众提供移动端政务服务 2700 万次。依托"豫事办"开发建设"河南省健康码",目前全省已有 3400 余万人通过"豫事办"申领了"河南省健康码",累计使用次数超过 2.8 亿次,实现了全国 31 个省份跨省互通互认,为河南省疫情防控工作提供有力支撑。

(二)做深做实公积金服务

截至 2020 年 12 月 31 日,全省共上线 563 项公积金服务,包括缴存、提取、预约、贷款四大服务领域,覆盖 17 个省辖市、济源示范区及新蔡、鹿邑等 10 个直管县,仅 2020 年上线公积金事项达 522 项,公积金服务接入数量全国领先。全省公积金事项月使用量峰值达 290.4 万。以省直公积金提取服务为例,目前已累计提取成功 1.68 万笔,提取金额共计 3.4 亿元,为群众节约出行办事时间超过 5 万小时。

(三)全力保障高考服务

作为官方高考成绩查询渠道之一,为确保向全省考生提供稳定的高考查询服务,"豫事办"开展高考重点保障工作,确保向全省考生提供稳定的高考成绩查询及录取结果查询服务。仅 2020 年 7 月 25 日当天,"豫事办"高考成绩查询页面访问量达 772 万人次,查询人数达 81.4 万人,占河南省考生人数的 70%。

(四)分厅建设取得突破

启动省辖市分厅建设,全省 17 个省辖市和济源示范区在"豫事办"的整体架构下开展分厅特色应用,实现统一用户认证、统一界面规范、统一服务提供。截至 2020 年 12 月 31 日,全省"豫事办"分厅已上线 2448 项服务,其中非查询类事项 1690 个,占比 69%,分厅建设初显成效。

(五)体验官团队助力服务提升

建设"豫事办"体验官团队,"不分年龄、不分学历、不分职业"的招募"豫事办"体验官,让体验官参与"豫事办"建设工作中,帮助"豫事办"找问题、提建议、推工作、追先进,助力推动"豫事办"优化用户体验,提高"豫事办"在人民群众心中的影响力,进一步提升我省网上政务服务能力,打造我省政务服务文化特色。

截至 2020 年 12 月 31 日,体验官团队已达 97 人,覆盖 18 个省辖市,涵盖 10 余个行业,开展 6 次线上调研问卷活动、1 次线下座谈交流会及优秀体验官评选活动,提出意见建议 500 余条,有力地支撑了"豫事办"的建设优化工作。

（六）老年人专区关爱弱势群体

为方便对智能手机及互联网运用并不熟练的群体，特别是老年人用户使用"豫事办"，特别开设"老年人服务专区"，汇聚社保缴费、社保资格认证、医保服务、预约挂号等老年人最常用的服务，老年人只需打开手机即可办理业务，做到一次不用跑，帮助老年人跨越"数字鸿沟"，共享数字政府建设成果。仅 2020 年 12 月份，"豫事办"的社保缴费笔数达 24.96 万笔，缴费金额 9729.27 万元，节约群众线下排队缴费时间 50 万小时。

（作者：黄民江　郭彬慧）

浙江省依托在线平台优化审批服务　不断提升企业获得感和满意度

浙江省发展和改革委员会
浙江省经济信息中心

在浙江政务服务网投资项目在线审批监管平台2.0版和工程建设项目审批管理系统的建设基础上，构建覆盖省、市、县（市、区）三级的投资项目综合管理服务平台（以下简称"在线平台"），建立全省统一的投资项目审批服务机制；对投资项目储备、计划、审批、调度、监管、督查业务进行全过程管理；形成全省统一的投资项目信息资源库，并通过大数据手段进行统计分析，为浙江省投资项目管理的科学化、规范化、高效化提供技术支持和数据支撑，为全省经济宏观调控提供科学依据。

一、建设内容

（一）业务梳理与标准规范编制

在中央平台、省政务服务网的标准规范及建设要求基础上，针对投资项目谋划、审批、监管、统计分析等业务，基于平台1个主模块和4个阶段模块的业务划分，按业务分别开展业务梳理工作，包括目录清单、实施清单、电子证照目录及4个子阶段的申报表单、材料清单、业务流程等的梳理。

建设符合国家要求，满足业务管理和运行的标准规范，支撑业务管理和系统运行，基于平台1个主模块和4个阶段模块的业务划分，按业务分别开展标准规范编制工作，主要包括相关技术要求、流程标准、满足安全要求的统一接口标准、共享信息分类与编码标准、授权和访问控制规范、共享和信息交换管理办法等。

（二）应用系统功能建设

1. 功能架构

在线平台由审批系统、监管系统、统计分析系统和投资扩展应用 4 个主要子系统组成，业务上关联的外部系统有重大项目、项目谋划和中介超市，如图 1 所示。

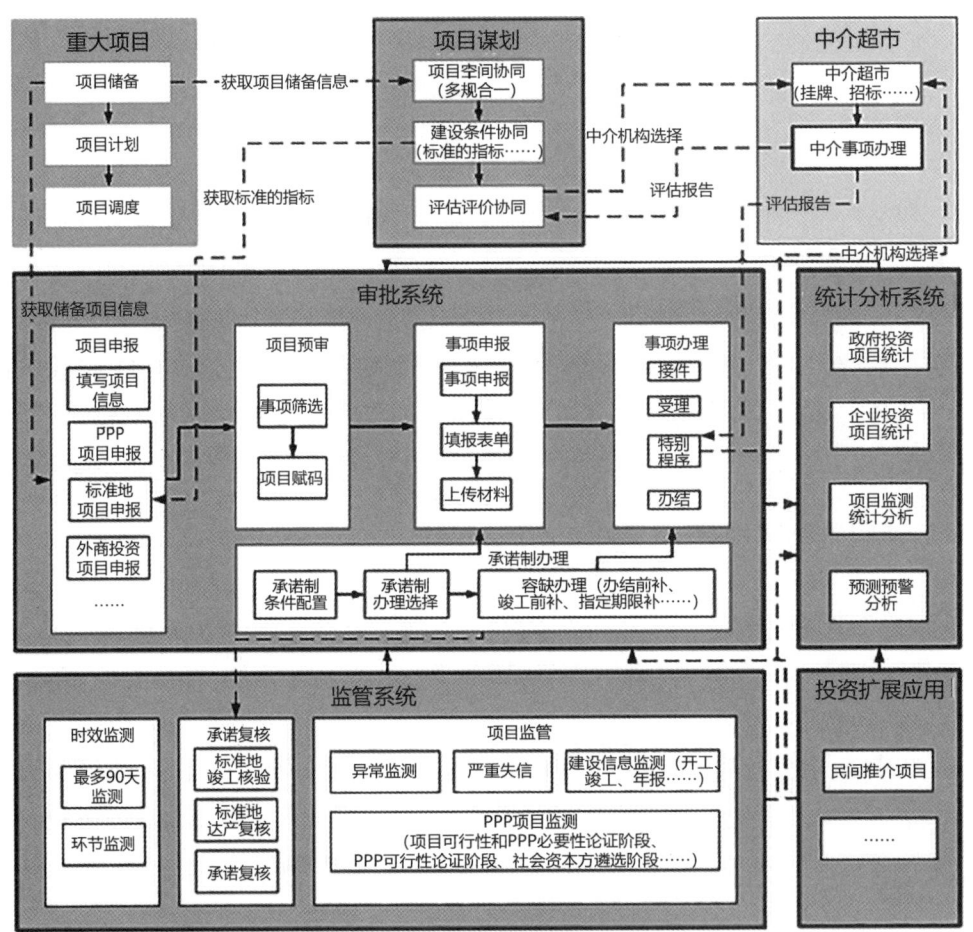

图 1　功能构架图

2. 互联网门户

为申报人提供互联网端统一门户，按照用户访问渠道分为 PC 端门户、移动端门户（微信）、移动端门户（钉钉）等，功能包括项目申报、进度跟踪、查询检索、新闻公告、消息推送等。另外需考虑与省政务服务网对接功能的开发建设，包括政务服务门户栏目功能开发、移动端功能开发（浙政钉、浙里办）。

3. 审批系统

审批系统核心功能由 1 个主模块和 4 个阶段模块组成，主模块负责项目申报、项目预审赋码、与 4 个阶段模块间的协同，以及数据汇集；4 个阶段模块负责事项办理，以及事项办理信息推送。主模块与 4 个阶段模块间采用服务接口方式对接。审批系统还包括支撑审批业务的通用业务办理子系统和电子档案管理子系统功能。

4. 监管系统

监管系统提供对投资项目全流程、全业务的监管，包括项目实施时效监测、项目监察、项目建设信息监测、PPP 项目信息监测和承诺复核等多方位项目监督管理。

5. 统计分析系统

运用数据可视化工具，对投资项目的申报、审批、监管等全过程信息进行统计分析，并通过条形图、饼状图、柱状图、折线图等多种图表形式的组合进行展示。包括三年滚动计划统计、五年储备项目统计、投资项目分析、项目审核备办理总览、事项办理情况分析、简政放权主题分析、优化服务主题分析等内容。

6. 投资扩展应用

投资扩展应用为投融资改革提供技术支撑，包括代办制监管子系统、民间资本推介子系统、PPP 项目信息监测子系统、中介服务管理子系统、承诺制监管子系统、标准地监管子系统等。

7. 系统对接

结合实际情况，按照安全、稳定、简便实用的原则，开发系统接口，系统对接从系统角度分为外部系统对接和内部系统对接两部分。外部系统对接包括与浙江省政务服务网应用支撑体系对接、与国家投资项目在线审批监管平台对接、与国家工程建设项目审批管理系统对接、与信用平台对接、与中介平台对接；内部系统对接包括与立项模块对接、规划许可模块对接、施工许可模块对接、竣工验收模块对接等内容。

二、建设成效

提升企业获得感和满意度是浙江省投资项目在线审批监管平台建设的改革初心和最终检验标准。浙江省深入推进企业投资项目"最多跑一次"改革，坚持整体智治、高效协同、主动服务理念，持续迭代建设在线平台3.0版本，最大程度"减事项、减材料、减环节、减时间、减费用"，最大程度创新提升服务投资主体水平。

（一）整体智治：建设省市县一体化在线平台，为全省企业提供最普惠便利服务

（1）实现一个系统审批。坚持"先立后破"，除保留6个省级3个国家统建系统与在线平台3.0实时对接外，对其他123个（包括11个市工程建设审批系统在内）数量众多、技术规范不一、孤立的审批系统，集成优化为"一个系统"；嵌入自然资源空间基础信息平台、全省施工图联审系统，支撑带图审批功能，实现了"一个政府"整体对外审批服务，突破了地方和部门"各自为政、数据分割"的局面。目前，省市县16个条线已经全覆盖，全省共有1921个审批部门、约1.5万名审批人员、超25万家企业用户，共同应用在线平台3.0进行项目申报和审批。

（2）实现一张清单管理。为配合"一个系统"审批，浙江省统一了全省投资项目的审批事项、审批流程、报批材料的标准，形成全省统一的审批事项清单，明确全省投资项目审批流程图和统一办理材料。

（3）实现"两个包"全程共享。规范应用项目代码，通过"一项一码"关联项目全流程办理材料，应用"三个电子"（电子证照、电子印章、电子归档），将政府出具批文统一归纳到证照包，将业主申报材料统一归纳到材料包，"材料+证照"全程共享，实现"两个不得"（即凡是政府部门出具的文件，不得要求项目单位另行提交；凡是项目单位提交过一次的材料，不得要求项目单位重复提交）。从办件情况统计，政府部门已共享批文42153份次。

(二)利民为本:简化投资项目审批流程,为企业提供最优化服务

(1)按照"大胆探索"理念,先行先试低风险小型项目"一表"审批。基于在线平台3.0框架,对标世行标准,在杭州、宁波、金华、衢州四个地区上线低风险小型项目审批模块,探索20个工作日内即可完成的"极简审批"。低风险小型项目每个阶段企业只需填报一张申请表,提交一次材料,实现"一表审批"。

(2)按照"数字赋能"理念,大力推广应用"标准地"数字地图。聚焦"标准地"信息不对称、传播渠道少、市场主体参与面窄等企业关注的问题,大力推广应用浙江省"标准地"数字地图。面向全社会提供工业项目"标准地"准入要求、出让成交信息等服务,实现政府"带标招商、一次告知"和企业"看图下单、一图打尽",构建"不见面、菜单式""标准地"招商新模式。"标准地"数字地图企业访问量累计达6.3万余次,已推介工业项目"标准地"1376宗、7.86万亩。

(3)按照"争先创优"理念,率先探索"亲清在线"新型审批模式。衔接在线平台3.0,杭州市按照"最少企业填报、最简审批流转、最短审批时限"的要求,对工业项目全流程审批进行流程再造,先行先试智能化审批新模式。构建数字化的流程规则,逐项引导企业办理;企业与平台交互的事项以"三证一表"(用地规划许可证、工程规划许可证、施工许可证、备案表)为代表,7类事项由"企业申报办"变为"政府内部办";加强业务优化整合和并联处理,将原来全流程审批的31个工作日,压减到6天9个半小时;协同范围向前延伸至土地招拍挂信息和履约监管协议,向后延伸至工程质量监督管理信息。

(三)精准便利:有效支撑投资项目快速落地,助力企业便利化融资

一方面,按照"巧用活用善用"理念,湖州市德清县实现投资项目服务优质、高效、精准、主动。湖州市德清县依托在线平台3.0,在项目服务、审批流程、数据协同应用上改革创新,深化"一窗服务"代办员制度,打造"项目经理+镇(街)代办"模式;搭建网上审批快速路,限时办理审批手续,全力提高企业满意度。截至2021年年底,已有1740个项目进行网上申报办理,一般工业项目审批速度提速率达50%以上。

另一方面,按照"一阶段一件事"服务理念,宁波市海曙区全面实施投资

项目 100%"阶段申报",加快助力企业融资。推行"阶段申报"。从赋码到验收分四个阶段,一个阶段、一个部门牵头、一张清单、一次性收件,并联办理,限时办结,大大减少办理时间。探索"模拟审批"。项目单位可同步开展方案论证、勘察、设计等前期工作,极大缩短了项目前期审批时间,加快助力企业融资。

浙江省依托在线平台开展利企便民服务取得明显成效,"浙江省优化企业投资项目审批流程大幅压缩审批时间"作为国务院第七次大督查发现的典型经验做法获国务院办公厅通报表扬。截至 2021 年年底,全省投资项目审批事项目录精简 10.6%;审批申报材料减少 50% 以上、审批环节减少 20% 以上;中介费用减少 30% 以上;一般企业投资项目从赋码到竣工验收审批"最多 80 天"实现率为 100%。

山东省不动产登记"一网通办"便民服务平台

山东省自然资源厅

一、基本情况

不动产登记涉及千家万户，事关财产安全和市场健康运行，备受社会关注。为落实党中央、国务院和省委省政府关于深化制度创新加快流程再造、优化营商环境和"互联网+政务服务"的决策部署，浪潮集团有限公司先后承建山东省不动产登记信息管理平台和山东省不动产登记"一网通办"便民服务平台，满足了群众和企业线上申请的需求，实现申请人在任何地方、任意时间都可通过省"一网通办"平台申请不动产登记、上传登记申请资料、完成网上税费缴纳、选择证书领取模式，实现"最多跑一次"和"不见面审批"。

山东省不动产登记"一网通办"便民服务平台，采用"省级统建、市县使用"模式，基于已有基础，遵循高点定位、顶层设计、统筹规划的建设思路，以国土空间基础信息平台为支撑，以不动产登记数据为核心，以业务标准规范为指导，以数据共享交换体系为桥梁的建设模式，解决各地应用系统建设过程中存在的统筹规划力度不够、数据建设标准不统一、应用程度及综合效益不高等问题，改变各地应用系统"单独开发、独立运行"的局面，使全省不动产登记"一网通办"平台形成统一有机整体。

浪潮集团有限公司承建的山东省不动产登记"一网通办"平台，通过信息跨区域、跨层级共享，全面应用电子证照。助力山东省不动产登记"五变"：线下办理变为全省"一网通办"、登记信息由属地共享变为跨网跨区域共享、不动产登记单一业务变为多部门业务联办、纸质证照变为手机亮证、现场检查变为线上实时监管服务。实现了全省不动产登记线上线下融合，随时随地网上申办的"一网通办"新模式，让企业和群众在"一网通办"中获得更多的安全感和幸福感。

二、总体架构设计

围绕信息平台基本定位，采用云模式设计信息平台技术架构，如图1所示。

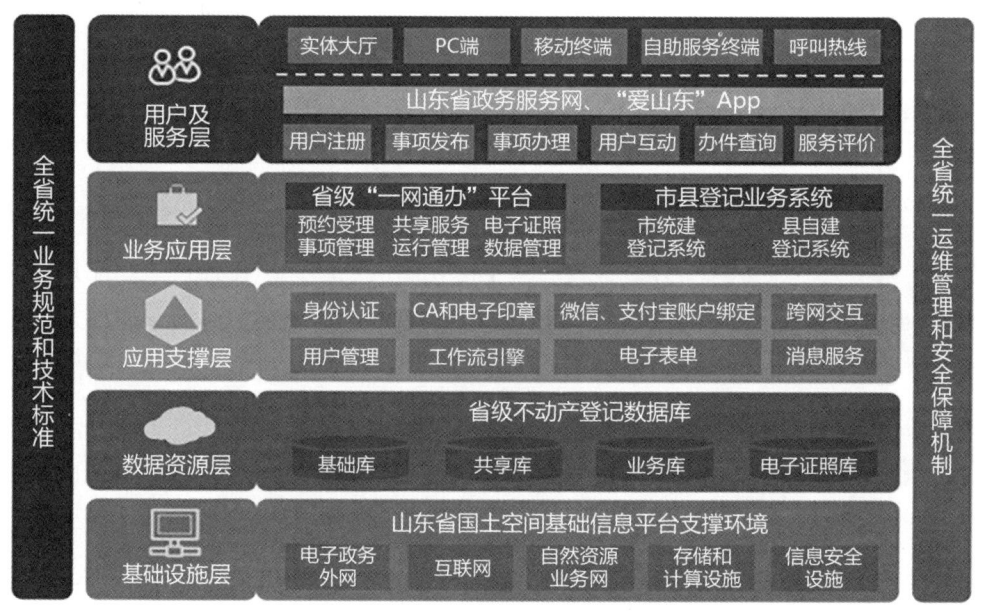

图1 技术架构

（1）基础设施层。基础设施包括网络、服务器、安全等硬件基础设施，优先依托省厅机房现有设备，结合政务云平台进行集约化部署建设。网络方面，主要涉及电子政务外网、互联网和自然资源业务网。

（2）数据资源层。数据资源层基于已有的省级不动产登记数据库，汇聚基础库、共享库、业务库、电子证照库，实现数据资源共建共享，为登记服务、业务监管、统计分析、共享服务等提供统一的数据支撑。

（3）应用支撑层。应用支撑包括用户管理、工作流引擎、电子表单、消息服务等各种通用组件服务，也包括身份认证、电子印章、微信、支付宝账户绑定和共享交互等依托政务平台获取的中间件系统。

（4）业务应用层。业务应用包括省级"一网通办"平台和市县登记业务办理系统，二者通过系统接口进行业务交互和数据同步，实现不动产登记网上受理、共享服务、电子证照等系统功能。

（5）用户及服务层。依托山东省政务服务网和"爱山东"App等作为互联网上的统一门户，包括用户注册、事项申请、办件查询、服务评价等，企业和群众可通过PC端、移动终端等多种渠道访问。

（6）安全保障体系。合理评估系统的安全等级，按照国家相关安全等级保护的要求进行安全保障体系的建设，确保系统运行过程中的物理安全、网络安全、数据安全、应用安全、访问安全。

（7）标准规范体系。建立统一的技术标准、管理规范，指导整个工程的开发建设和运行管理。

三、系统主要构成与功能

（一）"互联网+不动产登记"服务系统

"互联网+不动产登记"服务系统构建了不动产登记"网上服务"模式，实现网上申请、网上查询、网上支付、网上咨询、网上预约、网上评价、信息服务等移动端在线服务，面向不同用户不同业务的不动产登记服务端，最大程度提高企业和群众办事便捷度，全面升级不动产登记后台管理模式，实现人工与智能相结合、以实时动态监测为手段的后台管理模式，提高不动产登记效率，拓展自然人全生命周期"一件事"服务，在不动产登记窗口涉及纳税联办、财政业务联办的申请，进行统一受理，减少群众跑腿次数。系统源程序量达4万多条。

1. 不动产登记网上受理子系统

开发不动产登记网上受理子系统，分为公众版和政务版两个版本。公众版主要面向公众办理不动产登记业务提供网上服务，包括用户登录体系、网上预约申请、网上业务申请、网上申请查询、网上进度查询、证书证明核验、权属证明查询、电子证照查询、网上支付、我要咨询、服务指南等功能模块；政务版主要面向不动产登记管理人员和业务办理人员提供业务办理和查询等服务，包括工作重心、办件查询、办件预审、办件移交、办件退回、流转意见、办件挂起、办件驳回、办件保存、办件挂单元等功能模块。

2. 不动产登记微信公众号服务子系统

开发不动产登记微信公众号服务子系统，主要面向公众提供不动产登记业务查询预约服务，包括进度查询、证书核查、事项预约和办事指南功能。

3. 不动产登记运行管理子系统

开发不动产登记运行管理子系统，主要面向不动产登记省级管理人员提供不动产登记系统运行管理服务，包括工作流管理、用户管理、权限管理、业务定制、数据字典管理、行政区划管理、表单定义和日志管理等模块。

4. 入驻"爱山东"App

充分对接并入驻"爱山东"App，挂接不动产登记办事指南、登记预约、办事查询、办事评价等系统接口，扩展"互联网＋不动产登记"的服务范围。

5. 对接山东省政务"互联网＋监管"平台

根据山东省"互联网＋监管"建设的总体目标和具体要求，梳理省政府"互联网＋监管"对不动产登记监管的具体内容，根据其监管的要求对省平台和系统进行改造，为省"互联网＋监管"平台提供不动产登记需要的关于监管的数据，满足省政府"互联网＋监管"平台对不动产登记监管的需求。

（二）不动产登记信息共享服务系统

不动产登记信息共享服务系统依托山东省政务信息资源共享交换平台，基于现有成果，拓展共享数据库，完善共享功能，开发精准查核等子系统；通过系统运行，实现省厅与137个区县不动产登记机构之间的信息共享、业务协同，实现"信息多跑路、群众少跑腿"，方便企业和群众办事创业。山东省不动产登记数据共享服务系统在自然资源业务网代理自然资源部提供的国家级相关部门共享接口，基于电子政务外网的政务平台获取国家级和省级相关部门共享接口，通过开发服务网关，建立起"总对总"信息共享通道，为"互联网＋受理审核"和跨部门业务协同提供支持，同时为市县登记系统提供全部共享信息的接口代理服务，对服务调用情况进行监控统计。系统源程序量达3万多条。

1. 完善不动产登记信息共享数据库

完善不动产登记信息共享库，包含存量数据抽取、增量数据更新及专题共享数据生产。完善不动产登记信息共享库抽取机制，利用自动化数据抽取、转换、关联技术，通过在全省不动产登记数据库中进行转换和提取，同步到不动产信息共享库中，实现增量不动产登记接入数据的提取，维护不动产登记信息查询库的现实性。基于全省不动产登记基础数据库，开展专题产品数据生产，对不动产登记信息按专题进行分类整理、筛选、加工、提取，生成专题数据产品，纳入不动产登记信息共享库，为相关部门提供专题产品的共享。

2. 扩展不动产登记信息共享服务系统功能

在已有不动产登记信息共享服务系统功能的基础上，扩展完善数据资源目录，结合不动产信息资源特点定义适合共享的元数据，按照主题分类对数据资源进行划分（包括不动产类型分类、权利类型分类、服务分类等），并实现基于元数据的共享服务资源目录编辑、提取，目录元数据注册、发布、查询和管理维护；扩展在线查询功能，实现房屋、土地等不动产单元的在线查询；扩展不动产查询服务接口，提供土地、房屋等不动产单元查询服务接口；提供土地、房屋不动产权利查询服务接口；扩展服务接口注册功能，实现对公安、民政、金融、工商、税务等部门数据共享服务接口的注册；扩展部门用户注册、身份认证、权限管理、接口授权管理等功能，实现对查询服务部门、用户及接口权限的定制管理；扩展接口查询日志、共享服务运维管理功能，实现对共享服务的监控和维护管理。扩展不动产登记信息共享服务种类，按查询共享规范，确保各类共享服务符合查询权限（以上功能中查询共享服务内容可根据山东省自然资源厅特定业务要求进行修改），提供多层次种类的共享服务。

3. 不动产登记省市共享交互子系统

依托省政务服务平台和省级不动产信息平台的数据资源，与公安、司法、税务、银行业金融机构等"省集中建库"部门之间进行省级协同共享和业务联办，通过省级不动产信息平台与137个区县不动产登记业务系统进行业务嵌入，实现不动产登记信息共享集成全省覆盖，进一步推动全省不动产登记实现系统集成和数据融合。

系统提供接口封装转发和Web页面共享查询两种方式。通过从山东省政务信息资源共享交换平台获取公安、民政、司法等其他部门的数据服务，为市县提供共享数据查询服务，包括本辖区范围内的其他行业数据和辖区外全省范围内的其他行业的数据，支撑市县"跨区域、跨部门"业务办理。

4. 建设不动产登记信息服务管理门户

基于经过实践检验的网站信息发布系统进行构建。采用 J2EE 和 AJAX 技术的信息内容管理模块，集站点管理、内容创作、内容审核、基于模板的内容发布、内容采集、内容检索、多媒体内容管理于一身。允许普通人员创建内容，实现内容信息发布与共享。基于 Web 浏览器的操作界面易于使用，让使用者可以高效率地完成内容的创建、管理与发布。

（三）省级不动产电子证照集成建库

遵照国家和省政府相关标准和规范，制定全省不动产电子证照统一标准规范，设计并构建省级不动产电子证照数据库，开展证照采集、系统对接等工作，建成省级不动产电子证照数据库。实现 137 个区县不动产电子证照的统一接入、集成和监管，并共享交换至省电子证照库，由省政务信息资源共享平台统一提供规范化对外服务。系统源程序量达 6 万多条。

1. 不动产登记电子证照采集备份系统

系统提供 137 个区县不动产登记机构的电子证照采集服务，保证各级不动产登记机构的电子证照信息实时纳入省级不动产电子证照库，实现各级不动产电子证照信息实时互通共享和同步更新。不动产电子证照采集备份系统的采集对象为全省各级不动产登记机构。

2. 对接山东省电子证照基础信息库

与省大数据局电子证照基础库对接，能够实时汇总 137 个区县不动产电子证照统一共享交换到省电子证照基础库，由省政务信息资源共享平台统一提供规范化对外服务，包括"爱山东"App 亮照、证书下载、证书查验等。

（四）不动产登记窗口视频监管系统

采用省级管理中心—市级管理中心—县级管理中心三级联网管理。各县级不动产管理部门作为基层监控单元，市级不动产管理部门作为管理主体，省级监控中心作为指挥中心，对省内不动产登记视频资源进行统一管理；同时建设不动产登记大厅视频会议子系统，满足自然资源厅主管人员与 192 个登记大厅业务人员之间实现点对点的工作会议、远程工作指挥等功能。

1. 视频监控子系统

视频监控子系统采用云化架构，支持公有云和私有云部署，采用通用服务器和存储硬件，支持在云化平台上部署第三方应用，后期可以为视频分析、视频大数据应用提供扩展空间。可对全省 192 个登记大厅视频数据进行接入管理，最大支持 10000 路视频汇聚。建成后的系统，支持省市县三级不动产登记机构用户共同使用。

2. 视频会议子系统

视频会议系统可以为不动产各个分支机构提供综合应用，应用于日常工作中的各个环节，可以非常方便地召开多种形式的远程会议，提供不少于 200 个终端接入能力。

四、基础支撑环境建设

依托山东省政务云网络环境，基于面向服务（SOA）的系统架构，采用 B/S 的应用部署模式，建设山东省不动产登记"一网通办"便民服务平台。

平台部署在以山东省电子政务外网为主，互联网、自然资源业务网为辅的混合网络环境上，电子政务外网、自然资源内网与互联网之间通过边界平台等安全设备进行数据交互，保障敏感数据的安全。

五、创新点

（一）技术层面

1. 智能规则引擎，助力业务智能化办理

开发了人工智能与规则引擎结合技术，实现了业务规则从代码化向数据化和不动产登记的智能受理。建立了客户访问压力的态势感知技术，实现了动态感知和大并发访问预判。

2. "总对总"智能网关，实现数据协同共享

首创基于动态代理模式的"总对总"智能网关，对相关部门数据共享接口进行统一动态代理、封装和管控，解决了跨部门、跨区域、跨层级的多源、异构、

海量数据的协同共享。

3.国密算法应用，确保数据安全

融合了哈希算法、国密加密技术及分布式海量数据交换技术，建立了不动产登记电子证照加密制证、签发中的多系统间防篡改、可溯源等方法，保障了不动产登记电子证照生成和传输的唯一性和安全性。

4.业务逻辑共享，打通信息孤岛

针对不动产登记复杂的业务逻辑和与相关部门间的业务协同、共享服务，建立了多模态数据关联应用模型，实现了不动产登记数据在跨网络、高频更新环境下的实时归集、数据治理、安全管控、统一调度和共享应用。

（二）业务层面

1.足不出户网上办理业务

按照全省统筹、注重特色、节约资源的原则，大力整合互联网、电子政务外网和自然资源业务网等，打造不动产登记"一网通办"平台，将不动产登记业务由原来的属地大厅办理扩展为大厅、网上办理，实现"易地办""提速办""全天候"。

2.上下左右信息共享应用

打通数据壁垒，平台以"总对总"的方式对接国家部委和省级部门41个共享接口，为市、县不动产登记机构提供跨层级、跨区域的数据共享服务，支撑不动产登记业务办理。通过省政务信息资源共享交换平台发布11个共享接口，为民政、司法、财政、金融监管、大数据等部门提供不动产登记信息上亿条，支撑相关部门业务办理和监管。

3.互联互通部门业务联办

加强与税务、财政部门的对接，延伸便民服务链条。推动不动产登记与缴税业务联办，平台与省税务局"征税业务联办系统"关联，市场主体登录平台提交材料后，根据缴税短信提示进行网上缴税，不动产登记系统收到缴税信息即可完成登簿，实现不动产登记与缴税业务联办。推行不动产登记网上缴费，平台与省财政厅非税征收管理平台进行技术对接，实现全省不动产登记网上缴费。推进实现不动产登记与水电气热过户协同办理。

4.随时随地手机亮证

实现了全省统一标准的不动产登记电子证照的制证、签发、注销和下载,市场主体在办理房屋租赁交易、子女入学、工商注册登记等事项时,需要验证不动产电子证照的,可通过手机登录"爱山东"App,对不动产登记电子证照进行核验。

六、普及情况

2020年6月30日,山东省副省长于国安出席上线仪式并启动平台运行。在全省16个市、137个县(市、区)登记机构和191个登记大厅全面应用,应用成效显著。截至2021年年底,共上线新建商品房过户、二手房过户、房地抵押权登记等50类业务,累计办理业务45万件,生成电子证照1082万份,为相关部门提供信息1.5亿多条。

平台的建成和应用,提高了不动产登记服务企业和群众的能力,增强了企业和群众的获得感。获得社会各界的广泛赞誉,各级主流媒体和大量新兴媒体竞相予以报道。自然资源部自然资源确权登记局专门致函,对山东省不动产登记"一网通办"便民服务平台建设给予充分肯定,认为平台创新了不动产登记线上线下融合,随时随地网办的新模式,"走在了全国前列,具有重要示范意义"。在我省数据政府建设"四个一"重点任务、"数聚赋能"2020专项行动、2020年网上政务服务能力提升、电子证照应用试点中发挥了重要作用,具有巨大的应用前景,在全省16个市、137个县(市、区)全面应用,应用成效显著。实现全省通过互联网在线办理不动产查询、登记业务,不动产登记电子证照签发和手机亮证,为相关部门提供不动产登记共享数据,得到自然资源部及省政府领导的充分肯定,山东新闻等主流媒体予以报道。

出租车走航监测汇集道路大气颗粒物动态数据，助力城市路网精细化管控

青岛市生态环境局

一、案例概况

（一）实施背景

青岛市为深入打好大气污染治理攻坚战，进一步推动生态环境质量持续改善，在继续巩固"十三五"生态环境保护工作成效的基础上，坚决全面完成国家、山东省下达的主要污染物总量控制，始终保持攻坚力度、延伸攻坚深度、拓展攻坚广度不减的决心，更加突出精准治污、科学治污、依法治污，为"十四五"深入打好蓝天保卫战开好头、起好步，继续实现空气质量全面达标。

扬尘作为大气颗粒物污染的主要来源之一，对其进行精细化监控和管理是大气污染防治工作的一项重要内容。根据《山东省深入打好蓝天保卫战行动计划（2021—2025 年）》及《青岛市生态环境委员会办公室关于印发青岛市 2021 年深化大气污染治理攻坚 30 条措施的通知》要求，扎实推进扬尘污染综合防治工作，由青岛市生态环境局组织开展的"出租车走航大气颗粒物移动监测系统"项目，24 小时连续实时监测市区道路及周边区域颗粒物浓度，生成道路污染云图，直观呈现全市道路大气污染状况，指导各区市道路扬尘精准治理，为实现全市环境空气质量的长效改善及完成年度目标任务提供可靠保障。

（二）案例简介

为有效开展大气污染防治工作，青岛市建立出租车走航大气颗粒物移动监测系统，该系统采用物联网、云计算、大数据、人工智能等现代信息技术。充分依托出租车运行时间长、行驶范围广和行驶路线不受人为干预的特点，在 220 辆

出租车顶灯内安装高精度车载专用颗粒物监测设备，实时监测青岛市机动车道路PM10、PM2.5浓度，实现24小时连续监测。利用GPRS网络将监测数据、车辆位置等信息上传至云平台，通过大数据处理绘制道路颗粒物分布图，直观呈现各道路大气污染状况，以确定何时何地有局部颗粒物污染，并形成实时局部污染报警系统，为最快治理大气污染提供科学的数据依据。

系统由数据采集端、数据分析平台（PC端及手机端）组成，如图1所示。主管部门通过PC端对青岛市道路扬尘污染状况进行分析研判、量化评价和督导排名，通过手机端实时查看道路污染情况，指导全市城市扬尘精准溯源、靶向治理。

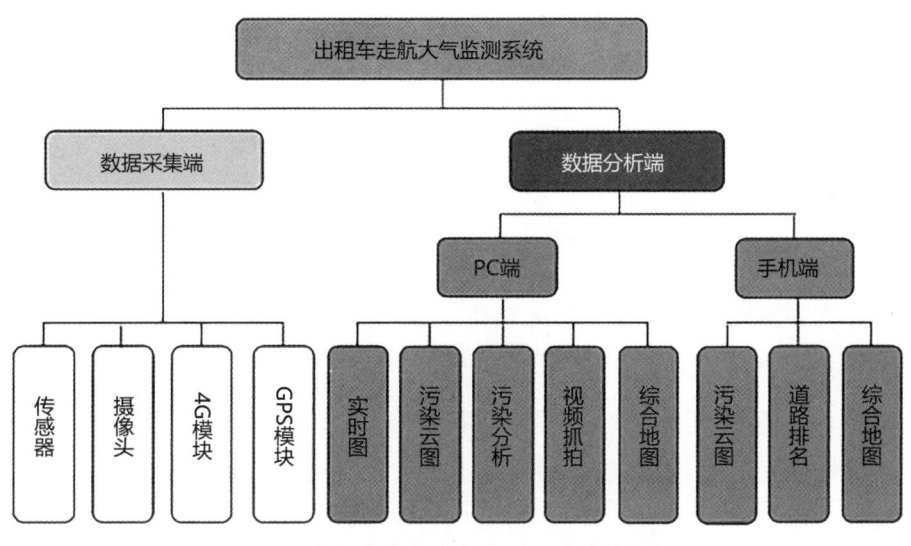

图1 出租车走航大气监测系统功能构架

该平台融合国控、省控空气自动监测站数据，与国控、省控站点监测数据互补，使得监测范围更全面，监测点位更细化，为重点区域重点治理提供数据支撑。通过对区市、街镇、路段进行排名统计，强化压力传导，实现道路颗粒物的量化排名，将环保压力下沉到最基层，压实责任促进基层治理。

二、案例具体做法

（1）路网全覆盖，走航精准溯源。利用多车接力实现对主城区机动车道路移动监测，开展高精度道路环境颗粒物走航监测。目前青岛市共有220辆出租车安装大气监测设备，每 3 秒上传一次数据，每天合计行程超过 5 万公里，数据超过 260 万组，车辆运行轨迹每天可覆盖市内各区市主城区 95% 以上的机动车道路。应用 GPS+ 北斗双卫星定位系统，定位精度达 20 米。出租车行驶线路随机、数据收集量大，避免人为干预，便于客观、公正评价道路颗粒物污染情况。

（2）弥补盲区，靶向治理。出租车走航不断穿梭在市内大街小巷，实时监测主城区机动车道路颗粒物污染情况，避免死角和盲区，精准锁定道路扬尘污染源头，使道路扬尘防治真正细化到每个区市、镇街、路段，实现扬尘污染治理效果与精细化管理水平同步提升。结合道路情况、车辆通行状况及道路周边工地分布现状和开工实况，对青岛市溯源分析、扬尘治理提供依据。

（3）重点区域的污染防治。通过与国控、省控环境空气质量监测点位数据互补、比对分析，进一步确定污染区域，及时提供污染问题信息点位，为重点区域大气污染问题治理提供数据支撑。

（4）污染问题现场取证。依托走航污染云图，对排名靠后的路段进行现场勘验，留图取证，用于梳理道路环境颗粒物产生类型，发现扬尘规律，对于发现的污染问题交办留档，倒逼落后路段辖区执法管理水平提升。

（5）排名通报，压力传导。根据出租车走航监测数据，定期报送出租车走航分析成果，为各区市分析辖区道路颗粒物污染情况提供依据，为落实整改措施提供抓手。通过强化压力传导，促进基层治理，提升道路扬尘防治精细化水平。

（6）明确目的，督导帮扶。充分利用出租车走航大气监测系统采集数据，综合使用 PM10、PM2.5 监测数据，对连续排名靠后、问题突出的路段开展督导帮扶，指导问题路段及周边环境整治，将各项责任、措施落实到位，找准问题、认真总结、不断提高，确保整改到位，有效解决扬尘污染问题。

（7）长效管理，巩固成效。对发现污染路段及周边污染问题，督促各区市做好道路及周边环境管理工作，坚持道路巡查，重点路段加强复查，巩固前期整治成果，形成长效管理机制，持续推动大气环境质量改善。

三、实施效果

（1）低成本实现高效率大气监测。在克服传统监测站点点位固定，存在监测盲区问题的同时，实现流动监测、24 小时覆盖主城区 95% 的道路；数据不受人为干扰，能够秒级回传监测数据，解决了传统监测设备每小时传输一组数据的滞后性问题；极大地节省了监测的人力物力，降低监测成本。

（2）提升城市扬尘精细化治理水平。利用出租车走航监测数据，实现了每日生成可视化污染云图，指导开展问题路段及周边环境整治；及时、精准掌握扬尘数据，出具道路走航日报、周报、月报，由青岛市环委办发送各区市、相关部门，同时市大气办根据走航情况，对连续排查靠后、问题突出的路段开展督导帮扶。通过数据分析、趋势研判、预测预警、走航溯源等精准技术支持，实现大气污染防治闭环管理，促进辖区空气质量改善。

（3）拓宽智慧环保监管思路。出租车走航道路监测通过共享社会资源，低成本实现道路扬尘的大数据监测，该数据可与网格化空气质量监测、污染源排放监测等数据有机结合，实现环保大数据的互联互通。走航数据对各部门、区市开放，做到了数据共享，从整体上提升城市空气质量管理的科学化和智能化水平。

（4）促进全市空气质量改善。利用道路走航监测数据，充分发挥指导作用，督促区市落实整改，促进全市颗粒物浓度改善。2022 年 1—6 月份，青岛市 PM2.5 浓度为 30 微克/立方米，同比改善 3.2%；PM10 浓度为 54 微克/立方米，同比改善 14.3%；空气质量综合指数为 3.67，同比改善 5.7%。

四、案例创新点

（1）创新利用出租车载体。创新利用出租车为载体进行环境监测，有效解决了传统固定站点点位固定，建设维护成本高，布点数量少的缺点，克服了专业大气监测车辆成本昂贵、专人专车、运行线路固定的不足。利用出租车这一社会资源，共享车辆、共享司机，使青岛增加了 220 辆日夜值守的"环境监测车"，低成本、高效率地进行大气环境监测。

（2）创新开展道路颗粒物排名。出租车行驶路线不受人为干预，多车运行实现路网交织，确保监测数据客观准确。监测道路范围覆盖青岛市主城区机动车道路，并根据管理需要实行定期调整和动态更新。通过公平、公正的监测方式，压实道路扬尘污染防治责任，实现精细化管理。

（3）利用新技术程度。应用物联网技术将监测数据、车辆位置信息、车速上传至系统平台，从而接收、储存、处理数据，生成车辆行驶路线及可视化的污染云图。同时，设备工作状态、故障判断、运行可靠性、数据校准、各类其他参数校正，均可通过专有物联网协议实现远程监控。

五、案例推广价值

该系统利用出租车这一常见交通工具进行颗粒物监测，运行时间长、覆盖范围广、监测数据不受人为干预，利用共享车辆、共享司机降低了建设和运行成本，便于大面积复制和推广，适用于多数城市进行颗粒物尤其是道路扬尘监测。为更多城市提供可参考的治理经验及智慧化管理新思路。

（1）先进与开放特性。出租车走航大气监测系统为全国首创，实时监测机动车道路 PM2.5、PM10 污染情况，对监测区域的机动车道路进行高密度精准监控，通过移动物联网技术将实时监测的数据上传至云平台，利用大数据处理绘制道路污染云图，通过"红橙黄绿"分类显示青岛市道路大气污染状况，同时平台数据可接入网格化数据系统实现关联共享。

（2）服务与效率特性。本项目采用 GPS+北斗双卫星定位系统，监测设备每3秒上传一次数据，220辆出租车监测设备每天可产生226万组数据，充分了解城市扬尘现状，为青岛市扬尘治理提供精确依据。至今，项目已平稳运行一年有余，定期出具周报、月报，并发送至各区市及职能部门，将发现的工地扬尘、裸露土地、交通拥堵、道路积尘、渣土车撒漏造成的扬尘问题交办属地政府及相关部门及时整治，为重点区域靶向治理提供数据支撑。

（3）关联与共享特性。以出租车为监测道路污染的新平台，通过共享社会资源，低成本实现了道路扬尘的大数据监测，是智慧环保思路的具体体现。对走航监测发现的高值区域，联合住建、城管、交通等部门有针对性地开展扬尘污染巡查检查。出租车走航监测 App 方便指导青岛市扬尘治理精准执法，指导环卫部门精准清扫和抑制道路扬尘；同时利用多重数据的综合分析，可以为扬尘责任部门和治理部门确定治理重点、明确管理时段和点位等提供重要依据。

（4）稳定与安全特性。系统运行可至少容纳500辆出租车同时上传数据，并保证系统的稳定性。采用阿里云服务器，通过了ISO27001、MTCS等多项国际安全标准认证，为系统的安全性、稳定性提供了有力保障。为确保系统能在应急事件故障中尽快恢复，落实应急处置职责和管理，安排应急值班，提供 7×24 小时无中断电话服务，保证设备正常运行。

（5）创新与引领特性。创新利用出租车为载体进行环境监测，与传统固定站点位形成互补；通过物联网技术将监测数据、车辆位置、问题点位抓拍图片等信息实时上传至系统平台，生成可视化污染云图，为最快治理提供科学的数据依据；利用出租车走航监测数据，针对性开展扬尘巡查检查，将发现的问题交办相关属地政府或部门，督促及时整改，提升道路扬尘精细化治理水平。

（6）以人为本和资源节约特性。低成本实现覆盖广、时间分辨率高的大气监测。首先，流动监测解决了传统监测站点位固定，存在监测盲区的问题；其次，能够秒级回传监测数据，解决了传统监测设备每小时传输一组数据的滞后性问题；最后，极大地节省了监测的人力物力，降低监测成本。

深圳市社会心理服务工作信息平台项目

拓尔思信息技术股份有限公司

一、案例基本情况

2019年,深圳作为国家试点之一,正式启动社会心理服务体系建设工作。卫生健康、政法、教育、公安、司法、民政、残联、总工会、妇联、团委等多个部门携手,织起了一张全城"爱心网"。深圳市社会心理服务体系建设领导小组办公室牵头开发"社会心理服务工作信息平台",建立了大数据中心,实现信息动态化、数据可视化、分析智能化。

深圳市社会心理服务工作信息平台是在传统心理健康服务的基础上,运用现代互联网技术融合先进的管理方式方法,兼顾社会心理健康服务的特殊要求打造而成的一款集心理热线、心理测评、心理咨询、心理治疗、心理危机干预、心理健康宣传教育、心理服务机构管理等功能模块的综合管理平台。

深圳市社会心理服务工作信息平台的建立和完善,积极响应了国家卫生和健康委员会社会心理健康服务体系建设的要求,建立社会心理服务电子档案,开展社会心态预测预警,定期开展分析研判和风险评估,从社会层面推动更系统的社会心理服务体系建设。

系统面向深圳"市区—街道—社区"各级各类社会心理服务机构和人员提供服务,目前深圳有精神卫生专职社工800余人,每50名患者配备1名社工,全国领先。专职心理教师和学生配置比1:1022,远高于国家要求的1:4000。同时,各部门积极探索一般人群、重点人群、高危人群、严重精神障碍患者等人群社会心理服务模式。

二、案例详细介绍

(一)项目背景

为落实党的十九大提出的"加强社会心理服务体系建设,培育自尊自信、理性平和、积极向上的社会心态"的要求,2018年11月国家卫生健康委等十部委印发了《全国社会心理服务体系建设试点工作方案》。2019年深圳被纳入全国社会心理服务体系建设试点城市,在全市探索社会心理疏导和心理危机干预有效模式,完善全方位、全人群、全周期、全覆盖的社会心理服务体系,提升市民心理健康水平。

2019年6月28日,深圳市召开社会心理服务体系建设试点启动会,市政府印发《深圳市社会心理服务体系建设试点工作实施方案(2019—2020年)》。试点工作由深圳市卫健委和市委政法委双牵头,市委宣传部、市教育局、市公安局、市司法局、市民政局、市残联、市总工会、市妇联等20余个部门和各区政府、新区管委会等相关职能部门共同参与建设。各部门和各区按照职责任务,建立健全社会心理服务体系,配备心理服务专业人员,针对服务对象全面开展心理健康服务,多途径建立群众利益表达机制,有效倾听群众心声,及时掌握社会心理服务需求,疏导不良情绪困扰和心理压力,引导和鼓励社会力量开展心理服务,加强对重点人群的心理辅导和危机干预,对社会心态进行预测预警等。

2020年深圳市精神卫生工作联席会议审议并原则同意建立社会心理服务工作信息平台,由市社会心理服务体系建设领导小组办公室牵头,组织建立全市社会心理服务体系工作信息平台,实现全市社会心理服务机构、人员和工作数据的电子化管理和实时动态监控。

(二)项目历程

项目于2020年11月25日中标。2020年12月08日在深圳市康宁医院的组织下召开了项目启动会,2020年12月9日完成合同签订。项目专班组织了需求调研工作小组,与深圳市社会心理服务领导小组等项目关系人进行了沟通并开展了需求调研工作,并于2020年12月30日完成需求调研。项目于2021年3月31日开发和搭建完成初版正式环境,为后续项目工作提供了基础的环境支撑。同时正式完成交付客户作为内部试用，经过两个月的推进和不断完善修改，最终于2021年6月11日完成了试点工作，2021年08月30日完成市政法委"块数据"的地图底版联通工作，2021年9月2日完成项目终验。

（三）实践举措

深圳市社会心理服务工作信息平台将传统的信息采集、心理测评、危机预警、心理咨询、心理档案、心理训练等与先进的云计算、大数据等创新技术结合起来，统筹管理"市区—街道—社区"各级各类社会心理服务机构和人员，搭建一个集资源、工作、培训、服务、预警等功能为一体的智能心理服务工作云平台，建立全市社会心理服务大数据中心。

建立专业心理辅导团队于一体的网络系统，便于专业心理辅导团队与公众之间畅通沟通，从而实现市民在生活、工作及交往时对其心理辅导，保证辅导的及时性和有效性。

深圳市社会心理服务工作信息平台项目建设，坚持"三位一体"推进，高起点谋划社会心理服务体系。

一门户：社会心理服务工作门户。社会心理服务工作门户作为深圳市社会心理服务工作信息平台的访问入口，包括业务填报系统、绩效考核系统、指挥中心系统、预约咨询系统、心理大数据分析平台等功能模块。

一平台：深圳市社会心理服务应用支撑平台。深圳市社会心理服务应用支撑平台包括患者及用户中心、音视频点播、基础支撑、运营监控等功能模块。

一中心：社会心理服务大数据中心。通过大数据中心建立决策支持与分析系统，通过对社会心理服务数据进行信息综合分析，形成各类报表和图表，为领导决策提供动态的数据支撑。

二期在一期基础上进行优化升级，一方面对现有用户体验问题进行优化；另一方面增加移动工作平台、移动专家系统等移动端App，方便工作人员及专家随时随地掌握数据动态，进行工作信息上报。

1.搭建一个集资源、工作、培训、服务、预警等功能为一体的智能心理服务工作云平台

设计和开发深圳市社会心理服务工作信息平台，统筹管理"市区—街道—社

区"各级各类社会心理服务机构和人员，搭建一个集资源、工作、培训、服务、预警等功能为一体的智能心理服务工作云平台，建立全市社会心理服务大数据中心。

2. 建设一系列统一规范的社会心理服务工作标准

社会心理服务工作标准对心理服务人员业务能力及发生危机事件后的干预机制做出统一要求。对试点地区的工作培训、日常管理与危机干预提供指导建议，并为综治（"平安建设"）落实成果的定期考评提供参考。

第一，明确各级服务平台的专兼职心理工作者的特定职责及评价标准，统一开展培训和岗前考核，熟练运用软硬件工具开展线上、线下心理工作，满足三级网点的服务需求，确保社会心理服务队伍的专业性。

第二，制定社会心理服务工作的日常管理办法，规范心理服务的内容和流程。针对不同人群，采用不同的服务模式，为高危人群提供面对面心理支持和情绪疏导个案服务，为居民群众提供心理健康公益宣传普及，为存在相似心理问题的人群进行集中服务等。让社区各级干部参与服务平台的日常管理之中，提高日常管理效率与服务的实效性。

第三，建立健全心理疏导机制。开辟线上、线下通道，倾听群众心声，对各类人群存在的心理问题，主动进行疏导；由群众自发寻求心理疏导，服务平台应及时响应需求；对重点关注人群，采取强制性服务，建立心理咨询档案。

第四，强化危机干预机制，将心理危机干预列入自然灾害和突发事件的应急预案中。定期开展心理危机干预培训和实战演练，对高危人群开展心理援助服务。以危机事件的严重程度为导向，融合综治、卫生计生、教育、公安、医疗等机构的力量，针对不同群体开展强制性或自发性的服务。此外，联动各级心理服务平台，在社区、街道和区各层级服务能力范畴内开展重点关注对象的矫治和疏导工作，将服务对象合理分流，优化资源利用率。

3. 建立全市社会心理服务大数据中心

通过搭建线上、线下的服务平台，对各类人群的心理数据进行收集并进行结构化分析，形成社会心理服务大数据中心，未来能够衍生出一系列基于社会心理大数据应用的服务。例如，实现群体事件的危机预警，探索群众心态的规律并预测社区人群心态的未来发展趋势，预防危机发生，确保社会治安；构建刑满释放人员心理行为模型、社区居民心理和谐指数模型等针对不同人群的评价标准，为重点人群的问题筛查提供分级标准；提供半年度或年度的大数据分析报告，推进社会心理服务体系建设；优化社区心理服务的工作模式，修订具体的工作方法，探索形成符合我国社区实情的社会心理服务体系，为综治办的维稳工作提供决策依据。

4. 建设全民心理健康监测管理大屏

全民心理健康监测大屏，是专门响应国家社会心理服务体系建设的号召，为政府、政法、卫健、精卫等执政机构实时掌控全民心理健康状态而建立的心理健康监测管理平台。满足执政单位对全民心理健康数据的掌控需求，为更好开展工作做准备。

5. 形成深圳市社会心理服务体系建设试点工作质量控制与督导评估指标体系

通过系统的建设，形成深圳市社会心理服务体系建设试点工作质量控制与督导评估指标体系，包含市级、区级指标，其中一级指标9大类、二级指标13大类、三级指标35大类，指标项200余项，计算公式35个。

系统进一步提升绩效考核的自动计算能力，建立从指标至考评的各项计算。指标与填报内容进行关联，并按照半年、年度指标进行考核。提供丰富的统计报表，为政法、卫生健康、教育、公安、司法、民政、残联、信访、总工会等部门提供个性化的统计报表。

三、社会成效

（一）项目意义

随着我国经济体制改革的日益深入，社会竞争不断加剧，心理应激因素急剧增加，社会民众在就业谋生、教育医疗、人际交往、家庭关系、身体健康等方面的困扰和需求日益凸显。通过推进社会心理服务体系建设，可以调动社会资源，对各类人群加强心理疏导，做好特殊人群重点人员的心理健康排查，化解社会矛盾与实际诉求，最大程度减少不安全、不稳定、不和谐因素，促进社会大局持续稳定。

通过深圳市社会心理服务工作信息平台的建设，可以形成一张覆盖全社会的心理服务网络,将心理健康服务融入社会治理体系、精神文明建设,融入平安中国、健康中国建设。建立健全党政领导、部门协同、社会参与的工作机制,搭建社会心理服务平台,将心理健康服务纳入健康城市评价指标体系,作为健康细胞工程(健康社区、健康学校、健康企业、健康家庭)和基层平安建设的重要内容,基本形成自尊自信、理性平和、积极向上的社会心态,因矛盾突出、生活失意、心态失衡、行为失常等导致的极端案(事)件明显下降。

由于心理服务资源有限,通过建立线上深圳市社会心理服务工作信息平台,可以快速、便捷、广泛地开展大众心理健康教育,建立群众利益表达机制和社会心态预测预警平台,有效倾听群众心声,及时了解掌握社会心理需求,疏导不良情绪困扰和心理压力,加强对重点人群的心理辅导和危机干预,有效扩大社会心理服务覆盖人群。

1. 对卫生健康部门的意义

卫生健康部门是社会心理服务体系建设试点工作的牵头部门,充分发挥精神卫生中心的"平台"作用,组织心理专家人才主力队伍,依托深圳市精神卫生中心的心理专家资源,为全深圳及时提供快速有效的心理支持、咨询和干预服务。

2. 对政法部门的意义

加强社会心理服务体系建设是社会治理之需,良好的社会心态是社会发展稳定的前提。社会心理问题直接影响到综治和维稳工作,深圳市社会心理服务工作信息平台建设对平安建设、法治建设有很大的促进作用。深入推进社会心理服务体系建设,对推动形成自尊自信、理性平和、积极向上的社会心态,确保人民安居乐业、社会长治久安具有重要意义。

3. 对宣传部门的意义

宣传部门的文明办,在协调推进未成年人心理健康辅导中起着枢纽作用。未成年人心理健康是全社会心理健康的重要组成部分,做好未成年人心理健康辅导,是加强和改进未成年人思想道德建设的重要内容。

4. 对教育部门的意义

未来通过深圳市社会心理服务工作信息平台的建设,可以让学校心理健康教育管理有工具,将教育局、学校、心理教师、学生、家长等整合到深圳市社会心理服务工作信息平台,形成与深圳市社会心理服务工作信息平台互联互通,提升教育部门心理健康教育管理水平，掌握学生心理健康大数据，为教育局在心理健康教育管理方面提供科学的决策依据。

5. 对其他相关部门的意义

公安、司法、民政、信访、残联、妇联等部门可以共享深圳市社会心理服务工作信息平台的基层综治信息和特殊人群心理数据，平台定期向公安、司法、民政、信访、残联、妇联等部门发布与其相关的数据，并定期向各个部门发布工作通报。

（二）推广及使用成效

社会心理服务体系建设是一项系统工程，工作覆盖面广、服务群体众多、部门资源分散。在多部门、多层级、多学科、多机构的服务体系中，存在着信息不通畅、数据不及时、效率不高等弊病，亟须整合各方资源，打破信息壁垒和信息孤岛，实现统一高效、互联互通、安全可靠的数据资源体系。建立社会心理服务工作信息平台，可加强对全市社会心理服务体系建设工作统筹管理，实现各部门各层级社会心理服务机构、人员和工作数据的电子化管理和实时动态监控，构建全市社会心理服务大数据中心，为社会心理服务体系建设提供信息化技术支撑，通过信息化手段有效提高工作效率，实现资源数据共享、共用。

形成深圳市社会心理服务体系建设试点工作质量控制与督导评估指标体系。面向市卫生健康委、市文明办、市委政法委、市领导小组办公室、市妇联、市教育局、市总工会、市公安局、市司法局、市信访局、市民政局、市残联、市场监管局、团市委、市委宣传部、市发改委、市工业和信息化局、市规划和自然资源局等市级单位，以及区卫生健康局、区文明办、区委政法委、区领导小组办公室、区妇联（妇工委）、街道办事处、区教育局、区总工会、区公安局、区司法局、区信访局、区民政局、区残联、区民政局、区市场监管局、团区（工）委、区群团工作部、区委宣传部、区医保局、区司法局等区级相关部门进行绩效考核，形成市级单位考核指标200项和区级考核指标200项，通过系统自动采集数据，自动计算绩效考核指标方式进行动态考核评分。平台上线后分批次试用，首批推广使用单位为福田社区政法、黄贝街道文华社区政法、海山街道海涛社区政法、南头街道马家龙社区政法、新安街道海华社区政法、平湖街道白坭坑社区政法、大浪街道大浪社区政法、马峦街道江岭社区政法、光明街道光明社区政法、南澳办事处南澳社区政法等单位。

2021年10月22日，广东省多部门督导组赴深圳调研社会心理服务体系建设国家试点工作。深圳试点工作开展两年多来，得到了国家和省专家的高度好评。广东省专家组对深圳社会心理服务体系建设工作给予了充分肯定，认为深圳市领导重视程度高，创新思维领先，工作理念超前，服务人员专业性强，服务模式让人大开眼界，工作取得明显成效。

四、申报单位简介

拓尔思信息技术股份有限公司（简称"拓尔思"）成立于1993年，是国内领先的人工智能、大数据、数据安全产品及服务提供商，中文全文检索技术的开创者。2011年，公司于深圳证券交易所创业板上市，股票代码300229。

拓尔思以语义智能的企业级服务为战略，专注于自然语言处理、知识图谱和图像视频分析等领域的技术研发和产业化。公司充分发挥海量数据优势，依托前沿技术及行业知识沉淀，在自然语言处理、大数据和人工智能SaaS服务、数字虚拟人及数据安全等领域拥有丰富成熟的产品线，有效赋能政府、金融、媒体、互联网、制造、能源和公共安全等行业的数字化转型。目前，公司产品和服务已被8000余家企业级用户广泛使用，并始终保持在网络舆情分析、政府门户网站云平台、融媒体技术平台、边界安全等领域市场占有率位居前列。

多年来，拓尔思坚持产品技术不断创新，已拥有30多个发明专利、600多个软件著作权，自主研发的TRS系列产品先后获得国家科技进步二等奖、上海市科技进步一等奖、中国电子学会一等奖、北京市科技进步二等奖、王选新闻科技特等奖等多项奖励。

在巩固既有优势基础上，拓尔思坚持语义智能和数据资产双轮驱动；全面转型SaaS、DaaS、KaaS模式，实现云和智能数据服务；探索B2B2C的发展新战略；研究下一代互联网（Web3.0）应用、迎接元宇宙浪潮等。并布局智能虚拟人、数据要素市场、能源大数据智能化和开源情报及信创四大行业赛道，推出的多款产品与服务，已在面向媒体的播报主持、智能写作等，金融智能营销、智能风控等，政府"数字大脑"等场景中得到深度应用，成效显著。

北京市大兴区城市治理多网融合平台应用案例

北京国研数通软件技术有限公司

一、案例背景介绍

国家"十四五"规划中要求坚定不移建设智慧城市,探索建设数字孪生城市,推动新型智慧城市建设已经成为现代城市重塑发展新优势、抢占竞争制高点的战略选择。智慧城市从数字化到智能化再到智慧化,形成了一批有特色的智慧城市建设应用成果。不但促进了传统城市管理向新时代智慧城市的转型升级和拓展延伸,也极大地提高了人民群众的获得感、幸福感和满意度。

为了探索一条具有首都特色的超大型城市治理的新路子,近年来,北京市委、市政府先后出台了"网格化""多网融合""吹哨报到""接诉即办""未诉先办"等一系列新政策新措施。大兴区是首都南部重要新城区和发展新高地,致力于打造面向京津冀的协同发展示范区、具有全球影响力的科技创新引领区、首都南部国际交往新门户和城乡发展深化改革先行区。为了落实城市功能定位,在产城融合、城乡一体、生态文明建设等方面作出示范,大兴区委、区政府将建设新一代城市治理平台、全面提升城区综合治理能力作为事关全区发展的重要抓手,持续开展城市治理多网融合信息平台工程。

伴随城市发展,大兴区城指中心业务不断拓展,从最初的网格化,到12345接入,到吹哨报到,再到最新的接诉即办,乃至未诉先办整个发展历程,始终围绕以"为民服务"为核心,整合问题发现渠道、融合处置资源力量、拓宽群众参与渠道、丰富技术应用场景,借助人工智能、大数据、空间地理信息、卫星遥感、等技术工具,服务全区14镇、8街道、2园区、701个基本网格、3724个单元网格、45.7万件城市部件、18大类、235小类、759细类事项的精细化治理工作，覆盖领域横跨城市管理、社会服务、安全生产、环境保护、社会治安等十余行业；同时结合大兴区城市发展实际，针对性开展社区改造、施工工地、共享单车等专题管理内容，不断提升城市治理群众满意度。

大兴城市治理多网融合平台是在云计算、物联网、大数据、人工智能、区块链、和移动互联网等新一代信息技术的支持下，对城市治理大数据实现全生态汇集，对城市治理事件实现全模式一口受理、全联动指挥处置和全要素智能分析，对城市管理、安全生产、社会服务、经济管理、市场监管、交通管理等多种城市治理业务实现多线程融合治理的智慧化网格信息平台。它由多源城市治理大数据资源池、多线程智能治理中台（治理大脑）、数据驱动的"事件"处理系统等子系统构成，是落实"街乡吹哨、部门报到""接诉即办"等城市治理新体制、新机制的重要基础设施，是实现从城市管理向城市治理转变的新型治理工具，是传统城市管理网格信息平台在新时代的转型升级和拓展延伸。

二、应用内容

大兴区城市治理多网融合平台（以下简称"多网融合平台"）主要建设内容概括为"1+1+3+N"模式，其中：

"1"指一个多源城市治理大数据资源池；

"1"指一套多线程城市智能治理中台（即城市治理大脑），包括技术中台、数据中台、应用中台、AI中台；

"3"指三大通用业务应用中心，即全模式一口受理中心、全联动指挥处置中心、全要素大数据分析中心；

"N"指N个专题应用，如城市管理、接诉即办、综合治理、应急安全、环境保护等多行业、多领域的专题性业务应用系统。

（一）多源城市治理大数据资源池

多网融合平台构建了多终端、多方式、多类型、多时效的多源城市治理大数据资源池。其数据来源融合了网格员巡查发现、12345市民服务热线、领导信箱、地方领导留言板、首都之窗、企业服务热线、国务院"互联网＋督查"、政府委办局间共享等多样渠道；数据获取方式融合了智能语音识别、物联感知、视频智能分析、卫星遥感监测等多种方式；数据类型涵盖了数据表等结构化数据与语音、图片等非结构化数据。实现城市运行过程中各类动态信息与城市管理服务资源信息的统一接入、统一管理、统一服务，形成辖区城市治理数据资源目录和整套城市运行指标体系等数据资产。

（二）城市智能治理中台

多网融合平台采用了微服务框架、分布式架构、前台中台后台分离设计、大数据库计算框架、缓存数据库、分布式对象存储、消息队列技术、应用容器引擎、区块链、主流前端框架等大数据领域主流技术路线和框架，构建了多线程城市智能治理中台技术系统，支持基于中台的多业务、多线程融合处置，支持二次开发、增值开发和定制开发，支持特定业务应用的快速搭建，支持多业务流程灵活配置，具有高可用、高性能、强扩展、快部署的特点。

"治理中台"是以技术中台为基础，主要包括应用中台、数据中台、AI中台协同运行的中台技术体系。应用中台包括API网关、智能调度、消息服务、通用权限、通用配置、通用加密、应用发布、应用沙箱等；数据中台主要用于构建标准统一、融会贯通、资产化、服务化和闭环自优化的智能大数据体系，包括数据采集、数据融合、数据治理、数据萃取、数据服务、数据应用；AI中台主要提供图像分析、语义分析、语音分析、图像检索等智能分析能力。

（三）三大通用业务应用中心

全模式一口受理中心。是城市治理业务范畴内所有业务问题和诉求的汇聚中心和受理中心，主要实现网格员人工采集、社会公众诉求、智能信息技术等多种来源渠道问题汇聚，社会治理各类业务事项在被采集或收集后，在该中心被分门别类，并按照统一立案标准立案，被立案事项则被转至全联动事件处置中心进行处理。实现"统一接单、一口受理"，城市问题"透明感知、尽在掌握"。

全联动指挥处置中心。以权责清单为核心引导联动，实现各类问题的循环体系，实现条块有机结合、上下工作互联，保证问题件件有归口，个个有分工。系统将立案、任务派遣、处置反馈、核查、结案等多个业务环节关联起来，实现各级指挥中心、各专业部门与机构之间的协同工作、协同督办和资源共享。平台既可以人工分派流转，也可以基于业务规则自动分派调度。

全要素大数据分析中心。按照微观层面上的人、地、事、物、组织，宏观层面上的城市治理、社会事业、人民生活、资源环境、服务等诸要素整合归集，进行应用导向的各种主题/专题数据分析，充分发挥大数据在精准监测、风险预警、全息画像、辅助决策等方面的价值挖掘。

（四）N个专题应用

N个专题应用主要包括城市管理、接诉即办等多行业、多领域的专题性业务应用系统。

三、应用效果

大兴区通过建设本平台创新全景全要素的城市治理新模式，实现信息可见，轨迹可循，状态可查，可追溯；全区一盘棋尽在掌握，一切可管可控；管理扁平化，服务一站式；信息多跑路，人力少跑腿。

大兴区网格化管理工作实施五年多的时间，政府主动有为开展工作。政府管理从"坐等上门"变为"主动出击"，网格员在全区范围内全覆盖巡查，在社会隐患对群众造成影响前，抢先一步发现和解决问题，将隐患及时消纳在基层。社区、村网格巡查员通过走访群众，发挥民情日志作用，及时收集并向上反映群众诉求，成为政府了解社情民意、化解基层矛盾的排头兵。

大兴区通过12345接诉即办热线，畅通群众诉求反应渠道、积极回应群众诉求、扎实解决群众难题，打通了联系服务群众的"最后一公里"。市民热线已成为政府通晓民意的直通车。区城指中心定期将收集到的群众诉求建议，通过数据分析，将当前社会突出矛盾和群众最急需、最期盼解决的问题形成分析报告，每两周在政府五项重点工作会上通报，研讨解决方案，实现了群众"话有地方说，事有地方管"。

大兴区建立了网格公众参与系统，吸收广大公职人员、志愿者和社会群众作为网格巡查员的补充力量，积极发现身边存在的社会问题和安全隐患。此外，由区社会办负责运行的"微网格"微信公众号、观音寺街道自主开发的"幸福观音寺"微信公众号、人民网"地方领导留言板"等新型媒介，进一步拓宽群众反映诉求和问题渠道，充分发挥群众在反映诉求、建言献策、规范行为等方面的作用，努力形成社会管理人人参与、和谐社会人人共享的良好局面。

（一）管理效果

一是提高监管工作效率和决策质量。系统提供城市多维度观测和全量数据分析，可深度透视抓取城市体征，洞察城市运行规律，从而实现精准施策，促使资源和能力最优配置，城市最优化运行。区、街（乡）、社区三级属地及部门具有充分的信息保证和技术支持手段，提高管理和决策的科学性，更好地履行工作，更好地服务群众。

二是提升政府部门间的业务协同能力。系统的实施，提供协同手段，突发事件应急反应，全域协调联动，就近调度资源，可为实现与城管、环保、综治、安监等部门的沟通协作互联互通、信息共享打下基础，实现各部门协同处置，各项工作实现有效衔接，提高工作效能。

三是促进监管信息化水平提高。本项目的实施，将促进加大信息化建设投入，提升城市治理信息化的总体水平。

四是提高精细管理水平。通过立体感知，城市脉搏和呼吸尽在掌握，前后端扁平化洞穿，城市治理能够于运筹帷幄之中，决胜千里之外。

（二）经济效果

本项目建设通过综合视频算法模型、大数据标签体系、人脸智能识别、人员画像、语音语义、即时通信、移动互联网等现代化技术手段，实现了事件上报的智能化、事件派遣的自动化，可节省大量的人力物力充实实地操作，帮助属地与部门及时处置反馈，提高了政府职能部门的办事效率，减少了基层工作人员的工作压力，产生显著经济效益。

一是提升城市管理效率，节约大量人力物力成本。在网络时代，及时的信息交流、安全的数据传递，以及网格员的动态智能管理，是做好日常工作的必然要求。通过本项目的建设实施将有效促进管理工作效率全面提升，通过改进传统的工作方式，提升工作效率，有效节约了管理成本。

二是降低政府运作成本。本项目系统上线后，可以实现网格员的考勤监督、轨迹点位查询、人员考核等功能，提升协同工作能力，促进有效合理地分配人力资源，职能工作整体的运行效率、效能将得到极大的提高。

三是避免重复建设，节约国家投入。在现有网格系统分行业（城市管理、社会服务、社会治安和安全生产等）、分渠道（网格巡查、12345便民热线和公众参与渠道）、分类运行（网格划分系统、实名落图系统、移动监督系统、决策支持系统等）的基础上，实现资源高度整合与管理，为网格化大数据分析奠定坚实基础，能够有效避免数据重复建设，以标准的方式提供统一规范服务，节约国家投入。

四、创新点

（一）基于慧脑大数据平台，实现城市治理大数据融合分析

城市治理大数据分析基于慧脑大数据平台，以各类数据源为源泉，以数据汇集融合为基础，以数据分析为手段，以能力提升为着力点，以推动政府社会管理和公共服务能力现代化、社会自治能力现代化开发利用为目标，以全面提升政府治理能力现代化水平为宗旨。通过数据关联整合提高精细化社会管理能力，利用数据关联实现业务工作数据、基础数据的动态整合，促进城市治理能力现代化，推动业务工作的开展。在基础数据属性关联和空间关联的基础上，将基础数据同动态民情日志数据、瞬时社会街面数据进行关联，实现"事到人""人到事"，为管理工作的全面贯通提供数据基础。通过整合多类数据资源，挖掘数据关联关系，为各类服务管理工作提供了数据支撑。

（二）基于视频算法模型、移动处置和大数据标签技术，实现城市高频普发事件自动发现处置

系统利用监控探头对监控区域内实时产生的如暴露垃圾、打包垃圾、乱堆物料堆、游商小贩、店外经营、占道经营等高频案件，通过视频智能算法及时发现案件并自动上报，且通过大数据标签体系及时打标签立案，自动派遣对应区域对

应处置部门进行处置,摆脱了以往高频普发类事件只能通过人工巡查发现、手动派单模式,有效减轻网格巡查人员工作压力,提高效率;同时也使得网格巡查人员将有更多的精力去发现平时不易发觉的问题、隐患,真正做到未诉先办,也有效地减轻了座席人员的派单工作量,提高了工作效率。

(三)基于大数据标签、语音语义和人员画像技术,提升问题登记效率

系统对拨入电话上报的事件进行登记,传统登记模式是针对内容项逐条问询填报,往往出现来电人普通话不标准、恶意骚扰电话、话务座席工作人员对专业事项的类别甄别不清、座席人员流动性大、新工作人员对业务不熟悉等情况,都对公众问题上报登记工作造成影响。本系统通过整合后台大数据标签体系,结合语音语义技术、来电人员画像及标准规范等,辅助解决问题登记时遇到的各类问题,大大提高了座席来电问题登记的效率。

(四)基于大数据标签技术和权责清单机制,实现城市管理事件自动派遣

系统综合应用大数据标签体系,并集合标准规范、权责清单,实现对大部分案件进行自动派遣功能,并通过人工派时打标签的操作实现对大数据标签体系的补充,摆脱了传统的人工手动派单,提高了派单的工作效率及准确率。

(五)基于大数据可视化技术,打造融合通信技术的"高级作战室系统"

指挥调度系统承担指挥调度职能,利用已有的及区经信委室建设的可视化设施,进行信息综合展示。可视化展示系统是支撑领导全面指挥整个系统业务运转的"高级作战室系统",它集汇报、演示、综合决策系统为一体化,同时支持针对大屏幕设备进行展示适配,主要提供各类案件信息、业务运转信息、预警预报信息、人员工作情况和天网视频的综合展示,以达到监督指挥决策的目的。

五、社会效益

该平台主要应用于城市运行监测预警、网格化管理、指挥调度、考核评价、辅助决策及各类重点专题管理,支撑诉求、事件、咨询、意见等的采集、立案、

派遣、处置反馈、核查结案、考核评价等全流程闭环管理，为领导指挥调度和科学决策提供信息支持，实现城市治理科学化、精细化和智能化。

（1）源头治理长效化。把高频诉求纳入区民生实事。通过大数据分析，把群众反映的数十类高频问题列入区政府实事，有针对性地开展工作，从源头上减少群众诉求。

（2）主动办理系统化。主动梳理历史疑难问题，推动解决困扰群众的揪心事；群体诉求从风险预警上入手，未诉先办从两网融合上推动。推动"热线+网格"为民服务模式，对群众反映的重大敏感问题，第一时间安排核实与专题巡查、解决。

（3）实现干部作风新转变。营造了务实亲民的工作作风，广大党员干部眼睛向下看的格局正在形成。群众观念显著增强，面对面、门对门，上门入户征求群众意见蔚然成风，干群关系显著好转。

（4）民生改善实现新突破。利用"吹哨报到"机制，协调市级部门解决了困扰群众多年的问题，破解了一批难事，解决了一批"小事"，全力推动解决群众身边的操心事、烦心事。

（5）社会治理带来新气象。镇街信访量明显下降，据不完全统计，2021年以来基层群众信访量综合降幅在30%左右。群众获得感得到新提升，大兴区共接到群众来电表扬几百件，群众获得感、满意度大幅提高。

未来，伴随各地城市治理关注度不断升级，城市治理多网融合平台、"一网统管"平台将会在更多地区创造更大价值。

罗湖区全国首创"反向办"数据治理新服务模式,做好为民服务"贴心管家"

深圳市罗湖区智慧城市建设中心

一、项目背景

习近平总书记说:"利民之事,丝发必兴。""要心中有群众,时刻把群众安危冷暖放在心上,认真落实党中央各项惠民政策,把小事当作大事来办,切实解决群众'急难愁盼'的问题。"

罗湖区一直坚持"以人民为中心"的发展思想,以"我为群众办实事"实践活动为契机,围绕政务服务工作开展专项调研,发现目前在深化政务服务改革、提升政务服务工作中存在以下难题。

(一)职能部门方面

宣传方式较为传统,对许多惠民政策主要采用大范围宣传,难以精准触达符合政策的需求群众,导致信息不对称,申报率、落地率并不高,服务效果达不到预期。

(二)为民办事方面

一是事项申报"过期不候"。部分政务服务事项办理具有时效性,群众因信息不对称,未能及时申报,影响服务获取。二是办理事项"掌握不全"。在群众全生命周期过程中涉及较多的惠民福利类和津补贴类事项,因相关事项分散在不同部门,且申报时间节点不同,群众很难全面和准确地了解适合自己的福利政策。三是创新服务"不擅使用"。党和政府创新推出"秒批秒报""一件事一次办"等"网上办""掌上办"便民服务。但据调研数据显示,全国有超60%的老年人不上网,且上网老年人中大部分人不擅长使用智能手机,无法应用创新形式享受服务。

罗湖区政数局党总支立足"数字深圳"建设,充分发挥科技支撑和服务资源优势,创新提出"反向办"主动服务理念,开展政务服务"供给侧改革",实现"人找服务"到"服务找人"。线上通过打造"反向办"服务一体化平台,应用大数据构建企业和群众多维用户画像,定位"应享未享"服务人群,支持开展政策精准推送,确保群众第一时间获取可办服务;运用 AI 智能等新技术分析办事群众需求,及时调整优化服务方式;线下整合全区政务服务资源提供上门帮办和现场导办服务,为群众提供全方位、全渠道、全周期、全流程办理政务服务事项,做好群众政务服务的"贴心管家"。

二、项目创新举措

"反向办"既是一种思维方式的创新,也是一种服务模式的创新。思维方式上的创新是指通过"反向思维"来"换位思考",站在群众的角度去考虑他们的需要和办事难点,真正从群众的实际需求出发,不让群众"被办事"。服务模式上的创新是指改变传统的坐等老百姓要办事的时候来找政府,即"人找服务";直接让惠民服务主动找到符合条件的群众,把服务送到老百姓手中,即"服务找人"。

(一)坚持突出党建引领"主旋律",全方位掌握群众难点

罗湖区政数局党总支制定"我为群众办实事"实施方案,专题研究部署"反向办"工作,建立常态调研机制。经过近两个月的深入调研,开展线下调研活动近 30 次。一方面,深入全区 10 个街道行政服务大厅和社区党群服务中心,邀请社区工作人员、"两代表一委员"和居民群众、企业代表开展座谈交流,深入挖掘企业和群众"急难愁盼"问题;另一方面,积极走访区民政、卫健、教育、人力资源局、残联、企业服务中心等民生领域政务服务和企业服务职能部门,召开党建联席会议了解相关情况。

结合调研反馈问题,应用政务服务数据开展深入分析,比对应享服务人群和

已享服务人群数据,发现辖区存在大量"应享未享"服务人群。比如,罗湖区当前有 12 万名 60 岁以上老人,但有近 20% 老年人未及时申办和领取高龄保障相关服务,导致老人福利政策落地效果不理想。

(二)线上构建科技支撑"主动脉",全周期支持服务找人

一是深化大数据治理,赋能精准服务。依托区大数据中心,汇聚 36 个部门 40 亿条数据,构建群众和企业的多维度画像,为开展服务提供精准数据支撑。一方面构建"人群画像",全面归集全员人口数据、网格采集人口信息和"i 深圳"申报信息 3 个主要人口数据,根据群众全生命周期各阶段情况,自动分类不同年龄阶段及超 10 类重点关爱人群。另一方面构建"企业画像",归集企业行业、工商登记、社保、信用等核心指标数据,自动分类重点扶持企业情况,如初创企业、小微企业、规模企业等。

二是创新一体化平台,实现多端共享。打造"反向办"服务一体化平台,联通区大数据中心,目前已实现 8 个部门 23 项惠民惠企福利类和津补贴类服务事项,根据人群和企业画像情况,分析定位人群和企业"应享未享"服务。第一,政策主管部门可通过平台,获取政策申办率、福利覆盖率情况;定向对未享受政策和福利的群体,线上精准推送温馨提醒和办理指引。第二,街道社区可通过平台,获取辖区以家庭为单位可享受惠民政策的情况汇总,同步做好信息采集和服务上门、异常跟进等工作,避免重复扰民。第三,企业、群众可通过平台,一键获取企业、个人专属的全部可申办政策内容和办理指引,支持申领补贴、审批到发放全流程服务,实现群众"少跑腿"。

三是探索 AI 技术应用,拓展智能服务。创新打造 AI 智能语音机器人,定期自动电话回访人群办理情况,支持智能问询、智能识别和智能分析"应享未享"服务人员需求,识别群众难点形成专项问题清单,及时做好有需要人群的上门帮办服务、有疑问人群的政策解答和时效提醒服务。目前共开展近 1 万次 AI 智能服务,主动定位超 2000 名需要上门服务群体,并做好上门帮办导办,确保为民服务落细落实。

(三)线下发挥政务服务"主动力",全流程覆盖管家服务

充分发挥党组织总揽全局、协调各方领导的作用,推进全区政务服务一体化工作,联动10个街道党工委、81个社区党委和近30个机关、"两新"党组织,成立党员服务先锋队,建立"反向办"服务线下保障体系,确保"反向办"服务底板加速构筑、服务范围稳步扩大、服务质量持续优化。

一是联动职能部门,建制度、强管理。联动职能部门制定《关于创新开展"反向办"服务专项工作方案》,构建"反向办"服务管理体系,建立服务事项清单更新机制。通过"线下专题研讨+业务部门主动反馈+管理部门定期检查",逐步完善"反向办"服务内容,确保及时将新增惠民惠企福利类和津补贴类政策纳入"反向办"。

二是联动"两新"党组织,促协同、强覆盖。积极整合发挥产业园区、楼宇联合党委力量,结合园区、楼宇企业政策申办需求,深入京基100楼宇、人民南商圈等企业集聚地,提供政策宣讲、办理指引上门服务,同时设立线下驻点,支持企业获取"反向办"精准指引后,就近即可完成办理,助力企业办事"少跑路"。

三是联动街道社区,聚合力、强保障。激发街道、社区治理活力,为老年人、残疾人等特殊人群提供线下上门帮办和现场导办服务,切实解决办事"出门难、操作难"问题。同时支持应用"块数据",精准定位企业群众所在楼宇、房屋,定期跟踪回访重点关爱人群和重点服务企业,形成"反向办"服务全闭环。

三、项目成效

罗湖区全国首创"反向办"数据治理新服务模式,获得2021年全国第三届党建创新成果展示交流活动"十佳案例"、深圳市"党建杯"机关创新创优竞赛一等奖,获得人民网、新华网、党史学习教育官网、《经济日报》、"学习强国"等多个中央媒体、党媒宣传报道,并登上深圳卫视新闻频道、公共频道和都市频道多个视频栏目,共获各类主流媒体宣传转载超300次,得到市委党史学习教育巡回指导组和人民群众的高度认可。

一是党组织引领力显著提高。机关党组织、街道党工委、社区党委、"两新"党组织全面联动，凝聚多方力量，畅通交流渠道，形成各级党组织互动互融、群策群力的共建服务矩阵，有机联结基层联系群众优势与机关专业优势，共享科技资源和服务力量，破解信息不对称、渠道不畅通，解决政策在职能部门、服务在街道社区、技术在政数部门的难题，实现党建引领下的高效联动，为基层治理和服务群众提供强有力的保障。

二是群众获得感幸福感显著增强。目前，辖区近50万人次获得"反向办"涉及卫健、民政等相关惠民服务；超5000名创业者获得"创业大礼包"办理指引，超800家辖区规模企业获得产业转型升级专项资金政策办理提醒。收到短信的群众中，有近5万人已通过短信指引快速完成业务办理，享受到政府福利。同时，超2000名特殊人群得到精准上门"帮办、导办"服务，群众陆续发来对高效完成高龄津贴办理的感谢信。

三是惠民惠企政策落地效果显著向好。"反向办"服务开展后，重点服务项目申办率、覆盖率和落地效果均有显著提升。比如，全区高龄津贴办理率由75%提升到近90%，部分街道高龄老年人津贴申领办理人数同比增加近100%。再如，享受老年人免费体检福利的人数同比增长超170%，享受乳腺癌、宫颈癌"两癌"免费筛查的人数同比增长近60%。

四是基层治理效率显著提升。街道社区可通过"反向办"服务平台，全面掌握辖区服务群众情况，减少人员排查、登记、比对等多环节人力物力成本，高效完成各类服务办理；同时，依托AI技术，基层不用上门即可获取群众诉求，提高政策宣传、服务落地及答疑解释的工作效率，基层治理效率得到极大提升，提升比率超70%。

大连市中山区"一网统管"助力数字城区治理

大连市中山区智慧化管理信息服务中心

大连市中山区多措并举深化推进数字市域治理"一网统管"建设,按照市委、市政府印发的《大连市促进数字经济发展行动方案》,稳步推进产业数字化升级,推进全域数字治理。2021年"数字大连"建设重点工作任务中明确,要推动"一网统管"工作,加大政务数据资源汇聚管理应用力度,优化和健全政务信息资源共享制度规范体系,搭建各类基础信息平台。中山区推进党建引领下的城市治理数字化转型,有力开展系统整合、流程再造、应用开发,通过线上建网络、线下建网格,不断提升精细治理能力和数字治理能级。自2019年以来,经过不断探索,"一网统管"运行架构已具雏形,区、街、社区、网格四级贯通体系有效运转,线上线下一体化管理服务稳步推进,街道(社区)随叫、部门(站所)随到的工作模式初见成效。

一、抓好资源整合,搭建"一张网"运行平台

立足中山工作实际,从实用、管用的角度出发,一手抓系统整合,一手抓数据共享,打通、联通各类管理和服务数据,实现数据汇集、一网覆盖。打破"数据壁垒",通过接口互联、定期拷贝等方式,把各类数据、系统,集成到"一张网"上来,集成"天网"、行政服务大厅、街道自建三大类3425个视频探头资源,整合党建、综治、经济、民生、诉求、基础设施、文化旅游、空间地理等260项数据,建立全区共享数据库,推动数据在区内的实时共享、内外网贯通。抓好平台集成,采取对内管理功能依托党政办公内网、前端服务功能依托互联网的"内外网分离部署"模式,重构系统平台。将12345平台、智慧城管等60个

非涉密的国家和省市级系统访问方式及业务功能有机整合，形成全区系统资源导航，建起对内管理平台，改变了以往"一个平台对应一个系统"的多平台、分散化运行模式，通过单点登录的方式，实现一个账号、一个密码访问所有应用系统，大大提高了政府工作效率。同时，整合区党建网、人大网、政府网、政协网"四大班子"网站集群，并运用移动手机端，开发大连中山App、微信小程序、公众号"移动矩阵"，形成对外服务平台，居民群众只需关注其中一个，就可以在线上办理业务、反映问题、享受服务。完善功能应用，在用好已有信息化基础的前提下，根据工作需求，适度有序建设党建、治理、服务、经济、日常五大功能模块，配套设置大屏管理端、PC工作端、移动服务端，构建起以"两个平台五大模块"为主体的"一张网"运行架构，实现了"大屏"管、"中屏"干、"小屏"办的效果。

二、延伸工作触角，建立四级贯通工作体系

坚持工作职能下沉、服务端口前移，把"一张网"铺到街道社区、党建阵地、网格、楼院等治理末梢、服务一线，形成横向到边、纵向到底的工作链条。区级层面，集合应急指挥、诉求管理、行政服务等职能，设立党群服务联合指挥中心，按照"重点部门集中常驻，专业部门轮换入驻，涉事部门随叫随驻"模式，实现部门联合调处和多元化解全覆盖。目前党群服务联合指挥中心常驻部门有区应急指挥中心、涉民涉企诉求管理中心。对于突发事件或群众提出的纠纷调解、投诉举报等事项，由中心人员准确区分事项类型，按照"大事合办、小事分办、难事协办"原则，将事项分流引导到相关职能部门，或联系相关部门到中心统一处置，形成"一网受理、协同办理"的运作模式。街道层面，按照"有固定场所、有专职人员、有规范流程、有规章制度"四有标准，建立以书记、主任任组长的党群服务中心，安排专职人员承接区级指挥中心和社区流转的城市管理、民生服务、社会治理事项，组织、调配辖区治理力量，协调处置本区域重大事项、突发事件。社区层面，依托现有的社区、楼院、大厦党建阵地，设立党群服务站。同时，以网格化管理为抓手，将全区57个社区划分为277个网格，配备575个网格员，采集民情信息和问题诉求。群众层面，主要通过对外服务平台、

廉政监督举报模块等，随时反映问题，推动问题解决。通过"一张网"建设，真正把党组织、党员、群众紧密联系在一起，打通服务群众"最后一公里"。

三、优化服务功能，提升基层社会治理实效

围绕党建、治理、服务、经济、日常五个方面内容，不断推进基层治理制度创新、模式创新、手段创新，探索"感知＋智能""服务＋治理"的市域治理新模式，构建起"大党建统领、全网格覆盖、多数据集成、大联动治理"的基层社会治理新体系。一是夯实党建根基。坚持数字化党建改革方向，结合当前党建工作重点任务，将党务工作搬到线上。开发了智慧党建、廉政智慧监督系统，设置了党的声音、组织指导、党员教育、实时监督等功能。特别是围绕党组织标准化规范化建设，开发了组织生活打卡功能，针对"三会一课"、组织生活会、民主评议党员、党日活动等 6 项党支部规定动作设置打卡频率，实时网上监管，对完成"打卡"任务的党支部亮绿灯，对临近打卡或未打卡的党支部分别进行黄、红灯预警提示，通过支部实时打卡，实现了对基层党支部组织生活内容可视化、进度可控化的全程监管。整合招商楼宇、重大项目、公务用车、低保金发放等数据信息，实时"安检"隐藏在"大数据"背后的廉政风险点，推进政治监督具体化、常态化。二是深化治理创新。将云计算、人工智能等手段融入基层治理、应急管理等重点工作全过程，开发了智慧政法、社情民意等系统。以网格化管理为依托，以服务群众为出发点，将住建、执法、教育、人社等涉及社会治理、服务部门职能下沉网格，完善了 16 个大类 247 个网格管理事项清单。网格员依托"一张网"智能终端，通过主动上门、建立网格微信群、公布联系电话等多种形式，随时登记、核查、发现、处置、上报、反馈本区域内治理服务事项，处置上级分流交办的事项。通过"出门一把抓、回来再分家"，让智慧治理工作真正直通居民群众。根据各部门业务需求，将森林防火、防台防汛等装入"一张网"平台，创新了电子巡查、重点点位盯防等功能，在重要时间节点，对重要目标和关键地段进行实时盯防，推动应急防范关口前移，有效防范问题隐患。三是做优公共服务。着眼于方便群众、便利企业、推动发展，加快推进一体化政务服务平台建设，全区 758 项政务服务事项全部实现"最多跑一次"，615 项事项实现"零

跑腿"。平台运行至今，累计受理 30596 件网上办件申请，网上申报率 89.06%，居全市前列。推出"十办一化"18 项政务服务举措，在区行政服务大厅设立帮办中心，在各社区设立代办服务站，对小微企业和困难群众提供免费的引导、指导、咨询、预审等全程帮办、代办服务，全年提供帮办、代办服务达 8000 次。围绕企业群众办事少跑腿，推出"一窗服务""全区通办""免费寄递"等服务，新办企业办结时限压缩了近 30%。围绕企业群众办事更舒心，推出"容缺受理""矛盾纠纷大调解机制""首违不罚"等工作举措，28 个部门的 474 项审批事项全面实现容缺受理，16 项行政处罚事项列入首违不罚清单，让企业和群众在体验政务服务过程中有更多的"获得感"和"满足感"。为了让企业群众更方便，引入"AI+ 政务服务"方式，打造了"智能机器人"客服座席，设立场景式 VR 服务功能，推出了网上"约叫号""约错时""约上门"等举措，大大缩短了办事时间，真正实现有求必应、无求不扰。四是加强日常管理。开发协同办公系统，将全区 75 部门单位全部列入协同办公范围，设置办文、办会、经费、督考等 17 个功能模块 112 个子功能栏目，通过 PC 端、PAD 端和手机端联动，实现 7×24 小时智能办公。尤其是在疫情防控工作中，OA 系统上线运行，对有效助力疫情防控，推动日常工作规范高效运转起到积极作用。五是筑牢疫情防控。开发疫情防控系统，将全区疫苗接种、核酸检测、隔离管控信息全部纳入"一张网"，通过数据汇集、监测分析，大大减轻各级疫情防控机构的工作负担，精准赋能疫情防控工作。

下一步，大连市中山区将继续秉承"人民城市人民建，人民城市为人民"的初心理念，在组织推动上下功夫、在智能应用上做文章、在难题破解上出实招、在实战运行上见成效，努力推动"一张网"提质增效、开花结果。

第三篇

智慧法院

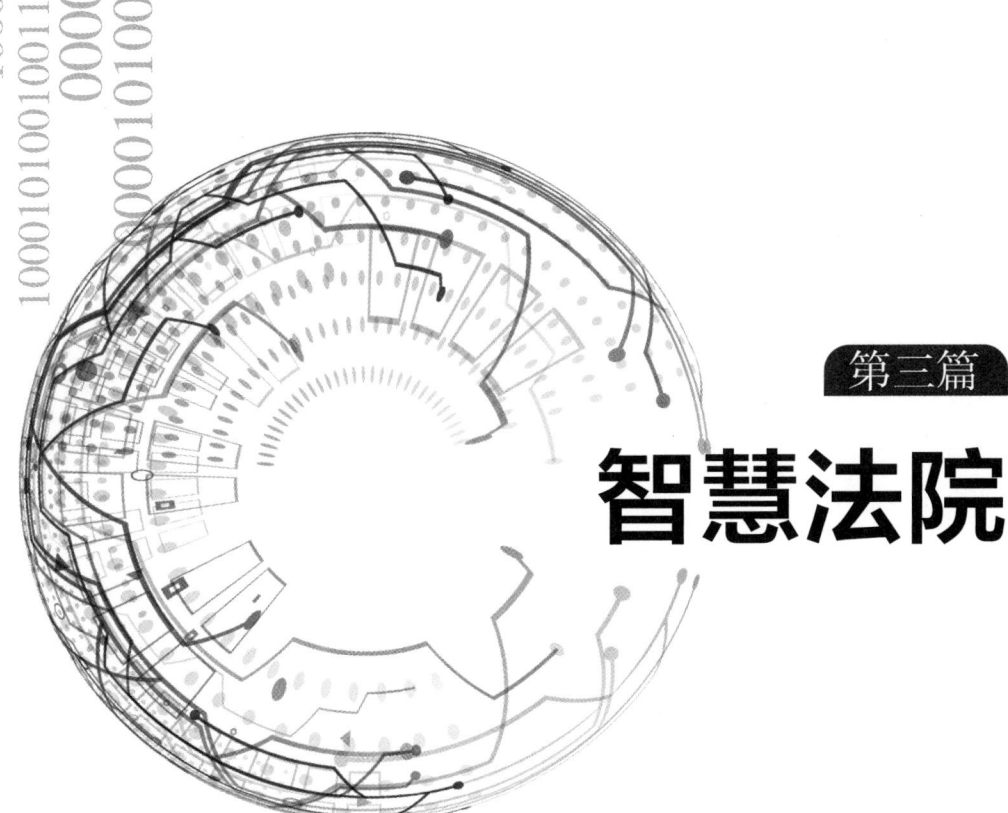

上海法院电子卷宗单套制改革试点实践

上海市高级人民法院

2018年起,作为最高人民法院和国家档案局电子文件单套归档和电子档案单套管理试点单位,上海市高级人民法院积极开展三级法院联动试点,在推动电子档案管理理念、管理模式、信息化建设等方面创新突破,确立了以单套管理为核心兼顾纸质原件的混合管理理念,形成了以法院数据采集中心为原点的诉讼数据规范化采集和管理模式;运用智能编目、区块链存证等技术保障电子文件全流程规范性、安全性;以安全保障为底线,积极推进"电子档案库房"建设,确保电子档案的长期保存绝对安全。经过几年的努力,试点工作取得了显著成效。截至2021年8月底,上海法院共完成电子诉讼卷宗"单套制"归档17.4万件,成功通过了海量档案操作和数据运行的压力测试,为推进全流程网上办案体系建设奠定了数据资源基础。

一、上海法院电子卷宗单套制改革试点的意义

2018年,最高人民法院在上海等8个地区30余家法院实现"电子档案为主、纸质档案为辅"的案件归档方式。2020年3月,国家档案局等三部门联合发文确定上海市高级人民法院(以下简称"上海高院")承担电子文件单套归档和电子档案单套管理试点任务,上海高院以此为契机,积极开展三级法院联动试点,在推动电子档案管理理念、管理模式、信息化建设等方面创新突破。经过几年的努力,试点工作取得了显著成效。

2021年7月23日,上海高院在奉贤法院召开全面推进电子卷宗"单套制"归档改革现场推进会,要求全市法院全部启动归档改革试点工作,为实现2022

年上海法院"单套制"电子卷宗归档全覆盖、档案工作全面升级转型做好充分准备。

上海法院电子卷宗单套制试点改革实践的意义在于以下几个方面。

（一）推进电子档案单套归档改革是参与城市数字化转型的重要举措

当前，以互联网、人工智能为代表的信息技术日渐成为创新驱动发展的先导力量，正在全球开启一场全局性、战略性、革命性的数字化转型。"十四五"规划纲要专篇对"加快数字化发展、建设数字中国"做出重要部署。2020年年底，上海市委、市政府印发了《关于全面推进上海城市数字化转型的意见》，从整体性转变、全方位赋能、革命性重塑等方面确定了城市数字化转型的建设任务。推进电子档案单套归档改革，是上海法院贯彻落实党中央、市委部署要求的具体实践，也是主动作为、参与城市数字化转型的重要举措。

（二）推进电子档案单套归档改革是持续优化法治化营商环境的有力抓手

在世界银行营商环境评价中，法院信息化是"执行合同"指标的重要内容，该指标主要评价法院电子立案、电子送达、电子缴费等在线诉讼的制度建设及应用情况。近年来，上海法院作为电子档案单套归档首批试点单位之一，从规划上、技术上、管理上、服务上积极推进改革试点，逐步形成了新形势下电子诉讼档案"单套制"管理的"上海经验"，为推动法治化营商环境相关指标提升做出了贡献。优化法治化营商环境是法院的重要职责，而电子档案单套归档改革的持续推向深入，将进一步促进法治化营商环境的提升。

（三）推进电子档案单套归档改革是打造全流程网上办案体系的基础保障

近期，最高人民法院发布了《人民法院在线诉讼规则》。随着互联网时代的到来，在线诉讼、电子诉讼成为时代趋势，特别在新冠肺炎疫情的特殊背景下，在线立案、在线庭审已经成为法院诉讼服务和案件办理的常态化方式。在线诉讼中形成的电子文件，只有符合国家档案技术标准才能以电子文件的形式予以归档。当前，上海法院正处于大力推进在线诉讼和全流程网上办案的关键期，用好电子档案单套归档改革这一重要举措，将为全流程网上办案提供有力的基础保障。

二、上海法院电子卷宗单套制改革试点的基本原则和目标

（一）改革试点基本原则

上海法院电子卷宗单套制归档改革试点坚持以电子卷宗归档为核心的试点基本原则，推进实施过程中要坚持安全、可靠、有效的原则，做到归档业务转型与电子档案数据安全两手共抓，确保试点进程中业务不断、数据不散、档案不乱。

第一，坚持服务审判主线。牢固树立为审判服务的理念，立足服务诉讼全覆盖、全场景、全流程的要求，尽力贴近不同办案人员的工作习惯，依托电子档案管理方式改革有效减轻办案法官和书记员的归档整理工作负担，避免业务部门和档案部门核对电子卷宗与纸质档案一致性的无效劳动，为提高上海法院审判工作效率提供有力支持。

第二，坚持司法便民利民。充分运用电子档案，拓展"阳光司法，透明法院"建设，进一步为当事人、诉讼参与人和律师参与诉讼提供线上服务，解决人民群众诉累，提高法院诉讼服务水平。

第三，坚持稳妥有序推进。按照先行试点、逐步扩大、审慎稳妥有序推进的思路，开展改革试点。在科学制定实施方案的基础上，鼓励基层创新，既发挥顶层设计引领作用，又发挥基层探索探路作用，确保改革行稳致远。

第四，坚持现代科技驱动。牢牢把握现代科技发展趋势，充分运用大数据、区块链、云计算等现代科技，破解电子卷宗单套归档和电子档案单套管理中的改革难题，提升改革效能，为法院档案工作插上现代科技翅膀。

第五，坚持信息安全保障。牢牢把握电子档案单套归档和单套管理的本质属性，强化试点工作的安全性、保密性，充分认识档案信息安全对于维护司法公正和群众利益的重要意义，确保试点工作中法院电子档案信息资源的绝对安全可靠。

（二）改革试点目标

上海法院电子卷宗单套制归档改革试点的主要目标是：深入推进审判业务系统电子卷宗单套归档改革，无缝对接档案管理系统与审判系统网上办案功能，通过归档管理推动实现电子卷宗随案生成、规范运转，大力推广电子签章、元数

据采集等技术应用，建立电子诉讼文件真实性、完整性、可用性和安全性检测模式，严格电子档案安全保存机制，努力形成原生电子诉讼卷宗单套归档管理模式。

三、上海法院电子卷宗单套制改革试点举措

（一）以理念创新为引领，推动形成符合法院特色的电子卷宗单套归档新格局

上海法院以电子文件单套管理理念为引导，着力打造了全流程、立体化的电子文件归档和流转模式。一是探索形成切合实际的、以单套管理为核心兼顾纸质原件的混合管理理念。结合上海法院工作实际，明确了"混合单套"归档理念，以电子档案作为唯一归档方式，将确有必要的纸质原件以电子档案附件形式归档。即，法院内部产生的电子材料加盖电子签章后直接归档，实行"单套制"；当事人提供的证据类原件以电子卷宗的纸质附件形式归档；档案部门仅在电子卷宗平台上接收电子档案，不具备原始凭证价值的纸质复印件扫描后不再归档入卷。二是大力推进全流程网上办案。随着互联网时代的到来，在线诉讼、电子诉讼成为时代趋势，特别在2021年疫情的特殊背景下，网上立案、在线庭审成为案件办理的主要形式。上海法院抓住机遇，大力发展全流程网上办案，以在线庭审、庭审记录方式改革、电子档案单套制改革、智能辅助办案系统运用为重点，加快打造全流程网上办案体系，以电子文件即时在线生成促进电子文件归档工作。三是打造立体式电子文件流转模式。为了实现电子档案在一、二审法院之间的有序流转，上海法院于2022年在全市大力推动诉讼档案无纸化上诉移送，二审法院的立案部门根据一审法院移送的电子档案完成立案工作，办案部门根据电子档案审理案件，仅在承办法官认为确有必要核对纸质原件的情况下才需从一审法院调取纸质档案材料。在确定试点单位时，充分兼顾高院、中院、基层法院各层面，在高院选取了金融庭、商事庭，中院选取了金融法院、二中院、三中院，基层选取了徐汇、嘉定、奉贤及上铁法院，实现了电子卷宗上诉移送流转的闭环。

（二）以前端管理为抓手，打造电子文件数据采集的新模式

电子文件采集质量是电子卷宗单套制归档的重要基础，上海法院牢固树立前端管理理念，严把诉前、诉中电子文件生成和采集关。一是建立法院数据采集中心。将法院诉讼服务中心扫描服务点打造成为法院数据采集中心，按照统一的标准化流程、格式化规范，对立案阶段的诉讼材料进行扫描，并配合智能识别系统进行辅助编目，确保电子诉讼文件录入质量。二是大力推进在线递交电子诉讼材料规范化工作。在电子卷宗归档改革进程中，办公室会同立案部门充分预判在线诉讼发展前景，共同推动优化网上立案工作、推进网上递交电子诉讼材料规范化建设，从源头抓好电子卷宗影像质量。上海高院拓展了现有的电子材料提交平台的功能，将数据采集中心与上海法院12368诉讼服务平台、律师服务平台等网上立案平台无缝连接，实现数据互通共享，引导当事人、律师在线提交电子化材料，网上立案电子材料质量显著改善，在线诉讼递交材料规范化建设初步成型。上海法院与市律协加强沟通，印发了关于优化网上立案工作推进网上递交电子诉讼材料规范化的工作方案，并先后在奉贤、嘉定、徐汇、闵行四个地区开展辖区内律师全员培训，取得显著成效。三是强化诉讼数据采集及时性。由立案扫描和在线提交的电子诉讼材料汇聚形成的电子卷宗进入审理程序后，书记员可继续将当事人补充提供的材料送交采集中心诉中扫描服务点或流动扫描点进行专业扫描。采集中心专职人员同时也对当事人在线提交或书记员上传的电子诉讼材料进行质量检查。抓好全流程网上办案过程中产生材料采集工作的规范化管理，严格按照电子卷宗归档标准，对具备归档价值的诉讼材料要按照"一页不漏"的标准进行高质量采集，确保电子卷宗材料归档完整性。四是打通与业务协同单位电子卷宗及材料的流转通道。2019年1月，上海高院将审判业务系统与公检法司的办案协同平台进行联通，刑事案件中（除涉密案件外），公安的侦查卷及检察院的公诉电子材料也同步引入办案电子卷宗，其他所有案件的公安侦查卷、检察卷起诉电子材料均纳入电子卷宗。此外，与司法局的减刑假释案件也实现了100%的电子化移送，2021年1至8月，全市法院接收减刑假释案件1125件，电子材料4万余份，全部实现电子化移送。五是打通与政府部门的电子数据交换通道。2019年11月，上海高院依托上海市"一网通办"政务总平台的公共支付平台，

实现诉讼费票据电子化，当事人通过线上或者线下渠道成功缴纳诉讼费后，市财政局将电子票据相关数据通过接口推送到上海高院，实现诉讼费电子票据自动归入电子卷宗。此外，上海高院积极推进与市大数据中心的数据对接，实现电子证照数据信息将自动进入电子卷宗系统。

（三）以现代科技为依托，实现新技术在档案管理领域的新运用

区块链、云技术等新技术发展为改革提供了新动能，上海高院依托上海法院信息化建设优势，努力为试点插上现代科技的翅膀。一是建成了电子诉讼文件归档管理系统。升级改造了电子卷宗随案生成系统进行，并结合最高法院发布的电子卷宗阅卷目录，嵌入包括卷宗整理、归档申请、档案验收等在内的电子卷宗实时归档功能，实现让书记员仅在电子卷宗平台上归档、档案员仅在电子卷宗平台上接收的一体化流程。研究开发"单套制"档案管理系统，重点实现电子档案接收归档"四性检测"的基本要求，并通过增加元数据管理、数字签名认证等专业功能，确保单套制电子档案接收后的唯一和真实性。二是广泛运用电子签章技术。原生性电子文件比例大幅上升，全流程网上办案体系建设初见成效。第二批试点法院由于加入了三家年收案件数万件级别的基层法院，电子卷宗"单套制"归档改革明显激发了审判业务部门提高归档效率、应用电子签名生成原生电子文件单套归档的积极性，各试点法院普遍形成了研究电子签名、使用电子签名、反馈电子签名改进意见的良好风气，各类电子送达回证、裁判文书签发稿、合议庭笔录、专业法官会议记录应用电子签名的比例幅度大幅上升，电子卷宗"单套制"归档改革自然而然成为全流程网上办案体系建设的有效抓手。三是完善专业档案信息管理体系标准化建设。制定符合法院特点的电子诉讼文件归档规范，包括元数据采集标准、归档文件格式、归档数据包结构、归档接口等方面的标准。形成以电子卷宗归档为核心的电子诉讼档案归档管理暂行办法，对电子卷宗实施有效的跟踪、监管和保存。强化对电子文件真实性、完整性、可用性、安全性的检测功能、电子文件封装打包功能及元数据采集功能。

（四）以安全保障为底线，探索电子文件归档保管新路径

鉴于"单套制"归档试点的核心是基于原生性电子档案的单套制管理，电

子档案的数据安全管理标准要远高于一般信息系统数据备份要求,在试点过程中必须绝对确保电子档案数据的长期安全。为此,上海高院积极推进"电子档案库房"建设,形成档案部门对归档电子档案数据在线监管和离线保存的新模式,形成上海高院数据库汇聚一套以应用为主的在线数据(含本地备份和同城异地备份数据各一套)、各试点法院档案部门存储两种四套离线备份数据(档案级蓝光光盘和离线硬磁盘各两套,其中一套用于异地备份)的电子档案保管模式,同时探索建设对重要电子档案开展远程异地备份。并且根据新的工作模式设计了集档案级光盘和硬磁盘离线数据制作和保存一体化的两种离线数据保存柜,包括适用于基层法院和小型机关档案室、一次存放400张蓝光光盘和20个硬磁盘的小型光磁库设备,以及适用于中高级法院和大型档案机构、一次存放8000张蓝光光盘且自动抓取的大型光磁舱设备,均具备温湿度监控和除尘通风功能,以确保电子档案的长期保存绝对安全。

四、上海法院电子卷宗单套制改革试点主要创新点

（一）以先进信息技术保障电子文件形成、处理的规范性及电子档案"四性"

上海法院在试点过程中,以国家档案局相关技术标准规范为依据,重点通过智能编目、区块链存证、元数据管理三个方面保障电子文件形成、处理过程中的规范性、安全性,确保电子档案"四性"得到有效控制。

1. 智能编目技术确保电子文件形成规范性

上海法院基于OCR识别技术和自然语言处理技术,对电子卷宗采取内容识别、信息抽取,并向已有业务系统进行信息回填,实现卷宗入库自动归目。自动编目功能可以将立案法官从重复、琐碎的人工处理文件工作中解脱出来,全面提高电子文件规范性,提升法官办案体验。

第一,精准的识别技术。系统采用精准的图像处理和OCR识别技术,将当事人提交的扫描件材料中的文字转换成字符信息,从而达到提取图片内容的目的,用于减少法院工作人员文书书写工作。目前系统支持千类材料识别印刷体识别准确率达到95%,规范手写体识别准确率达到86%,签名和捺印检测的准确率超过99%。其中包含近百种手写体材料(起诉书、申请书、上诉状、合同、协议

书、收款条、借款条等）、送达回证、票据，身份证、营业执照、律师证、军官证、结婚证等近 60 类证件，自动对材料进行纠偏、去空白页、去黑边，可识别红章、方章、长方章、合缝章及指纹等。

第二，要素抽取引擎。要素抽取引擎采用自然语言处理技术，结合正则表达式和机器学习，将文本里无结构化信息进行结构化或半结构化处理，最终可以加上不同的应用展现方式变成表格或者图例的组织形式，实现更精确的抽取。要素抽取引擎主要可实现人物信息抽取、案情要素抽取、各类案由所有证据名抽取、客观鉴定类证据信息抽取、自定义证据要素（作案时间、作案地点等）抽取。目前支持民事一审、刑事一审（公诉）、行政一审、普通执行四大类案件立案文书与结案文书的自动转换和信息提取，提取准确率在 95% 以上。

第三，案件信息智能回填。在立案阶段、结案阶段包括送达、管辖、举证、保全、开庭、合议、调解等多个环节，案件信息智能回填功能可将材料内容与案件信息进行交叉比对验证，同步提高案件信息与文书信息的一致性、完整性。案件信息智能回填全面减少案件信息录入工作量、提高民事案件数据质量与文书质量。

第四，自动编目。编目是否规范有序，将极大影响法官电子阅卷体验感的好差，也是电子卷宗深度应用的基础。法院案件类型多，材料种类复杂，用传统人工方式进行编目无法很好的解决问题。目前比较有效的途径是借助现有的技术手段进行材料自动编目，上海高院在院本部建立了人工智能训练平台，针对不同类型卷宗建立多元化的标签抽取规则，采用深度神经网络、自主强化学习等方式不断完善识别模型，不断提升识别准确率。目前电子编目软件识别率达到 80% 以上，实现电子卷宗自动按照案件归档目录进行编排，自动对需要归档的卷宗进行筛选，还可以根据不同的业务场景及法官需求对待归档的卷宗目录进行手动灵活调整。

2. 区块链存证确保电子诉讼文件全流程安全

为确保电子材料、电子文书的安全存储、防丢失、防篡改、操作留痕可溯，电子文件生命周期的存证、取证等，上海法院建立电子卷宗存证机制，充分运用区块链自身的去中心化、分布式存储、可信时间戳、hash 链式结构、共识机制等特性，结合区块链提供的标准对外接口服务，对于电子卷宗材料的录入、生成、流转、归档等环节进行同步上链存证,对接审判业务系统实现对电子文件全生命周期的安全保障。2021年1—8月,已上链存证材料1925万余份,基本覆盖案件所有证据材料,确保电子卷宗材料的安全可信,让办案人员用得放心。

具体的安全保障流程分为三个部分:①上链存证,通过hash算法提取电子文书的特征,并附带其他重要业务数据进行上链存证。②操作行为存证,通过对电子文书生命周期中的生成、修改、定稿、审批、废弃等操作进行实时上链,形成一个可溯的数据链。③取证、验证、追溯:业务系统根据电子文书的业务数据对区块链所有区块进行过滤,从而实现电子文书的取证;系统计算电子文书的hash特征,然后与区块链上存储的文件特征进行比对实现电子文书的验证;通过过滤区块链中同一电子文书的所有操作记录,根据时间戳进行排序实现电子文书的追溯。

3. 元数据管理确保电子档案数据长期可信

2020年新修订的《中华人民共和国档案法》明确了"来源可靠,程序规范,要素合规"的电子档案与传统载体档案具有同等效力,促进了档案信息化建设。元数据作为电子档案的"生命线",是保障电子档案"四性"检测要求的基础。上海高院高度重视电子诉讼档案元数据管理功能,详细分析梳理审判业务流程,拟定了《上海法院电子诉讼档案元数据方案(草案)》,作为电子卷宗随案生成系统和电子档案管理系统实现"四性"检测的基本依据。实践中,在庭审改革建设中,上海高院设计了对替代传统纸质庭审笔录的庭审录音录像元数据签名确认制度,在全国法院处于领先水平。目前上海高院已受最高法院委托承担《人民法院电子诉讼档案元数据方案稿》的起草任务。

4. 引入自动校验机制,确保电子卷宗完整

为了确保电子卷宗在办案中真正发挥作用,上海法院明确指出:"真实、完整、安全、可用的电子卷宗与纸质卷宗具有同等效力,法律、法规另有规定的除外。"如何提升电子卷宗的完整度,上海法院建立电子卷宗完整性校验机制,梳理7大类185种卷宗材料,将其中的起诉状、身份证明、受理和应诉通知书、裁判文书等16种材料作为必备清单,如果案件卷宗材料中缺失任一种必备清单所列材料,则该案整个电子卷宗可用率判定为零。

（二）积极推进应用上云，较好解决系统响应速度的问题

随着电子卷宗应用的不断推进，一方面电子卷宗的材料数量呈倍数增长；另一方面办案法官非常看重系统的响应速度，因此阅卷速度成为推进电子卷宗深度应用的关键点。2019年10月，借助上海市大数据中心的政务云资源，上海法院主要应用系统都完成了上云部署，电子卷宗系统也在2020年3月完成上云。得益于云资源可配置、易拓展的优越性，目前全市法院9000余干警的办案平台，即使在办案高峰期并发操作很多的情况下，电子卷宗、电子签章系统的调取响应时间平均2秒，最长不超过5秒，实现了对电子卷宗深度应用的强有力支撑。

（三）制定形成相关规章制度、标准规范，建立单套制改革推进长效机制

上海高院总结试点经验，以国家档案局最新发布的相关规范标准为依据，同步建设配套管理制度体系，为持续深入推广此项工作奠定坚实基础。

上海高院办公室紧抓制度机制、规范标准的顶层设计，制定了《上海法院电子卷宗"单套制"归档改革试点工作方案》统筹指导试点工作，明确了机构职责、推进步骤、组织保障等方面具体要求，为全市法院全面推进归档改革提供了纲领性文件；形成《上海法院电子卷宗随案生成数据采集中心建设规范》《上海法院"单套制"电子卷宗归档立卷暂行规定》《上海法院"单套制"电子档案暂行管理规定》《上海法院"单套制"电子档案数据离线存储暂行管理规定》等管理类规定，规范了扫描操作流程、扫描文件影像质量标准，明确了电子卷宗整理归档的标准规范和操作流程、电子卷宗验收的质量考核标准、电子库房安全管理标准等，对法院传统档案管理模式做了重要突破；制定了《上海法院网上递交电子诉讼材料试行规范》和《上海法院电子诉讼档案元数据方案1.0（试行）》等技术规范，规范移动微法院律师服务平台及当事人递交电子诉讼材料质量要求和电子诉讼档案真实性、完整性和可用性、安全性要求；制定了《上海法院"单套制"电子卷宗归档答疑指南》和《智能编目系统答疑手册》等操作规范，为电子卷宗归档、验收及人工辅助智能编目提供操作指南和答疑。

五、上海法院电子卷宗单套制改革试点成效

在全市法院的共同努力下，电子卷宗"单套制"归档改革工作，在立案庭、审管办、信息处、行装处等相关部门通力合作下，在试点法院及试点部门的共同努力下，主要成效如下。

（一）原生性电子文件比例大幅上升，全流程网上办案体系建设初见成效

第二批试点法院由于加入了 3 家年收案件数万件级别的基层法院，电子签名应用比例幅度大幅上升，提升了应用电子签名生成原生电子文件单套归档的积极性，提高了案件归档效率。

（二）网上立案电子材料质量明显改善，在线诉讼递交材料规范化建设初步成型

上海高院办公室会同立案庭充分预判在线诉讼发展前景，共同推动优化网上立案工作、推进网上递交电子诉讼材料规范化建设，从源头抓好电子卷宗影像质量。目前已经在奉贤、嘉定、徐汇、闵行四个地区开展辖区内律师全员培训，取得显著成效。

（三）强化业务指导，持续优化软件系统功能

上海高院办公室与信息处共同配合，高度重视一线法官、书记员及基层档案干部的实际运用感受，建立试点法院技术需求每周报告制度，每周收集七家试点法院有关软件需求改进问题并及时反馈技术部门予以修改。同时，加强对试点法院的业务培训和现场指导，2022 年上半年以来办公室档案部门对各试点法院分别培训 12 场，现场调研指导 34 次，确保全覆盖试运行保障顺畅。

（四）开展"单套制"电子档案离线数据管理工作

严格执行国家档案局有关确保"单套制"归档改革后电子档案数据绝对安全的有关要求和业务标准，各试点法院逐渐开展基于档案部门离线冷数据管理、便于异地异质备份方式的新一代光磁库设备的"电子库房"建设。

（五）业务部门归档效率显著提升，档案部门管理效益凸显

使用"单套制"归档模式后，书记员仅需在电子卷宗平台上整理电子文件并直接提交档案部门申请归档，归档效率显著提升，电子档案利用周期大大压缩。档案部门纸质材料大幅度减少，档案库房压力骤然缓解，节约大量的重复扫描费用及档案寄存费用。

六、上海法院电子卷宗单套制改革试点问题和完善路径

为严格执行国家档案局有关确保"单套制"归档改革后电子档案数据绝对安全的有关要求和业务标准，各试点法院逐渐开展基于档案部门离线冷数据管理、便于异地异质备份方式的新一代光磁库设备的"电子库房"建设。

（一）上海法院电子卷宗单套制改革试点问题

在上海法院电子卷宗"单套制"改革试点中我们发现，当前影响改革试点成效的，既有内部阻力，更有外部阻力。从内部来看，传统纸质运转流程束缚改革推行，现有的信息化基础设备配套程度、网络带宽保障水平、数据吞吐处理能力等还不能满足单套制流转需求，应用系统分散部署的架构不利于电子卷宗单套制背景下卷宗材料的流转归集。从外部来看，法院电子卷宗单套制需要外部数据交换的支持，但是由于电子数据天生具有系统依赖性、介质与载体的可分离性，使得数据面临真实性、完整性等多方挑战，阻碍在线数据交换。此外，上海法院目前与很多业务关联机构仍没有建立电子数据安全交换平台，部门间、地区间及数据间的鸿沟与壁垒影响了电子数据的流转；传统的文件流转习惯使得当事人和相关机构对法院出具的电子文件与加盖水印的电子档案缺少认同，不利于电子卷宗"单套制"的全面推行。

（二）电子卷宗单套制归档改革完善路径

1. 从顶层设计角度推进电子卷宗"单套制"规则完善

现阶段，从最高人民法院到国家档案局都缺少电子档案"单套制"管理指导性文件，建议加快印发人民法院案件归档改革的指导性文件，对已有试点总结梳

理形成指导性案例推动改革,修订《机关档案工作条例》、发布标准《电子档案单套制管理一般要求》。

2. 深度融合城市数字转型实现"单套制"适用规模成效

2020年底,上海市委、市政府印发了《关于全面推进上海城市数字化转型的意见》,然而,法院现阶段数据交换缺少机构交换平台与反馈处理响应机制,建议上海大数据中心加快研究机构数据交换标准、平台、规则等相关细节,建议各级法院电子卷宗"单套制"归档改革融入各区档案事业数字转型。

3. 继续深入扩大"单套制"改革范围积累经验

上海高院在第三批试点中,继续深耕"深化型试点""综合型试点",充分挖掘"上海经验"的示范效应。选择辖区面积最大、案件量多的浦东法院,进一步为政策的大规模可行性与抗压测试进行新一轮的检验。

4. 进一步完善系统功能可用性、适用性

上海高院持续跟进各家法院的局部试点成效,论证方案推广可行性,主导将有代表、有示范、有特点的地方智慧融入顶层设计,推动上海法院协同系统的高效平衡发展。

5. 持续扩大全流程网上办案体系改革良性循环

进一步在上海全市法院深化电子卷宗"单套制"归档改革是全流程网上办案的数据基础与保障环节的思想认识。强化标准意识,让电子卷宗全程"能够用",以数据流转线下到线上的变革促进办案模式改变;强化适用意识,让电子卷宗系统"方便用",以技术赋能的"便捷性""友好性""智能性"调动改革积极性。以电子卷宗网上流转为驱动推动业务互联,优化电子数据供给链与各办案系统整合与模块嵌入。

(作者:曹红星 陆诚 高忠伟)

鄂尔多斯市法院涉诉信访案件办理系统建设案例

鄂尔多斯市中级人民法院

涉诉信访工作是人民法院的一项重要工作,是维护人民群众切身利益、践行社会主义核心价值观的基础性工作。当今社会已进入信息化、互联网和大数据时代,信息化充斥着社会生活的方方面面,有力推动了经济社会发展。人民群众围绕切身利益面对和产生的价值观念信号不断增强,各种新情况、新问题不断通过信访渠道反映出来,如何适应信访工作新形势、新任务,进一步畅通信访渠道,维护人民群众的根本利益,密切人民法院与群众的联系,已成为当前各级法院信访部门和广大信访干警必须面对的新课题。这就迫切要求在新形势下,涉诉信访工作要积极适应当前信息化快速发展和信访形势需要,注重信息化在信访工作中的深度应用,不断拓宽畅通民意诉求表达渠道,提升信访工作水平,构建信访工作新格局。涉诉信访案件办理系统就是在此背景下应运而生,实现了在线接访、在线办案、在线管理、在线考核的一体化运行,拓宽了社情民意表达渠道,提高了信访工作效率。

一、信访案件管理办理概况

(一)实施背景

鄂尔多斯市法院使用全国法院涉诉信访管理系统。全国涉诉信访管理系统可以实现信访登记、分发、处理、上传,但是系统没有建立具体案件办理流程及信访案件化解办理过程,案件办理需要使用电子表格建立本地台账,无法与办案系统挂接。各系统间数据独立,各法院信访业务相对独立,不能满足当前的涉诉信访业务需求,数据统计及其对各法院、各合议庭、部门、干警考核十分困难。

为进一步规范鄂尔多斯市两级法院涉诉信访案件办理流程,加快涉诉信访案件信息的化解速度，提高涉诉信访案件办理质效，将群众反映的问题解决好、落实好。鄂尔多斯市中院严格按照最高院、自治区高院信息化建设及涉诉信访案件办理有关要求，根据鄂尔多斯市法院信息化建设实际，深度融合落实"信息化＋信访"的信访案件办理新理念，党组书记、院长抓落实，安排技术部门和信访部门通过走访、座谈等形式，对当前信访案件办理工作中存在问题和意见建议进行梳理，根据《鄂尔多斯市中级人民法院涉诉信访案件办理工作实施细则》。结合地区特色，技术处编写了《鄂尔多斯市法院涉诉信访案件办理系统建设方案》，同时以《鄂尔多斯市法院涉诉信访案件办理系统建设方案》为基础，自主研发涉诉信访案件办理系统，目前该系统已建设完成并于2021年4月培训上线运行。

（二）系统主要功能

系统功能涵盖了信访案件从立案、分案到案件办理、案件核查化解、案件备案归档、案件结果反馈的各个环节的功能。

系统中具有流程设计管理模块，流程图可以在系统内灵活设置，流程可以实现拖拽调整，中院和基层院流程根据需求随意调整，实现系统流程完全符合案件办理流程。

1. 系统登录

目前通过用户名和密码登录系统、CA数字证书登录系统，可以通过证书一键登录，提高系统安全性和便捷性。

2. 主页仪表盘

系统主页仪表盘展示系统各类统计数据，涉诉信访案件总数、已立案数、待立案数、已分案数、待分案数、已核查数、待核查数、已化解数、待化解数、已完成数、流程中数，统计鄂尔多斯辖区9个旗区各类数据，统计化解、核查等数据。

3. 案件立案

立案过程中可以查看案件全部信息，如案件基本信息、涉诉法院信息、信访人基本信息、案件流程批办信息、上传的当事人卷宗材料等。根据案件性质及涉诉信访部门，选择对应的核查组，填入立案意见、要求完成时间、任务优先级，选择下一步办理人，点击提交即可完成立案。

4. 案件审批

根据案件填报信息、立案信息，对需要审批的案件进行审核，审核过程中可以查看案件基本信息、案件批办信息、案件核查信息，填入审批意见提交即可完成审批，同时系统还可以将案件退回、转办、委托等。

5. 案件分案

案件流程流转到核查组负责人节点时，系统内置的智能分案模块会根据每个办案法官已办案件、在办案件、案件难度系数等因素核定出工作量，根据工作量从低到高排序，轮流循环分案，保证公平性和科学性。

6. 案件办理

根据案件分案情况，案件承办法官将每一步具体核查化解步骤全部记录到系统中，形成案件办理轨迹，系统会对案件办理过程进行管控，每一步办理都有时间节点管控，未在规定时间内办结的将会被系统设定为超期。案件办理完后需要填写核查结论，上传核查报告、合议庭笔录、各种材料等，选择核查、化解的具体方式，是否需要经过专业法官会议或审委会讨论等选择，提交即可进入下一步操作。案件办理过程中，中院办理的案件和基层法院的有所不同，中院案件可以直接化解，基层法院案件由基层法院办理完以后必须上报到中院对应核查组进行再次核查，根据核查结论选择案件流程流转方向及办理细节，案件彻底办结后才可以备案结案将结果反馈给当事人。

7. 流程节点管理

系统对每个流程节点设置要求办结时限，未在规定时间内办结的案件会被锁定为超期案件，在进入办理中会要求提交延期办理申请，申请通过后才可以继续办理，如果申请后还未办理，案件会再次锁定超期。

8. 预警提醒

系统案件在办理过程中，会收到流程节点流程的预警提醒信息，提醒有系统消息提醒、短信提醒等。案件超期后系统同样会发送提醒信息。同时，信访案件一经登记，信访系统会自动检索重复信访，系统对信访进行预警。对于重复信访，登记法官通过引入功能，登记信息无须重新登记就会自动生成，可以解决大量重复信访案件的信息登记录入问题。

9. 审委会和专业法官会议讨论

根据案件办理流程流转情况，需要经过审委会和专业法官会议讨论的案件，系统会自动流转到审委会和专业法官会议环节，承办法官将审委会议题、案件材料、会议笔录、记录、结论、音视频等资料录入系统即可进入下一步办理环节。

10. 信访室备案

案件办理完后流程自动流转到信访室，由信访室对案件办理情况进行审核，根据审核情况进行备案、结案处理。

11. 当事人信息反馈

案件做结案备案后，由信访室将当事人反馈报告生成、编写完成，上传系统后当事人可以通过内网信访一体机查询打印，也可以通过互联网端微信小程序查询下载。

二、平台实现机制

（一）实践（建设）过程

根据鄂尔多斯市两级法院信访案件分案及办理流程，通过走访信访室及其办案法官进行调研，结合工作实际，系统流程严格按照人民法院涉诉信访案件办理流程设计，系统功能覆盖涉诉信访信息录入、自主立案、智能分案、智能辅助办案、精准核查化解、案件办理结果备案、归档及反馈当事人等全流程在线办理功能。

系统实现把控案件办理进度，工作人员将符合信访核查条件的群众来访、来信、来电信息录入系统，通过系统线上分流模块交办至本院承办部门或下级法院核查办理。属于本院承办的信访案件，在办结后将办结信息录入系统，通过线上反馈至信访处；属于下级法院办理的案件，信息自动流转到各院办理环节，在各院进行分案、核查化解、办结后，系统将办理结果上报对应上级法院核查庭室核查，确认无误后上报高院信访处备案。涉诉信访案件可以实现三级法院交转办及自由流转、回退、逆向流程等功能，案件办理流程可以根据各法院要求灵活配置，办理过程具有全流程节点管控功能，严格把控涉诉信访案件办理进度。

此外，可以通过 RPA 政务机器人程序实现案件信息自动提取，通过接访室录音录像智能终端实现接访室录音录像实时录取、按需录取、刻录存证等功能；通过 24 小时涉诉信访智能一体机实现查看信访案件办理进度、录音录像举报材料、上传资料、打印办理回执单等；通过智慧信访小程序实现在线提交信访举报信息，查看信访案件办理进度，下载核查反馈报告等功能；通过数据统计分析模块实现各类数据统计分析能力；通过数据可视化模块实现大数据分析可视化展示能力，为信访案件化解、领导决策提供数据支撑。

（二）实施效果

2021 年 5 月份以来，鄂尔多斯市两级法院涉诉信访案件主要通过该平台办理，系统已经实现了政务机器人在线数据拉取，在线立案、分案、办案、核查、化解、备案、信息反馈等全流程功能，逐步实现线上办案取代纸质材料，实现涉诉信访案件无纸化办理。截至 2021 年年底，鄂尔多斯市两级法院通过该系统办理信访案件 1496 件，已办结 346 件，824 件在办理中，立案率 78.22%，办结率 23.11%。通过制定信访案件办理流程、设置办理流程节点、明确办理责任人、建立核查档案等方式，将信访案件办理流程化、精细化、智能化。通过督查督办、预警提醒等多种方式，有效提升鄂尔多斯市法院涉诉信访案件的办理质效。

2022 年 3 月，涉诉信访案件办理系统在内蒙古自治区全区 123 家法院上线并投入使用，今后内蒙古法院涉诉信访案件办理将集中通过该平台来办理。内蒙古法院涉诉信访案件办理系统的正式上线运行，实现了信访案件全程封闭、透明办理，切实提高了办理质效，节约了司法资源，优化了司法服务水平，尤其是涉企信访案件，科学压缩环节流转时间，对助推优化法治化营商环境也起到了一定作用。

三、实践案例创新点及推广价值

（一）涉诉信访案件办理系统项目实施创新点

1.设置中基层法院信访案件办理流程

鄂尔多斯市涉诉信访案件办理系统中信访案件办理流程是鄂尔多斯市两级法院在对大量信访案件化解实际工作中探索出来的一套科学的、行之有效的涉诉信访案件办理解决方案，这套方案具有鄂尔多斯特色，可以推广适用到全区、全国的中基层法院，填充了全区信访案件办理、化解流程标准化的空白。

2. 引入政务机器人程序

系统开发了一个小型政务机器人程序。程序模拟人工进行实时数据抓取，将抓取回来的数据录入涉诉信访案件办理系统，实现数据只录入一次以减少法官工作量。

3. 研发接访室录音录像智能终端

研发接访室录音录像、刻录为一体的智能终端。该终端实现了音视频的实时录取、按需录取，视频资源在本地智能终端和远端服务器上的同时存储，本地终端录像后可以直接刻录、拷贝存档等。可以实现信访系统中实时查看接访室接访实时画面，调取录音录像视频等。

4. 研发 24 小时涉诉信访一体机

研发 24 小时涉诉信访一体机及微信、PC 端应用，当事人可以通过 24 小时涉诉信访一体机、手机微信端、PC 端在线提交信访举报信息，可以在 24 小时涉诉信访一体机、手机端、PC 端等查看信访案件办理进度、录音录像举报材料、上传资料、打印办理回执单等。

（二）系统推广价值

鄂尔多斯市涉诉信访案件办理系统项目建设具有良好的法律效果和社会效益。一是规范了信访案件办理流程。二是提高涉诉信访案件办理效率，达到"提质减负"的工作目标。三是认真贯彻落实"我为群众办实事"实践活动，提供群众满意度。四是实现信访数据进行智能化、集约化管理，逐步形成信访数据中心，实现信访工作动态研判的智能化和精细化。五是各法院、合议庭信访量、运行态势一目了然，全程把控案件办理，确保信访数据"落地生根"，实现对信访工作在线监督和实时控制，服务领导决策。

鄂尔多斯市中级人民法院通过积极探索自主研发新突破，将现代科技力量与法院工作实际深度融合，创造具有鄂尔多斯特色，可以推广到全区的信息化建设新模式，更好地为法院案件办理提质增效，提升法院的整体信息化建设水平。

（作者：袁向东　智源　张萌）

吉林延边一州三县法院数字化劳动力（RPA）的工作实践

吉林省延边朝鲜族自治州中级人民法院
吉林省珲春市人民法院

一、建设背景

针对当前法官团队非审判事务繁多复杂的实际情况，自 2021 年 11 月 1 日起根据吉林省高级人民法院的安排，吉林省延边州中级人民法院（以下简称"延边中院"）率先开展了"运用 AI+RPA 优化事务性工作"项目试点，探索将 RPA 数字化劳动力应用于司法公开流程模块，大幅减少目前法院业务部门和审判管理部门的手动操作，提高工作效能，实现为法官团队"减负增效"。同时将数字化劳动力应用到司法公开流程模块中，也是法院对人才智能主导、人工智能辅助办案新模式进行的有力探索。

在法院司法公开工作中，存在大量人工重复的键鼠操作，严重影响了司法公开的工作进度。延边中院通过与珲春市人民法院、和龙市人民法院、汪清县人民法院讨论研究，确定将文书公开、笔录公开、电子送达三个场景作为"机器人流程自动化"（RPA）试点应用场景。

二、建设情况

（一）应用技术介绍

"机器人流程自动化"（Robotic Process Automation，RPA），又称为数字化劳动力（Digital Labor），是一种通过模拟人与软件系统的交互过程，实现由软件机器人自动化执行工作流程的技术应用。简单说，RPA 是一款基于桌面记录的自动化软件，它通过使用用户界面层中的技术，模拟人类行为，记录键盘鼠标动作并自动回放，从而代替人工执行计算机的批量化操作，出色完成大量重复性、定义清晰、有固定逻辑的工作。更重要的是，对于异构系统互联，RPA 是一种外挂式的、从用户界面层面进行"非侵入式"的系统打通，无须修改原有系统架构，不改变现有业务系统处理逻辑连接不同系统，实现"虚拟"的系统集成。同时，支持低代码，部署快速灵活。

RPA 数字化劳动力应用程序部署是根据确定的 RPA 数字化劳动力应用场景清单，进行深入的场景细节调研，根据实际场景需求开发 RPA 数字化劳动力应用程序，并在计算机或虚拟计算机环境上进行部署和调试，最终实现场景的自动化、智能化升级，通过流程自动化机器人管控平台，实现对数字化劳动力应用的安全运营、实时监控、数据分析等各种监管。

（二）调研与部署

前期通过与业务法官深入沟通，将业务需求进行调研并对文书笔录公开和电子送法两项工作的操作步骤进行详细的整理记录，根据调研情况进行 RPA 数字化劳动力开发，开发完毕后将 RPA 数字化劳动力部署在指定计算机或虚拟计算机上，并进行测试、调试工作。部署后的 RPA 数字化劳动力会不断进行工作任务执行测试、优化，确保 RPA 数字化劳动力能够在最稳定的情况下将案件处理时间尽可能地压缩到最短，最终实现场景的自动化、智能化升级。将流程自动化机器人管控平台（Commander）部署在延边中院，数字化劳动力（Worker）分别部署在延边中院和 3 家基层法院并接入管控平台，4 家法院如需要时可开放端口进行相互联动。系统部署情况如表 1 所示。

表 1　系统部署情况

法院名称	软件数量
延边中院	1Commander+2Worker
汪清法院	2Worker
珲春法院	2Worker
和龙法院	2Worker
合计	1 Commander+8 Worker

（三）应用与管理

通过数字化劳动力对文书公开、笔录公开、电子送达三项业务场景实现智能化辅助后，法官只需要准备好当天需要完成的案件列表，然后一键启动对应流程的数字化劳动力，数字化劳动力将自动完成工作，实现"一键OK"自动化。延边中院通过搭建在本地的流程自动化机器人管控平台，可实现对RPA数字化劳动力应用程序的安全运营、实时监控、远程管理、数据分析。

三、应用成效

（一）向司法公开增势赋能

延边法院坚持"以公开促公开、以公开提公信"，全面构建开放、动态、透明、便民的阳光司法机制。2021年11月19日，延边中院和3家基层法院的数字化劳动力陆续上线，到2021年12月31日，数字化劳动力累计办理10413个案件的文书公开、笔录公开及电子送达工作，成功协助4家法院法官团队完成年底考核目标，切实做到司法各项工作依法、及时、全面公开，让审判权力在阳光下运行。

通过数字化劳动力向当事人及其代理人公开，等于将法官审理案件的重要程序节点告知当事人。当事人及时了解这些信息，可以为后续审理做好准备，确保诉讼进程高效、稳定地进行，既保障了当事人的知情权，方便其实现法定权利，又有助于推进同案同判的实现，更普惠于社会各界，助力社会信用体系建设。

数字化劳动力摒弃了司法神秘主义的做法，极大地方便了民众诉讼，满足了当事人知情权。这既是对其参加诉讼的信息知情权的保障，也为确保其充分捍卫实体权利奠定了基础。同时也能提升司法公信，降低法官工作负荷，是互利共赢的改革举措。

通过文书公开、笔录公开、电子送达，可以增加审判活动各领域、各环节的公开化、可视化程度。这显然合乎"构建开放、动态、透明、便民的阳光司法机制"要求，并有效地避免暗箱操作，更好地实现"看得见的正义"。让人们切实感受、触及公平正义的温度和力量。各场景应用数据如表2所示。

表2 各场景应用数据

法院	场景名称	运行数量/件
延边中院	电子送达	1026
	文书公开	1107
	笔录公开	1164
珲春法院	电子送达	316
	文书公开	2334
	笔录公开	2334
和龙法院	电子送达	1924
	文书公开	104
	笔录公开	104

注：汪清法院因在RPA上线前已完成考核任务，故系统流程未实际运行

（二）为审判工作减负增效

基于RPA实施的审判信息自动公开软件能够有效解决司法公开重复操作性强、失败率高的问题，目前虽应用场景只涉及3个场景，但非常具有应用和推广价值。

传统司法公开工作，经常会出现上传失败的问题，书记员需要对同一个案件重复操作多次才能够公开成功，消耗了大量的时间精力。数字化劳动力自上线以来受到法官团队的一致好评与认可，有效减轻了审判辅助人员事务性工作的操作负担，极大节省法官团队事务性工作的人工值守耗时。截至2021年12月31日，数字化劳动力为延边中院及珲春、和龙两家基层法院节省人工点击次数约26万余次，节省人工操作时间900多小时，详细数据如表3所示。

表3 减负统计

法院	场景名称	节省人工操作次数/次	节省人工操作时间/小时
延边中院	电子送达	25116	89.7
	文书公开	26535	94.3
	笔录公开	26399	92.0
珲春法院	电子送达	8108	27.3
	文书公开	55549	206.1

续表

法院	场景名称	节省人工操作次数 / 次	节省人工操作时间 / 小时
和龙法院	笔录公开	55549	206.1
	电子送达	51640	170.5
	文书公开	2687	7.4
	笔录公开	2687	7.4

（三）促进集约工作转型升级

通过对数字化劳动力的应用，将司法公开事务性工作以信息化手段作为支撑加以优化甚至替代，将一部分司法公开工作从审判团队中剥离开来，法官从事务性工作中抽身出来，能够将更多的精力聚焦审判工作本身。书记员不用每天忙碌于大量重复性操作中，部分书记员的工作职能可以向法官助理转化，促进了法官助理工作更加专业化，有效解决书记员和法官助理重复劳动的问题，实现人力资源科学再配置。

（四）保障审判管理规范有序

目前部署在司法公开业务上的 RPA 数字化劳动力均可稳定运行，24 小时不间断地执行大量的集约型事务性工作，并将运行结果精准收集整理、汇总分析，能高效协助法官团队实现司法公开工作的自动化、智能化执行，减少分散在各法官团队的工作内容。同时审判管理部门可通过管控平台实时监控数字化劳动力的工作状况，可实时远程控制数字化劳动力，还可对数字化劳动力的运行数据进行统计与分析，帮助审判管理团队更科学高效地对司法公开流程各节点进行科学、有序的规范化管控，通过加强数据分析、对文书笔录公开、电子送达率等指标存在的问题做出精准定位跟踪，及时解决问题。

珲春法院基于 5G 的法官移动办案平台

吉林省珲春市人民法院

近年来，珲春市人民法院深入贯彻落实最高人民法院工作部署，围绕智慧法院"三全三化"的主要特征积极推进各项信息化建设工作，坚持与人民群众多元化司法需求和法院干警实际办案需要相适应，着力构建具有珲春法院特色的"i-法院"[1]人工智能服务模式，以智能驱动审判，以科技提升质效，不断加强诉讼服务、审判执行、司法管理和廉洁司法等各项工作支撑，推动审判体系和审判能力现代化。在此基础上，吉林省珲春市人民法院（以下简称"珲春法院"）探索非法院场景下法官移动办案，顺应时代发展趋势。

一、法官移动办案平台的建设背景

（一）移动互联为法院信息化发展思路

2019 年，最高人民法院印发《人民法院信息化建设五年发展规划（2019—2023）》中指出，要加强移动专网建设，为移动办公、巡回审判和外出执行等外出移动业务提供支撑，将办公办案业务拓展到移动终端。突出"移动互联"的发展思路，充分运用移动互联技术，积极拓展面向公众的移动应用，随时随地为当事人、律师和社会公众提供司法公开和诉讼服务。推进巡回审判、执行或送达、人民法庭专网接入等移动应用，按照信息安全要求稳步推进办公办案等移动终端应用，最大限度为法官办公办案提供便利。

---

[1] "i-法院"取"爱法院"谐音，"i"从 Information（信息化）、Inteligence（智能化）、Innovation（创新）、Immediateness（即时性）4 个英文单词转化而来，具体包括"i-服务""i-聚能""i-送达""i-审判""i-执行""i-绩效"等多个信息化工作模式。

（二）现阶段法官外出办案业务痛点

法官在外出时，由于无法连接到法院专网，因此无法利用电子卷宗系统进行阅卷办案，只能通过打印纸质卷宗来满足办案所需，在给办案工作带来极大不便的同时增加了卷宗丢失的风险。由于案件的审批系统部署在法院专网，当领导外出时，无法连接到系统进行审批，对案件进展造成延误甚至停滞，对案件办理时效造成影响。由于网络及设备限制，法官在外出办案时只能提前打印好文书，并携带至现场供当事人签名确认，完成后法官再携带至院内进行扫描归档，增加了法官办案的时间成本。

（三）疫情背景下司法服务的迫切需要

2020年年初，新冠肺炎疫情来袭，直至目前，疫情防控工作仍需常态化开展。另外，结合珲春市边疆地域特征，城市化发展带来的人口流动性大，接收的案件当事人多为外地人员，也有部分在本市偏远地区无法出庭，或无法进入法院提供证据材料，为法官取证、审判等环节造成一定困难。为更好地解决法官移动办案和疫情期间法官在非法院场景下的办案问题，法官移动办案平台应运而生。

二、法官移动办案平台应用具体实践

2020年5月，吉林省高级人民法院确定珲春市人民法院为法官移动办案试点单位，标志着珲春"i-法院"人工智能服务模式向"移动互联"模式拓展，珲春法院智慧法院建设迈入移动互联5G时代，珲春"i-法院"的释意也自此从information（信息化）、intelligence（智能化）、innovation（创新），向immediateness（即时性）第四个维度拓展。

（一）直击业务痛点，移动办案显实效

作为全省唯一一家试点法院，在吉林移动微法院、吉林电子法院基础上，珲春法院不断深入探索5G技术与司法领域的融合，致力解决法官移动办案和疫情期间法官在非法院场景下的办案问题，针对外出办案、异地开庭无法实时阅卷、外出时无法对案件进行审批、外出办案需打印纸质文书、无法签字捺印扫描入卷

等关键业务痛点，提出了一系列解决方案。

一是打通电子卷宗系统，使得法官在移动场景下即可阅览法院专网内的卷宗。

二是通过法官业务系统，实现领导外出对法官内网提交的审批事项进行在线审批，结果回传。

三是结合文书编写系统，支持移动场景下各环节文书的编写，实现移动无纸化办案。

四是搭配电子签名技术，在移动场景下直接对文书进行签名，提高办案质效。

五是建立移动设备管理系统，对法院移动安全终端进行统一管理。

（二）专用移动终端，设备随身管

设备采用移动安全终端（定制平板电脑），符合等级保护测评 2.0 和可信安全方案，终端大小适合法官外出携带，操作系统安全加固并定制"双模式"，双模式间文件、应用完全隔离，两个模式的外设管控策略、网络连接、指纹密码、恢复出厂等设置信息完全独立。提供完整的移动安全管理，从设备接入、部署配置、运行监控、回收注销等各个环节进行全面管理，可对所有移动终端联网情况进行监控，掌握终端的联网时长、最后在线时间等信息，方便进行统一管理。

（三）突破网络壁垒，卷宗随身阅

2018 年 9 月底，珲春法院所有民商事、行政、执行案件均实现全流程网上无纸化办案。2019 年 9 月，所有民商事案件、行政案件、执行案件实现了仅以电子档案保存的单套制管理新模式，以前法官外出办案，不能将法院内网中的电子档案离线下载至笔记本电脑，而基于移动安全终端的法官移动阅卷为单套制模式下的法官移动办案锦上添花，在外出办案过程中，可实时搜索承办的案件进行在线阅卷，可收藏卷宗后进行离线阅卷，在阅卷同时可进行笔记录入，添加手写批注，实现了法官的移动"档案室"功能。

（四）消息实时提醒，事项随身批

以往法官提出的变更适用程序事项、变更承办人事项、扣除审限事项都需经内网业务系统层层审批，流转时间长，受到各节点人员的时间、空间限制，法官移动办案系统提供的移动审批功能、领导实时接收审批提醒，无论在法院、在外地均可查看案情、查看审批事由，审批完成后，结果实时回传业务系统，全程留痕可追溯，极大缩短了审批流转周期，切实提高了审判效率。

（五）智能办案辅助，文书随时出

传统模式下，法官外出办案需要准备文书模板，手写文书，打印后签字捺印，纸质文书需要回院扫描入卷，既不符合安全性，也与全流程网上办案方式背道而驰，而利用法官移动办案系统，在移动阅卷的同时法官可进行文书制作。通过将OCR技术、电子签章技术、电子卷宗数据与移动办案系统相融合，使卷宗内容在移动安全终端上可以进行复制、标记、签章等操作；同时基于案件基本信息，辅助制式文书的生成，实现电子文书自动入卷、自动打印，提升法官工作效率。

三、法官移动办案取得的成效

法官移动办案打破办公内网与移动专网的技术壁垒，突破了时间和空间的局限，与办案系统实时对接互通，结合区块链技术，交互的数据、电子材料均上链存证，操作流程全程留痕，通过"5G+物联网"技术，双重保障数据及使用安全，实现了随时随地满足办案需要的目标，为法官提供便携的随身、综合应用服务，提高审判效率，从而提升法官及当事人的司法获得感和满意度。

截至2021年6月30日，珲春市人民法院在非法院场景下使用移动阅卷功能阅卷372次，使用移动审批150次，制作文书245份，签章回传文书220份，极大提高了办案效率，缩短办案周期20余天，及时化解了当事人之间的矛盾。2020年11月，珲春法院"法官移动办案"项目被电子政务理事会评为"2020年互联网+政务服务创新应用（App）"。

四、未来展望

5G时代已然来临,珲春法院面对5G与司法融合的重大课题,披荆斩棘,推出法官移动办案,丰富了珲春"i-法院"人工智能服务模式的内涵,为法官提供移动场景下的最大化辅助,并持续探索移动场景下基于5G技术的"移动庭审""移动合议""案情研判""证据审查"等多种场景下的应用,为基于区块链技术下的"电子卷宗随案生成及深度应用"、全流程无纸化办案模式、诉讼档案单套制管理模式提供移动场景下的补充,为法院信息化添砖加瓦,真正实现法院业务"移动互联"。

(作者:冷立新 郎华)

吉林和龙法院"政法协同"创新应用

吉林省和龙市人民法院

习近平总书记指出,"深化司法体制改革,建设公正高效权威的社会主义司法制度,是推进国家治理体系和治理能力现代化的重要举措",要"更加重视运用人工智能、互联网、大数据等现代信息技术手段提升治理能力和治理现代化水平"。为推进政法机关信息化建设工作,促进司法信息整合与共享,提升政法工作智能化、现代化水平,提高政法机关协同办案效率,和龙法院依托省政法委建设"政法协同"系统,创新融入"政法协同+随案生成""政法协同+RPA",刑事审判进入了"全业务网上办理"的新阶段,实现了"所有卷宗线上传,所有程序线上走"的目标,补齐了"全流程网上办案"的最后一块拼图。

一、"政法协同"系统建设概述

中央政法委员会曾提出,要"以信息化促进执法规范化,以信息化引领政法工作现代化"。为落实中央政法工作会议精神,吉林省委政法委下发了《关于做好执法司法办案业务协同系统和涉法涉诉信访信息系统配套工作的通知》,进一步明确了工作任务、完成时限等内容,重点完成三部分建设任务。

第一部分是政法云平台对接。吉林省委政法委基于政法网向全省政法各部门提供计算、存储资源的共用共享服务,全省政法各部门将各类应用数据汇聚至资源中心。第二部分是执法办案业务协同对接。主要实现刑事案件业务跨部门线上办理和案件信息互通共享,共包含32个业务流程,其中与法院有关业务流程25个,包含业务协同(一审公诉、刑事判决执行、社区矫正、法律援助、电子换押、变更强制措施、通用司法工作协同)、二审上诉、二审抗诉、审判活动监督、审判监督抗诉、法院决定再审、刑事申诉再审抗诉协同、强制医疗、没收违法所得、提讯协同、羁押期限、减刑假释、暂予监外执行、在押人员死亡、监狱解回、刑满释放、调取罪犯信息及释放证明、羁押必要性审查、法院决定拘留，实现数据交换和业务流程交互。第三部分是涉法涉诉信访信息系统对接。主要实现公检法司涉法涉诉信访数据动态汇聚共享和信访业务协同办理，实现与最高人民法院信访系统、省法院审判业务系统、吉林电子法院对接。

二、和龙法院应用特色

和龙法院按照上级部署，积极推动系统的应用工作，加大对系统的宣传力度，积极组织开展专项培训，反复演练，及时反馈运行问题并进行统一收集，通过内部的反馈机制进行有效处理，通过问题跟踪机制，确保问题处理落地，不断提高平台使用的广度和深度，更好地服务法官、服务人民群众。

（一）"政法协同 + 随案生成"，案件全流程网上办

"政法协同"系统在不改变原有政法机关各部门办案系统部署方式及法定职权范围的情况下，通过对公检法司等政法部门业务系统进行统一数据标准和接口方式，打破公、检、法、司信息壁垒，实现跨部门间数据共享交换、业务协同办理、办案流程再造。各政法部门办案系统根据统一数据交换标准生成规范数据包，通过省级平台进行传输交换，实现刑事案件跨部门网上协同、全流程网上办理。

和龙法院建立健全了电子卷宗收集、扫描、数字化处理、审核、流转、存储、管理、运用和质量保证的运行机制、规章制度和岗位职责。依托"两个中心"建设，通过智能编目、网上阅卷、文书辅助生成等核心功能，构建及时、完整、可信的电子卷宗。采取服务外包模式，配套建设云柜、中间柜，构建以法官为中心、司法辅助工作集约化管理的新模式。进一步细化电子卷宗目录层级，优化编目标准，探索七级目录、高质量的电子卷宗应用体验，使法官乐于突破传统办案习惯。疫情期间，利用远程提讯、云上法庭，当事人线上完成陈述、质证、辩论等环节，并形成笔录，实现"审判执行不停摆、公平正义不止步"。

（二）"政法协同 +RPA"，代替人工进行系统操作

最高人民法院《关于加快建设智慧法院的意见》明确要求"运用大数据和人工智能技术，按需提供精准智能服务"并"支持办案人员最大限度减轻非审判性事务负担"。和龙法院针对当前基层法院事务性工作繁重的实际情况，积极探索建设"机器人流程自动化"（RPA）与"政法协同"系统结合，通过模拟增强人类与计算机的交互过程，代替人工进行枯燥、烦琐、重复、批量化非核心系统计算机操作，实现基层法院的"减负增效"。

刑事案件结案时需处理涉及公安局、看守所、司法局等多个政法部门交互沟通，需发送执行信息；向社区矫正模块上传《起诉书》《判决书》《执行通知书》《结案登记表》等文书，需法官逐案上传发送。引入"RPA"后，法官仅需将制作好的文书放在指定文件夹，机器人即可根据案号自行检索上传发送，充分释放人力、时间，使法官能够专注于更有价值的智力型工作。

三、系统应用成效

"政法协同"系统应用以来，和龙法院经过系统流转的刑事一审公诉案件比例达 100%，全部刑事案件均实现了双轨流转，办案流程由线下转到线上办理，开启跨部门线上办案新模式，实现"让数据多跑路，办案人员少奔波"。

（一）信息共享办案更高效

公安卷宗扫描难制约着刑事案件全流程网上办理，通过业务协同，电子卷宗随案移送达到了"一次录入，多次使用"的效果。高质量的电子卷宗实现文字清晰且可复制，法官可在计算机上直接浏览案卷，也可以直接复制笔录的内容，减少了大量人工摘抄的时间，让法官有更多时间去关注案件的定性和量刑。承办法官在办理案件时，可对审理状态的案件进行类案推送与关联案件检索，类案推送可以根据案情进行多维度推送，支持法官自定义检索条件，从而实现优化推送策略，为法官审理案件、撰写文书提供辅助参考，促进法律适用和裁判标准统一，帮助法官排查虚假诉讼，避免矛盾和重复判决。通过网上电子卷宗移送，节约了人工移送案件的时间，案件所有相关信息更加清晰明了，案件进入审判环节更快

捷，法官能更快了解案件事实。案件从侦查到判决的周期也将进一步缩短，简易程序适用率同比上升36.17%，从而提高案件审判质效，使司法为民的法制理念更直观体现在案件的审结周期上。

（二）业务协同办案更规范

"政法协同"系统进一步加强了法院办案质量和办案时效的监督。检察院干警可将公诉案件直接推送到协同系统，然后迅速发送到法院办案系统中去。法院审查后接收案件，可分配到具体的员额法官，通过点击某个案件，就能及时了解案件所处的阶段的各种信息。通过"政法协同"系统，各政法部门间可以实时进行案件办理网上流转、相关材料全面审查、实时查询案件办理进展，实现案件办理的全程留痕、可追溯、可监督，实现了对法院办案质效的有力监督，进一步促进了规范执法与公正司法，真正让司法程序暴露在阳光之下。

（三）功能完善办案更智慧

"政法协同"系统充分发挥信息化技术在平安建设和社会治理中的支撑作用，破除各政法部门之间的网络信息壁垒，使各部门之间的"信息孤岛"不复存在，系统设置了32个业务协同流程415个交互节点，建立了涵盖80个罪名的一整套刑事案件证据标准。和龙法院刑事审判由此实现了电子卷宗、法律文书等办案信息及时、快速地在网上流转，逐步实现了从"线下"到"线上"的华丽蜕变，实现了审判活动、刑罚执行在整个司法闭环的业务互通、信息共享、监督保障。跨部门大数据办案、大数据共享、大数据整合，实现政法部门间跨部门协同办案流程再造与办案模式创新。

今后，和龙法院将紧扣"提升办案质效，促进司法公正"的建设初衷，深入优化改进系统各项功能，实现政法跨部门信息连通与共享的"路线图"成为"实测图"，设施联通、网络畅通、平台贯通、数据融通的"计划表"变为"运行表"。进一步推动案件办理全过程数据共享、业务互联，为审判体系和审判能力现代化的实现提供有效可行的实践模式。

吉林敦化法院:"RPA"在执行工作中的智能化创新

吉林省敦化市人民法院

为进一步深化"智慧法院"成果应用,加快建设智慧法院 4.0 升级版,敦化市人民法院率先在执行工作中引入"机器人流程自动化"(RPA)技术,旨在通过 RPA 技术减少法官和书记员的事务性劳动,解决系统之间的频繁切换,使其有更多的精力投入案件质量上。RPA 技术是机器人根据预先设定的程序,通过模拟人工的操作模式,替代机械化、重复性的劳动,极大提升了工作效率。

一、应用背景

根据最高人民法院《关于加快建设智慧法院的意见》,明确要求"运用大数据和人工智能技术,按需提供精准智能服务"并"支持办案人员最大限度减轻非审判性事务负担",吉林省敦化市人民法院针对当前基层法院事务性工作繁重的实际情况,在延边州中院的牵头带领下积极探索建设"机器人流程自动化"(RPA)多场景应用,运用"AI+RPA"数字化劳动力模式代替人工进行非核心系统操作,实现基层法院的"减负增效"。

面对劳动力效率提升的需求,法院一方面需要引入数字劳动力,另一方面需要鼓励业务人员使用自动化办公,实现劳动力方案升级。打破传统的法院工作处理模式,提高工作效率,为司法为民、公正司法提供有力科技支撑。

二、应用特点

"机器人流程自动化"(RPA)又称数字化劳动力,是一种在计算机上运行的软件机器人,通过模拟、增强人类与计算机的交互过程,代替人工进行枯燥、烦琐、重复、批量化计算机操作，进而提高工作效率及操作精准度，减少人工操作强度并释放出劳动力资源。

1. 针对法院集约型事务辅助效果显著

数字化劳动力不受人员限制、不怕操作之累，"敢"把更多的工作集约处理，在数字化劳动力支撑下法院对于处理集约型事务的能力大大提升。并且可以对业务流程优化及智能化进行升级，对流程效率、自动化水平进行大幅提升，准确率可实现接近于100%。在处理集约型事务时不再依赖人海战术，在作业方式上达到智能化升级，在部署数字化劳动力之后，数字化劳动力即可负责处理大量的集约型事务。

2. "全年无休"、随时更新

RPA数字化的产品可以全年无休地全负荷工作。如果工作流程发生变化并且机器人需要学习"新知识"，可以用新的机器人替换，或者修改代码程序以满足新的业务需求。因为它专注于向最终用户提供帮助。它还可以帮助员工认识到可以更轻松、快速地完成哪些任务。假设工作流程无法正常工作，工作人员可以立即对流程（或代码）进行更改，并实时了解这些更改对最终结果的影响。从而减少因更新而停机的烦恼，避免造成无法使用的情况。

三、应用过程

2022年8月1日，敦化市人民法院主动与北京易政邦公司沟通，探索在执行工作中融入RPA技术，相关执行干警和技术人员经过数次测试搭建了智能管控平台（Commander）并交付试运行。智能管控平台可一键创建多个任务，任务可在多个机器人中自动分配，通过优先级控制任务的运行顺序，利用高优先级快速处理紧急事务。

在执行业务应用过程中，敦化法院还创新利用RPA技术，把文书生产和电子签章（华宇）、电子送达（新浪）三项工作跨系统融合，大大提高了工作效率。"这项技术对于执行工作非常有必要，极大地减少了执行干警事务性工作，让我们的干警有时间和精力投入到提高执行案件实际到位率，更好地保障胜诉当事人的合法权益。"执行局局长姜恩禹感慨道。

四、应用成效

（一）支持法院业务流程"集约化改革"潜力巨大

智慧法院建设已呈现全业务网上办理、全流程依法公开、全方位智能服务的特点，如何更加集约、集成、高效地完成审判执行工作，成为法院信息化改革的方向。从已部署法院的实践中可以看到，随着全流程无纸化办案方式的推行，诉讼服务中心、集约化送达中心等均将事务性工作聚集于一处，有效减轻了法官、法官助理、书记员的工作负担，从而提高了工作效率，当事人也从中受益。但即使在如此集约的情况下，人力资源问题依然存在，如何在高度集约的工作模式下进一步剥离事务性工作，如何摆脱人力资源困境、深化"集约化改革"使RPA技术成为优化解决的路径。

（二）通过使用RPA进行"减负增效"

从项目初期到落地部署实施，目前已经实现的RPA数字化劳动力主要包括执行电子卷宗智能助理，并正在尝试将RPA技术运用到民事审判工作中。在部署RPA劳动力之前，执行办案节点较多，在执行集约化模式下，出现大量系统操作的重复性工作，集约办理人员需切换操作系统登录，以达到所有的操作不遗漏。司法送达节点在原来人工操作时需要耗费大量人力，且因为系统缘故会出现公开失败的情况，需要对该案件重复进行公开，对于业务操作人员来说是非常大的负担，严重制约了工作效率。为此，迫切需要RPA数字化劳动力进行减负增效。在部署RPA数字化劳动力以后，仅需要将要进行操作的案件信息准备好，放入指定文件夹，一键启动RPA数字化劳动力，它会按照编写好的程序准确执行，并精准公开，最后业务人员仅需查看运行结果即可。

从2022年8月1日至今，敦化法院已经部署使用的RPA流程有7个，总的运行案件量达到1132个，减少人工操作次数达到39650次，节约工作时间达到人均49小时。

（三）降低操作失误率、减少运行成本

目前法院信息化建设进展迅速，但是80%业务仍需要人工键鼠操作，业务系统多，系统操作友好度低，操作步骤十分烦琐。通过RPA数字化劳动力，可以记录人在计算机桌面上的操作行为，将业务处理规则和操作行为记录下来写入程序，最后以模拟人的操作方式在计算机上自动执行一系列特定的工作流程。从而减少人为操作失误和因为错误操作导致的纸张浪费、送达失败的重复执行。

五、结语

法院引入RPA数字化劳动力，能极大提升团队工作模式的自动化及智能化水平。敦化市人民法院将在此基础上不断深化大数据和人工智能AI技术的运用，进一步积极探索"RPA"在立案、审判、执行、政务管理等各场景各庭室的应用，为法院工作自动化、智能化赋能。并持续以智慧法院信息化建设为目标，紧跟智慧法院建设新时代脚步，积极探索、深度融合，在信息化建设为法院办案提质增效的基础上，走出一条更高效、更便捷、更低成本的智慧法院建设新路径。

保定中院一体化审判权运行监督制约体系试点经验

河北省保定市中级人民法院

一、实践案例概况

(一)实施背景

2019年1月15日至16日,习近平总书记在中央政法工作会议上强调:"要聚焦人民群众反映强烈的突出问题,抓紧完善权力运行监督和制约机制,坚决防止执法不严、司法不公甚至执法犯法、司法腐败。"

2021年1月22日,习近平总书记在中国共产党第十九届中央纪律检查委员会第五次全体会议上强调:"要把监督贯穿于党领导经济社会发展全过程,把完善权力运行和监督制约机制作为实施规划的基础性建设,构建全覆盖的责任制度和监督制度。"

2021年2月27日,经党中央批准,中央政法委召开全国政法队伍教育整顿动员部署会议,强调要聚焦影响严格执法、公正司法的顽瘴痼疾。

2022年1月18日,习近平总书记在中国共产党第十九届中央纪律检查委员会第六次全体会议上强调:"坚持纠正一切损害群众利益的腐败和不正之风,坚持抓住'关键少数'以上率下,坚持完善党和国家监督制度,把全面从严治党向纵深推进。"

随着人民法院司法责任制综合配套改革步入"深水区",改革的复杂性、敏感性、艰巨性愈加凸显,特别是法官员额管理制度实行以来,纪检监察、院庭长等如何对审判权力运行进行有效的监管更是迫在眉睫。而当前,各级法院普遍缺少监督制约的完整体系,如何正确处理好放权与监督的关系已经成为影响司法改革行稳致远的关键环节和实践难题。

2021年3月,河北省高级人民法院党组和驻院纪检监察组着眼落实全面从严治党主体责任和监督责任,将保定市中级人民法院(以下简称"保定中院")确定为"完善审判权运行和监督制约机制"试点单位,指导支持河北省保定市中级人民法院创新研发"一体化审判权监督制约平台",着力打造一体化审判权运行监督制约体系。改革试点经验受到最高人民法院院长的高度肯定,在最高人民法院《队伍建设》和河北省政法委《河北政法简报》刊发推广,被河北省司改办评为"政法改革创新点",同时荣获河北政法系统"我做的群众最满意的一件事"十大经典案例,为人民法院加快推进执法司法责任体系改革提供了有力抓手和创新路径。

(二)案例简介

一体化审判权运行监督制约体系主要以内外监督为核心、以权责清单为指引、以风险重点为抓手、以信息技术为支撑、以考核奖惩为手段,是一套系统集成、智能科学、协同高效的新时代审判权运行监督制约体系。该体系以"河北法院一体化审判权监督制约平台"和"全省派驻法院机构智慧监督平台"两大平台为抓手,覆盖了"案件、节点、事件、人员"四大维度,整合了"纪检监察、院庭长、督察、审判管理、法官管理、人事管理、信访管理、舆情管理"八个角色,融合十五套信息化应用系统打造了"十五个自动化",通过"八七五四四"的工作方法,实现了"七个看得见",即"重点案件看得见、重点节点看得见、重点人员看得见、重大瑕疵看得见、群众信访看得见、重大舆情看得见、问责追责看得见"。

二、实践案例具体做法

(一)案例详情

1. 以内外监督为核心,凝聚强大制约合力

注重系统思维,建立"1+7+N"监督体系总体格局,其中"1"为纪检监察部门,负责监督其他角色是否及时规范行使监督职权,充分发挥监督执纪问责、监督调查处置职责;"7"为院庭长、督察、审判管理、法官管理、人事管理、信访管理、舆情管理,分别对审判权运行的"N"个部门和人员进行监督管理。强

化内部监督，紧紧围绕审判权运行规律，充分发挥"1+7"的角色职能，相互协作配合，层层压实责任、传导压力。畅通外部监督渠道，针对党委政府、人大、政协等外部单位重点关注并督办的案件或事项，系统登记后按照规定的督办流程进行处置，有效形成监督合力。

2. 以权责清单为指引，厘清审判权力边界

推进建章立制，制定健全院庭长履行监督职责的实施意见等12大类60余项规范性文件，针对纪检监察、院庭长等八个角色分别制定监督管理的标准化作业流程，为一体化审判权运行监督制约体系建设奠定制度基础。通过系列制度，细化院长、审判委员会委员、庭长、员额法官、合议庭成员、法官助理、书记员、案件评查人员各类人员不同岗位权责，规范行使审判权力、强化监督管理等事项。制定院庭长审判监督管理权责清单，明确院庭长应严格落实"一岗双责"、加强四类案件监督管理、审判流程节点管控、案件质量管理、审判运行态势分析等20余项审判监管责任，切实解决院庭长"不愿管、不敢管、不会管"等问题。

3. 以风险重点为抓手，推动监管全面覆盖

通过对"关键少数"、关键岗位及审判权运行各个环节中易出漏洞、风险频发的重点事项加强监管，在做实日常监督的同时，抓好重点监督。平台紧盯瑕疵案件、长期未结、发回重审、改判案件、启动再审案件、四类案件、确认违法并引发国家赔偿案件、虚假诉讼等重点案件，瞄准纪检举报、外部督办、信访、舆情及有案不立、压案不查、压款不返、扣款不发等队伍教育整顿顽瘴痼疾等重点事件，严格管控违规延长中止扣除审限、超期立案、庭审违规、案款发放超期、评估拍卖超期、终本核查不合格等重要审执流程节点，关注高风险法官、受处理干警等重点人员，实现各类监管看得见。

4. 以信息技术为支撑，实现科学自动监管

充分运用大数据、区块链和人工智能等技术，集中整合15个信息化应用系统，通过对接"一体化审判权监督制约平台"，实现各类数据自动汇聚、全程留痕，推动人力巡查、事后管理向自动预警、智能监督转变，打造了"十五个自动化"，即"立案风险自动拦截、四类案件自动标识、法官负面行为自动预警、节点风险自动监控、监管事项自动提醒、违规行为自动冻结、电子卷宗自动核查、庭审违规自动巡查、评查结论自动推送、接触过程自动记录、过问干预自动留

痕、职业放贷人自动确认、虚假诉讼自动筛选、考核绩效自动关联、业绩档案自动生成",用十五道"数据铁锁"将审判权力牢牢关进"数据铁笼"。

5. 以考核奖惩为手段,推动监管成果运用

综合运用绩效考核系统,监督处置结果自动纳入法官绩效考核和业绩档案。对于考核结果较差的,采取扣发绩效奖金、限制文书签批权、暂缓法官等级和公务员职务职级晋升、责令退出法官员额等举措,确保监督落地落实。在队伍教育整顿中,充分发挥体系效能,一是利用平台数据指引干警进行个人事项填报;二是针对平台反映出的重点人员组织进行专门谈心谈话;三是将全市法院受到组织处理、党政纪处分、移送司法机关等受处理人员的情况进行统计汇总,并列入干警业绩档案,为开展问责追责、整治顽瘴痼疾提供数据支撑。

(二)实施效果

八个角色各司其职、协同合作,运用"一体化审判权监督制约平台",依据标准化作业流程,履行监督责任,形成监督闭环。截至2022年8月,共监督重点案件29000余件,重点节点9400余个,重点事件2700余件,重点人员240余人,在队伍教育整顿中监管发现各类顽瘴痼疾问题均已进行督办处置并完成整改。2021年,全市法院审判质效位列全省第一方阵,群众满意度测评在保定市106个参评单位中位居第一名,有效提升了监督成效和群众满意度。

三、实践案例创新点及建议

(一)实践案例创新点

一体化审判权运行监督制约体系是保定中院充分运用系统观念,在推进政法领域全面深化改革中的成功探索和创新实践。通过聚焦改革中的全局性、根本性、规律性问题,统筹科学谋划,加强顶层设计,构建了一整套与新型审判权力运行机制相适应的监督制约体系,推动改革取得突破性进展。

一体化审判权运行监督制约体系是保定中院改革创新理论成果与实践成果的有机结合。一方面,制定完善系列制度,健全了定责、明责、履责、考责、追责的制度机制体系,压实了监督责任;另一方面,加强科技深度融合,依托智慧法

院成果，推进智能化信息化监督平台建设。一体化审判权监督制约平台构建了一整套大数据展示推送和分析研判体系，为监督管理赋能。配套应用的 15 个信息化应用系统中，自主研发并于 2021 年 1 月在全国法院率先上线的"12368 法院工作人员与当事人、律师、特殊关系人、中介组织联络通信系统"，实现法官与诉讼参与人实时语音通信、通话记录全程留痕和通话录音永久保存；创新研发并于 2021 年 1 月上线的"法官负面行为预警系统"，针对超审限、长期未结、瑕疵案件、有理访、无合法正当理由被发还改判等负面行为，进行智能打分排名，并按红色"高风险"、黄色"中风险"、绿色"正常"动态预警，为执法办案划定了不可逾越的"高压线"，推动监督科学化。

（二）推广价值

一体化审判权运行监督制约体系有效攻克了传统监督模式无法量化的堵点、效率低下的难点、局部管理的盲点、不敢监督的痛点，既严格落实了法官办案主体责任，又全面加强了各类管理角色的监督责任，真正做到了"有权必有责、用权必担责、失职必问责、滥权必追责"。改革试点经验具有较好的可复制可推广性，制定的各类规范性文件对各法院基本适用，各个信息化系统只需部署上线即可直接应用，对全国法院全面深化司法责任制综合配套改革、加强政法队伍教育整顿、推进党风廉政建设和反腐败斗争具有重要借鉴意义。

南通中院"智慧警务"服务"智慧法院"的实践

苏州科达科技股份有限公司

一、概述

近些年来,党中央提出坚持全面依法治国,建设中国特色社会主义法治体系,发展中国特色社会主义法治理论,坚持依法治国、依法执政、依法行政共同推进,坚持法治国家、法治政府、法治社会一体建设。《国家信息化发展战略纲要》将"智慧法院"列为国家信息化发展战略。

法院司法警察部门作为保障法院司法安全、庭审安全的重要部门,其信息化工作长期以来相对审执部门较为滞后,且司法警务工作日益繁重,用警需求明显增加,各级人民法院警队警力不能完全适应新形势下法院工作的用警需求,尤其是在刑事审判司法警务保障中警力难以达到相关规范中刑事审判对司法警务保障的刚性规定。

最高人民法院院长周强曾强调,"要大力推进司法警务信息化、智能化建设,不断提升司法警务工作能力和水平,为司法为民、公正司法提供有力保障"。为深入贯彻周强院长的指示精神及最高人民法院智慧法院发展理念,南通市中级人民法院(以下简称"南通中院")通过云计算等科技手段,借助办公计算机、警务指挥中心、平板等平台运行的智慧警务系统,智能辅助决策,科学、迅速、合理地配置警力、装备、车辆等资源,实现警务工作智能化管理和安全工作多角度防范,实现司法警务工作更高效率服务于审判、执行工作。

二、业务需求

（一）使用信息化技术，创新警务工作新模式

司法警察的日常工作种类繁多，传统模式下警衔申报等工作均为纸质材料打印签批报送，统计类通过计算器计算再邮件发送，费时费力，还时常出现各种错误，占用很多警力资源。针对这种情况，智慧警务系统需打破旧有的线下人工管理模式，使用信息化辅助管理的新模式。

（二）采用个性化定制，实现不同法院的安防综合管控

智能安防系统是每家法院必建的内容，但不同法院根据其自身环境和条件，建设的种类及完善程度不同。通过个性化定制，最大程度将每家法院的智能安防系统统一管控起来。

南通中院和下辖基层法院建设的智能安防系统来自不同厂商的种类各异的产品，针对安防系统零散的特点，以统一管控、贴合安保工作为基本要求，通过信息化手段定制各法院的警务指挥中心。

（三）多应用场景融合，实现多维度的警务管理工作

司法警务的管理工作不只在办公室里会存在，法警在执行任务工作中、教育学习中及备勤状态中都可能收到任务的通知。原有的管理模式中均是通过线下表格和电话通知的方式，在这种模式下，法警的工作任务不清晰，较长时间后任务可能存在遗忘现象。针对这种情况，智慧警务系统需要支持多种应用场景的融合，一方面，一些事务性的记录、申报工作可以通过办公计算机实现；另一方面，执行押解过程、当日安检工作，出勤任务详细信息、来访人员管控要能统一在指挥中心大屏下调度，警力领导的审批和警员任务的接收要能在移动条件下接收通知和回复信息。

（四）多系统交互，打破数据孤岛

智慧警务系统与审判流程系统、执行案件管理系统、科技法庭系统、电子签章系统、人事系统、短信系统进行了融合，打破了数据孤岛，使各种数据共享，充分地利用多方的数据资源。警力的申请可以从审判流程系统和执行案件管理系

统获取相应案件信息、被告人信息。警衔的申报、警力的调度可以从电子签章系统获取签章信息进行线上审批,减少不必要的线下人力资源损耗。每日开庭数据可从科技法庭系统获取,方便警队指挥中心模式下的调度指挥。警员的个人详细人事信息可以从人事系统唯一获取,保障申报材料时信息的唯一性、准确性。所有审批的结果、通知全部通过自定义短信和 App 应用通知实现,方便快捷高效。

三、建设内容

(一) 构建多系统融合的线上司法警务管理系统

司法警察部门是保障审判执行工作正常开展的基石部门,其业务必然与多个部门相挂钩,数据的打通是智慧警务系统构建的重中之重。因此智慧警务在建设过程中打通了全省法院的审判流程管理系统数据、执行案件管理系统数据、科技法庭数据、省院人事系统数据及基础的安防监控数据。在实际的运行过程中,警力申请实现了自动回填刑事、民商事、协助强制执行等案件的基本信息,被告人基本信息,避免书记员和法官的重复性操作。上下级的警力调度、警力三级的申报审批调用了电子签章系统进行线上签章,有效保障文件签批的有效性。上级警队对下级警队的督察工作全部系统内进行,不用到现场也能督察下级警队工作开展和完成情况。

(二) 三大应用场景联合应用

司法警察的工作场所通常不局限于法院内,外出工作是家常便饭,因此外出法警任务执行情况的掌控、任务的下达、完成情况等均需要有相应的场景支持。智慧警务支持三大应用场景的联合应用。

1. 办公计算机应用场景

不同角色法警可在办公计算机上完成对应的线上办公应用。普通法警可以查询相关信息,任务通知,反馈任务完成情况,申领装备、专用标志等功能。综合业务管理的警员,如内勤或警队领导等具有更进一步的权限可以管理警队的其他业务,如警衔材料申报、上下级警队的警力调度、要情报告、邮件签发、警务督察整改下发等功能。

2. 指挥中心应用场景

指挥中心主要为大屏的应用场景，可分为日常工作和押解执行两个场景。在日常工作场景下，警队领导可以实时查看当日任务法警工作情况、开庭情况、实时的法院访客出入情况、重要通知消息、安防设备情况和重要区域的视频情况。押解执行场景主要为察看囚车押解过程中警员的工作规范性，并对押解过程进行指挥。

3. 移动 App 应用场景

移动 App 主要为移动办公使用，方便业务庭在移动环境下发起警力申请，也可以支持警队领导在出差等不在院内时的移动审批，院内重要区域的法警工作情况的视频督察和用警、调警的移动审批。同时警员也可以在移动 App 端查看被指派的任务信息，回复任务完成情况。为司法警察队伍和业务庭室提供更方便、快捷的服务。

（三）安保系统全面整合

智慧警务系统将各法院现有的安保系统进行有效整合，更直观更有效地为警队领导提供安保工作的数据支撑。比如，智慧警务将海安法院的人脸识别系统、门禁报警系统、声音报警系统、雷球联动系统、监控系统、访客闸机系统等整合到指挥中心模式的大屏上，警队领导可以直观地查看当日法院安保的异常情况，快速定位异常地点、异常原因，以最快的速度保障司法工作的安全，消灭潜在的安全隐患。

四、功能模块

智慧警务系统变革了传统警务工作中的呆板操作方式、烦琐的线下沟通、迟钝的人工处理，通过对法警日常工作的深入研究与调查，开创了新的智慧警务系统。通过简洁的界面化操作，便捷化的移动审批，及时性的短信通知，进一步减少了警务工作中的低效沟通、烦琐的统计，使法警的工作任务难度不同程度降低，在简单、标准、高效的环境中快速完成警力任务，从而提高法警的工作质效，节约法警人力资源。智慧警务系统功能模块如图 1 所示。

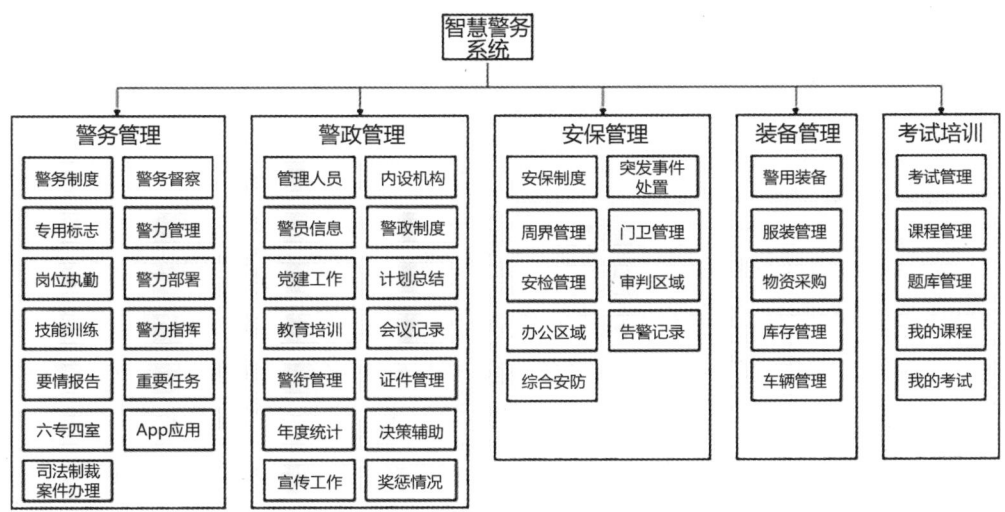

图 1　智慧警务系统功能模块

（一）警务管理功能

警务管理模块将现有警务科室的工作转为线上管理，涉及警务督察、警力管理等十个功能模块。实现了警务制度管理；辖区法院司法警察执法区域实时视频察看，整改建议书下发；装备在线管理；线上用警申请、审批、派警，多级警队的警力调度；警务人员部署情况在线查询；实时记录警务技能训练开展情况和考核情况；各级法院内部司法警务工作的在线指挥等。

（二）警政管理功能

警政管理模块含领导班子、警衔管理等16个模块。将现有警政科室的工作转为线上管理，如通过系统实现三级警队的警衔线上申报、审核；警队各类会议、学习、计划、教育培训、奖惩情况、领导班子等的记录；年度用警数据的辅助决策等功能。

（三）安保管理功能

安保管理模块可以与访客管理系统、人脸识别系统、案件管理系统融合对接，自动识别黑名单重点人员。从来访人员信息、来访人员行踪、来访人员具体案件风险评估、人群聚集、攀爬行为、声音异常等，系统按照不同风险等级的处置办法第一时间推送信息给指挥中心和相关人员，风险按照 4 个等级划分，不及时处理的报警会自动升级。相关领导可以通过手机移动端进行相关突发事件的及时处置。

（四）装备管理

装备管理由服装管理、物资采购、警用装备、警用车辆、枪弹管理 5 个模块组成。服装管理根据法警的个性化需求，实现对制式服装"按需申领"，避免冗余或短缺；警用物资统一采购、调配，一站式申购，减少审批流程，缩短采购时间；对警用装备实现信息化管理，提高装备数据的实时性和准确性；对警用车辆使用、维修、轨迹定位等进行规范化管理；对枪支弹药领用、归还、保养等进行数字化管理。

（五）考试培训

考试培训管理主要用于警员的在线学习培训和考试考核。警员可利用碎片化时间在移动端进行线上学习，解决了工训矛盾等问题。

五、集成实施

智慧警务系统是南通市中级人民法院在江苏省高级人民法院的指导下，根据最高人民法院《深化人民法院司法警察执法规范化建设规划（2018—2020 年）》的要求进行独立自主研发建设，旨在实现司法警务的规范化管理、用警资源的合理化管控、安保系统的整合调度。

（一）部署实施经过

2018 年初，江苏省高级人民法院决定将南通市中级人民法院定为试点智慧警务系统建设单位，4 月组织了技术合作单位与各业务部门、法警支队共同商讨技术研发方案。6 月底正式开启研发工作，9 月完成第一个版本的部署实施上线。为保障警员及业务庭的熟练使用，组织了相关培训，组建业务使用讨论组，南通整个地区法院的干警、业务庭书记员等均在组里讨论系统的使用情况，提出了很多宝贵的建议。12月经向江苏省高级人民法院法警总队汇报后，法警总队决定将试点单位进一步扩大到四个支队。经过2019年多次需求变更，8个版本的更迭终于打磨出完善的智慧警务系统，2019年12月正式在江苏省高级人民法院云平台上线供全省法院使用。2020年10月17日，南通市中级人民法院向最高人民法院院长周强汇报智慧警务系统建设成果，得到周强院长认可，并要求全国法院推广建设智慧警务系统。

（二）系统集成内容

智慧警务系统是一个综合业务系统，涵盖了软件功能模块研发、各种业务系统对接、各类安保系统对接、安保部分的法院个性化定制等内容。如何做到数据融会贯通，便捷高效使用，减少不必要的重复工作是研发的重点内容。为方便法院干警和业务庭的使用，登录使用的账号集成了审判流程系统的账号，各级法院用户不需要单独账号密码登录。警力申请环节的案件信息，书记员已在审判流程系统录入了相关信息，智慧警务系统对接实现了通过案号自动导入相关案件信息、被告人信息、承办人信息等，书记员只要填写风险评估即可。在警衔三级法院申报环节，警员的人事信息至关重要，交由警队自主管理可能存在数据错误，因此智慧警务系统对接了省法院的统一人事系统，获取了全省警队警员的人事信息，确保警员信息的真实有效。各法院在安保部分建设内容不一、品牌不一，智慧警务系统通过国标对接的方式实现了监控系统的统一接入，分类管理。其他安防系统也通过api接口对接的方式实现数据的接入管理。当法院内出现各类应急突发事件时，法警指挥中心会第一时间联动报警，并实时查看到现场报警视频；即使法警警队领导在外出差时，也可以通过手机移动端的报警查看现场报警实时图像，助力警队及时处置突发事件，消除法院处突风险。

（三）业务协同处理

根据以往的工作经验可以知道，数据共享程度和部门协作程度是各项跨部门工作的重中之重。智慧警务系统也不例外，系统在研发过程中不断与多个业务部门调研磨合，以实现更好的协同办公。传统的模式中，书记员先填写纸质用警申请单，再到法警部门提交材料，费时费力。智慧警务系统通过多系统数据融合，移动短信和 App 的消息通知，一站式服务平台的便捷入口，使书记员和法官在使用时大大简化操作。真正做到了线下人员多跑腿转变为线上数据多跑路。

六、应用成效

自 2019 年 1 月四个试点单位正式试用以来，四家中院和十余家基层法院系统内共完成警力申请保障 3912 次，共享各类制度文件 800 余份，警务督察 100 余次。2020 年 1 月全省正式使用以来，一年完成全省 13139 庭次的警力申请，共出动 34615 名法警参与审判保障工作，极大地提高了用警的规范性，保证了所有用警的事后留痕，用警效率得到了明显提高。

（一）推进申请用警的规范性，合理用警

通过建设统一的线上警力申请模块，实现了刑事审判、协助强制执行、民商事审判等各类型案件的线上申请，警力标准申请表格自动生成，相关案件信息自动回填。通过统一的时间规范要求和特殊紧急案件申请的特殊程序，既能保障申请用警的合理时间安排，也能保障特殊紧急案件通过特殊程序完成用警申请。

（二）所有警务工作线上完成，数据共享

合理使用信息化的方式，贴合司法警察管理的实际业务，通过归纳总结业务特性，从警队的垂直管理角度出发，将所有司法警务工作迁移线上管理。相关审批流程过程通过短信和移动终端消息通知实现，使上级警队时刻可了解下级法警队的工作开展情况。相关宣传工作、制度文件全省共享，便利法警的日常工作。

（三）警务管理工作全程留痕，方便回溯

在日常工作的方方面面全部进行线上留痕，包括值庭押解警力保障工作，安检突发事件保障、日常会议、教育学习、警衔晋升等。系统根据最高人民法院法警局相关文书样式，可自动生成相关统计数据，在减轻年底统计工作压力的同时，也做到了所有数据全程留痕，辅助警队领导进行警务安排和决策。

（四）安保系统统一接入管理，统一调度

智慧警务系统将零散的智能安防系统进行了有效的整合，已建安防系统利用更合理，安防管控能力更全面。较传统的分散安防系统管理方式，智慧警务系统做到了集中管控，剔除了不必要的安防数据，可保留和司法警务管理工作相关联的重要区域进行重点管理。在解决安防系统零散化问题的同时，进一步加强了对安防系统数据的合理化应用。

七、推广意义

智慧警务系统通过一年的试点磨合到逐步推广，再到全省使用，已初见成效。虽然仍有很多不足和问题，但可在实践过程中逐步完善和优化，并不妨碍将系统推广学习。智慧警务系统的推广具有以下意义。

（一）改善司法警察部门普遍重安保，轻业务的现状

目前各级法院的司法警察部门普遍重视安保，轻视业务管理，干警普遍认为法警工作简单，不需要信息化管理。每到做信息化工作时，总是想到建设各种安保系统，改良监控系统等。重安保也重业务的模式才能打破传统管理模式的瓶颈，有效提高司法警察执法能力和执法规范化程度。

（二）提升司法警察部门信息化水平，改良传统的管理模式

司法警察作为法院审执工作开展的重要保障部门，其信息化建议往往被忽略，甚至存在部门警队警员连办公计算机都没有。通过智慧警务系统的推广，使相关部门重视警务信息化工作的开展，并带动对传统管理模式的革新，利用信息化手段提高服务审执工作的能力。

（三）加强多级警队之间的垂直管理能力

传统模式下的警队管理工作，缺少有效的监督性，下级部门是否开展了相关工作，如何开展、成效如何，上级警队难以监督到位。若通过频繁下沉基层督察费时费力。因此智慧警务系统的全程数据留痕可以加强警队垂直管理能力，真正

做到管理和用警不规范问题的早发现、早预防。

八、结语

信息化、大数据、云计算等技术正在深刻而广泛地影响着法院日常工作的开展，为司法改革工作提供了新的方向。智慧警务系统是基于云计算、大数据、人工智能技术整合下的应用，帮助司法警察部门利用信息化手段解决"案多人少，警力不足"的问题，通过信息化手段实现了向科技要警力。

智慧警务系统提高了人民法院司法警务工作信息化工作水平，提升"智慧警务"服务"智慧审判"的能力。南通中院通过融合人工智能技术、大数据应用技术、云计算技术、移动互联技术，实现了智能辅助决策，科学、迅速、合理地配置警力、装备、车辆等资源，实现警务工作智能化管理和安全工作多维式防范，促进司法警务工作更高效率服务于审判、执行工作。

智慧警务系统已经取得了明显成效，在此基础之上还需要进一步拓展新的应用能力，深入打造智慧法院4.0版本。当前智慧警务信息化工作推进还有很多工作要推进，法院审判保障工作一直面临案多人少的困境，司法警察作为审判工作的保障部门也面临同样的困境。一方面，需要运用大数据辅助分析技术对历年用警数据做挖掘，研判案件量、被告人情况、多被告情况等数据得出用警工作的规律，减少不合规的用警。另一方面，运用垂直的管理模式，对三级警队日常工作的开展进行规范化管理，提升司法警察的执法规范化，更好地保障法院司法工作的开展。

梁平法院业绩评估系统——重庆市梁平区法院研发"法院工作人员业绩评估系统"

重庆市梁平区人民法院

全面落实司法责任制，充分发挥业绩评估的导向评价、激励约束作用，是党的十八届四中全会确定的改革任务，是司法改革推进过程中广大法官和法院其他工作人员普遍关心的问题。对此，梁平区人民法院以积极作为、勇于尝试的改革态度，依托案件流程管理系统，搭建"人民陪审、执行查控、家事案件、业绩评估、司法公开"五大信息化平台，坚持对象类别化、指标具体化、运行信息化、业绩可量化的"四化原则"，历时两年之久，探索制定了《法院工作人员业绩评估办法》，研发了"法院工作人员业绩评估系统"，提升了业绩评估的信息化、制度化、精细化水平。

一、丰富功能，完善业绩评估的系统构架

梁平区人民法院业绩评估坚持"以个案事项为基础、以条线类别为依托、以月度评估为单位、以年度评价为目的"的整体思路，依托"业绩评估办法、重点任务分解、难度系数配置、绩效奖金分配"四大制度规范，全院整体协调推进。业绩评估系统主要包含"人员信息管理、重点任务事项、案件系数配置、案件质量评查、质效评估系统"五项模块，初步建立了"1+5"的业绩评估系统构架。

（1）人员信息管理。该模块是在重庆市高级人民法院人事系统基础上，结合我院实际情况，改造建立的一套新型人事系统，包括在编及聘用制人员的姓名、性别、年龄、职务、职级等，并能适时进行人员增减或调整一审一书等审判团队对应关系，还可以适时调整院领导分管（协管）部门等，从而为个体化、类别化

的业绩评估提供基础。

（2）重点任务事项。主要解决综合辅助行政部门业绩评估，以年初重点工作任务事项为基础，满分设100分，分职责、质量、时限等环节对每个事项的完成情况进行子要素分值量化，并按要素事项进行减分后当月累计积分。

（3）案件系数配置。以法官承办的个案为基础，根据案件的难度系数配置，主要包括案由系数、程序系数、组织系数、结案系数、时效系数等，再结合创新加分等，计算出每个案件承办人和辅助人员的实际个案得分和当月累计得分。若承办人认为自己所办案件难度过大，还可自行申报案件折算，有效平衡部门之间案件难度系数差异。

（4）案件质量评查。该模块依据梁平区人民法院案件质量评查实施细则开发，由审判管理部门进行操作，分月度、季度或年度对业务部门的案件质量进行评查，分析运行态势，形成情况汇总，并将评查结果运用到绩效管理之中，从而为司法责任追究、差错事项扣分提供基础。

（5）质效评估系统。充分借鉴市高级人民法院质效评估系统，依照相应标准，具体计算出我院各审执业务条线质效评估值，并将计算结果运用到绩效管理之中，从而为创先争优、提档升位、跨越发展提供基础。

二、强化运用，发挥业绩评估的功能作用

（1）工作评价全员覆盖。依照确定的业绩评估办法，该系统借助"五项模块"，实行个案、个体、条线、类别、全院"五级运算"，全面覆盖员额法官、司法辅助人员、司法行政人员"三类人员"的工作评价，并在下月初自动对上月绩效得分进行计算，形成个人的个案得分、月度得分等详细情况，所有运算无须人工操作，均能自动生成，真正实现了绩效管理的"运行信息化"。

（2）晋职晋级主要依据。业绩评估指标主要依据法院工作人员的类别特点、工作性质、所在岗位及案件数量、工作事项等设定，业绩评估结果充分反映了其工作量、质、效等，并将其作为晋职晋级、评先评优的主要依据，有效发挥业绩评估的引领导向、比学赶超等基础性作用。

（3）绩效分配再度精细。在业绩评估的基础上，梁平区人民法院配套制定

《法官、审判辅助人员绩效奖金分配办法》，坚持"奖勤罚懒、奖优罚劣、基础均衡"的原则，按照"分类核算、按分分配、多劳多得"的办法，运用"条线计算、统分结合、二次分配"的方式，打破了部门之间案件难易的不平衡、分类管理之后人员身份的不平衡，严格将中央确定的"三类人员、两类待遇"的司法绩效等政策待遇执行到位，充分体现绩效奖金设立的政策初衷。即业绩评估系统在分别计算出每位工作人员的绩效得分后，再结合人员类别系数，将绩效奖金按得分计算到个人，再以部门为单位进行汇总核定，赋予部门二次精细分配的自主权。

（4）释放活力促进审执。业绩评估基本体现了司法工作规律和法院实际，坚持工作实绩导向，注重绩效考核奖金向一线人员倾斜，充分调动了审执一线人员工作积极性，确保了多办案、办好案的法官得到政策性的、适当的回报，彻底改变了长期存在的平均分配、吃"大锅饭"等做法，从而激发工作热情，释放人员活力，促进审判执行。

由于推行实施了法院业绩评估系统，平时考核、职务晋升、员额法官选任、年终评优等，均有章可循、有据可查，有效发挥业绩评估的引领导向、比学赶超等基础性作用，充分调动了全院工作人员的积极性，梁平区人民法院审执工作、队伍建设连续进入全市法院先进行列。下一步，梁平区人民法院将围绕执法办案第一要务，坚持"互联网+"的思维，依托案件流程管理系统，切实在"便诉、便审、管活"上狠下功夫，改革创新、再接再厉、务实而为，进一步完善业绩评估系统，努力推动法院信息化工作迈上新台阶。